van Bühren

Unfallregulierung

AnwaltsPraxis

Unfallregulierung

Beratungspflichten, Schadenminderungspflicht, Schadenpositionen

7. Auflage 2014

Von Rechtsanwalt und Fachanwalt für Versicherungsrecht
Dr. Hubert W. van Bühren, Köln

und

Rechtsanwältin, Fachanwältin für Versicherungsrecht
und Fachanwältin für Medizinrecht
Dr. Claudia Held, Köln

DeutscherAnwaltVerlag

Zitiervorschlag:
Bearbeiter, in: van Bühren, Unfallregulierung, § 1 Rn 1

Hinweis
Die Formulierungsbeispiele, Muster und Übersichten in diesem Buch wurden mit Sorgfalt und nach bestem Wissen erstellt. Sie stellen jedoch lediglich Arbeitshilfen und Anregungen für typische Fallgestaltungen dar. Die Eigenverantwortung für eigene Formulierungen trägt der Benutzer. Autoren und Verlag übernehmen keinerlei Haftung für die Richtigkeit und Vollständigkeit der in dem Buch enthaltenen Ausführungen und Formulierungsbeispiele.

Anregungen und Kritik zu diesem Werk senden Sie bitte an
kontakt@anwaltverlag.de
Autoren und Verlag freuen sich auf Ihre Rückmeldung.

Satz: Reemers Publishing Services, Krefeld
Druck: Medienhaus Plump, Rheinbreitbach
Umschlaggestaltung: gentura, Holger Neumann, Bochum
ISBN 978-3-8240-1319-7

Bibliografische Information der Deutschen Nationalbibliothek
Die Deutsche Nationalbibliothek verzeichnet diese Publikation in der Deutschen Nationalbibliografie; detaillierte bibliografische Daten sind im Internet über http://dnb.d-nb.de abrufbar.

Vorwort

Die Bearbeitung von Unfallmandaten gehört zum Alltag jeder Allgemeinpraxis. Im Vordergrund der anwaltlichen Beratung steht die Schadenminderungspflicht des Geschädigten, der damit rechnet, dass die Kosten der Schadenbeseitigung entweder vom gegnerischen Haftpflichtversicherer oder von der eigenen Kaskoversicherung getragen werden. Dem Mandanten ist daher zu empfehlen, keine Kosten aufzuwenden, die er bei einem Eigenschaden nicht auf sich genommen hätte.

Der Geschädigte, der sich sorglos und desinteressiert bei der Unfallregulierung verhält, geht das Risiko ein, einen Teil des Schadens selbst zu tragen, wenn er bei Beauftragung einer Werkstatt oder eines Sachverständigen die im Verkehr erforderliche Sorgfalt nicht beachtet.

Dem Mandanten sollte nach Möglichkeit angeraten werden, auf einen Mietwagen zu verzichten und risikolos Nutzungsentschädigung zu beanspruchen. Gerade der Unfallersatztarif, der oft erheblich über dem Normaltarif liegt, ist Gegenstand einer Vielzahl von Rechtsstreitigkeiten.

Bei Übernahme eines Unfallmandats muss der Mandant auch darüber beraten werden, ob und inwieweit er seine Vollkaskoversicherung/Teilkaskoversicherung in Anspruch nimmt.

Im Vordergrund dieses Buches steht die aktuelle Rechtsprechung, die im Anschluss an jedes Problemfeld in einer gesonderten Übersicht dargestellt wird. Schaubilder erleichtern die Berechnung der Schadenersatzansprüche bei Inanspruchnahme der Vollkaskoversicherung (Quotenvorrecht/Differenztheorie). Im Anhang dieses Buches findet der Benutzer Musterklagen und Musterschriftsätze sowie den Fragebogen für Anspruchsteller und das Merkblatt zur Bearbeitung von Auto-Haftpflichtschäden durch den Verein Deutsches Büro Grüne Karte e.V.

Viele Haftpflichtversicherer wenden sich nach Eingang einer Schadenanzeige unmittelbar an den Geschädigten, versprechen eine problemlose Schadenregulierung, um den Geschädigten davon abzuhalten, anwaltliche Hilfe in Anspruch zu nehmen.

In gleicher Weise wollen nunmehr auch die Rechtsschutzversicherer die Versicherungsnehmer davon abhalten, sich unmittelbar an einen Rechtsanwalt ihres Vertrauens zu wenden: Die ARB 2012 enthalten die Bestimmung, dass Versicherungsnehmer vor Beauftragung eines Rechtsanwalts den Versicherungsfall melden müssen. Es ist zu befürchten, dass nach dieser Schadenanzeige entweder davon abgeraten wird, einen Rechtsanwalt überhaupt zu beauftragen, oder nur einen Rechtsanwalt, den der Rechtsschutzversicherer empfiehlt. Die Anzeigeobliegenheit ist eine Obliegenheit, die problemlos dem Kausalitätsgegenbeweis zugänglich ist: Auch eine verspätete Schadenanzeige führt zur Leistungspflicht des Rechtsschutzversicherers, da allein der Zeitablauf sich nicht auf die Leistungspflicht und/oder den Leistungsumfang der Rechtsschutzversicherung auswirken kann.

Dr. Hubert W. van Bühren

Rechtsanwalt

Fachanwalt für Versicherungsrecht

Inhaltsübersicht

Inhaltsverzeichnis

Musterverzeichnis

Literaturverzeichnis

van Bühren/Lemcke/Jahnke, Anwaltshandbuch Verkehrsrecht, 2. Auflage 2011

van Bühren/Plote, ARB-Kommentar, 3. Auflage 2013

van Bühren (Hrsg.), Handbuch Versicherungsrecht, 5. Auflage 2012

ders., Das versicherungsrechtliche Mandat, 4. Auflage 2012

Hansens/Braun/Schneider, Praxis des Vergütungsrechts, 2. Auflage 2007

Hillmann/Schneider, Das verkehrsrechtliche Mandat, Band 2: Verkehrszivilrecht, 6. Auflage 2012

Hentschel/König/Dauer, Straßenverkehrsrecht, 42. Auflage 2013

Jahnke, Der Verdienstausfall im Schadensersatzrecht, 3. Auflage 2009

ders., Unfalltod und Schadenersatz – Unterhaltschaden und andere Ansprüche im Todesfall, 2. Auflage 2012

Küppersbusch/Höher, Ersatzansprüche bei Personenschäden, 11. Auflage 2013

Marlow/Spuhl, Das Neue VVG kompakt – ein Handbuch für die Rechtspraxis, 4. Auflage 2010

Meixner/Steinbeck, Allgemeines Versicherungsvertragsrecht, 2. Auflage 2011

Palandt, Bürgerliches Gesetzbuch, 72. Auflage 2013

Pardey, Berechnung von Personenschäden, 4. Auflage 2010

ders., Der Haushaltsführungsschaden – Schadenersatz bei Beeinträchtigung oder Ausfall unentgeltlicher Arbeit in Privathaushalten, 8. Auflage 2013

Prölss/Martin, Versicherungsvertragsgesetz, 28. Auflage 2010

Schah Sedi/Schah Sedi, Das verkehrsrechtliche Mandat, Band 5: Personenschäden, 2011

Schneider/Wolf, AnwaltKommentar RVG, 7. Auflage 2013

Schwintowski/Brömmelmeyer, Praxiskommentar zum Versicherungsvertragsrecht, 2. Auflage 2010

Wellner, BGH-Rechtsprechung zum Kfz-Sachschaden, 2. Auflage 2014

Zöller, Zivilprozessordnung, 29. Auflage 2011

§ 1 Einleitung

Die Bearbeitung von Unfallsachen gehört zum Alltag jeder allgemeinen Praxis. 1

Neben einer eventuellen Vertretung in einem Strafverfahren oder Bußgeldverfahren geht es in erster Linie um die Geltendmachung von **Schadenersatzansprüchen** gegen die Haftpflichtversicherung des Schädigers und/oder die Kaskoversicherung des Mandanten.

Dem Geschädigten, der damit rechnet, dass die Kosten der Schadenbeseitigung entweder 2 von der gegnerischen Haftpflichtversicherung oder von seiner eigenen Kaskoversicherung getragen werden, ist die Höhe der Schadenbeseitigungskosten gleichgültig. Dies führt dazu, dass er oft „blind" den Reparaturauftrag erteilt und sich auch **sorglos** mit einem Mietwagen „verwöhnen" lässt, obgleich er ein solches Fahrzeug gar nicht benötigt.

In vielen europäischen Ländern entfällt die Hälfte der Schadenersatzleistungen durch 3 Kfz-Haftpflichtversicherer jeweils auf Personenschaden und Sachschaden, während in Deutschland die Zahlungen auf den Sachschaden mehr als doppelt so hoch sind, wie für den Personenschaden. Dieses Missverhältnis ist unter anderem auch darauf zurückzuführen, dass der **Fahrzeugschaden fiktiv** abgerechnet werden kann, weil nach § 249 Abs. 2 BGB auf den „erforderlichen" Herstellungsaufwand abgestellt wird und nicht darauf, was der Geschädigte tatsächlich aufwendet.

Der Geschädigte, der sich allzu **sorglos** und desinteressiert bei der Unfallregulierung 4 verhält, geht das Risiko ein, einen Teil des Schadens **selbst** tragen zu müssen, wenn er bei der Auftragserteilung die im Verkehr erforderliche Sorgfalt (§ 276 BGB) außer Acht gelassen hat.

Die beauftragte **Werkstatt** und der mit der Schadenfeststellung beauftragte Sachverstän- 5 dige sind zwar **nicht** Erfüllungsgehilfen des **Geschädigten**, sondern des **Schädigers**. Gleichwohl muss der Geschädigte den Teil des Schadens selbst tragen, der dadurch entsteht, dass er eine offensichtlich ungeeignete Werkstatt beauftragt oder ein offenkundig **mangelhaftes Sachverständigengutachten** eingeholt hat. Vorsicht ist nach der aktuellen BGH-Rechtsprechung auch bei Anmietung eines Ersatzfahrzeuges während der Reparaturzeit geboten: Der überteuerte **Unfallersatztarif** wird im Regelfall **nicht** erstattet.

Wenn dann die gegnerische Haftpflichtversicherung nur einen Teil des Schadens zu er- 6 setzen hat, wendet sich der Mandant oft vorwurfsvoll an den beauftragten Rechtsanwalt, der ihn nicht hinreichend aufgeklärt und **beraten** habe.

Jeder mit der Unfallregulierung beauftragte Rechtsanwalt sollte daher bei Übernahme des 7 Mandats seinem Mandanten empfehlen, bei der Schadenbeseitigung **keinen Aufwand** zu betreiben, den er bei einem Eigenschaden nicht auf sich genommen hätte.

8 Jedem Mandanten in Unfallsachen sollte daher – gefragt oder ungefragt – der Rat erteilt werden, sich so zu verhalten, wie wenn er den Schaden **selbst bezahlen** müsste und eine eintrittspflichtige Haftpflichtversicherung nicht vorhanden wäre.

9 Es gilt jedoch ein **objektiver** Maßstab: Zu ersetzen sind nur die Aufwendungen, die ein verständiger, wirtschaftlich denkender Mensch in der Lage des Geschädigten für zweckmäßig und notwendig halten dürfte.[1]

10 Auch und vor allem bei der Unfallregulierung gilt das allgemeine Bereicherungsverbot: Der Geschädigte darf am Schadenfall nicht „verdienen", ebenso wenig ist er jedoch verpflichtet, „in die Tasche des Schädigers" zu sparen.[2]

11 Ein Rechtsanwalt, der mit der Geltendmachung von Schadenersatzansprüchen aus einem Verkehrsunfall beauftragt ist, muss seinen Mandanten auch darauf hinweisen, dass er bei einem Fremdschaden **seine Haftpflichtversicherung unterrichten** muss; ebenso gehört es zu den Nebenpflichten aus dem Anwaltsvertrag, den Geschädigten auf die Möglichkeit hinzuweisen, dass er gegebenenfalls seine Vollkaskoversicherung oder Teilkaskoversicherung in Anspruch nehmen kann.

1 Palandt/*Grüneberg*, § 249 BGB, Rn 12 m.w.N.; BGH, VI ZR 308/07, zfs 2009, 82 = NJW 2009, 58, *Wellner*, BGH-Rechtsprechung zum Kfz-Sachschaden, § 2 Rn 82.

2 BGH, VI ZR 312/08, VersR 2009, 1554 = r+s 2009, 525, *Wellner*, BGH-Rechtsprechung zum Kfz-Sachschaden, § 2 Rn 15.

§ 2 Übernahme des Mandats

A. Allgemeines

Bereits bei Übernahme des Mandats sollte der Geschädigte darauf hingewiesen werden, dass er sich **schadensmindernd** zu verhalten hat (§ 254 BGB); der gegnerische Haftpflichtversicherer muss nur den Aufwand ersetzen, den ein wirtschaftlich denkender Mensch für zweckmäßig und notwendig halten darf.[1] 1

Gerade bei einer klaren Haftung des Unfallgegners neigen Geschädigte dazu, einen möglichst hohen Kostenaufwand für die Schadenbeseitigung zu betreiben oder überhöhte Rechnungen von Mietwagenunternehmen und Werkstätten zu akzeptieren, da die Gegenseite ohnehin „**alles bezahlen**" muss. 2

Hier ist es Aufgabe des beauftragten Rechtsanwalts, sofort darauf hinzuweisen, dass nur der zur Schadenbeseitigung tatsächlich **erforderliche** Aufwand zu ersetzen ist (§ 249 Abs. 2 BGB). 3

B. Unfallhelferringe

Oft sucht der Geschädigte seinen Rechtsanwalt erst auf, wenn er bereits einen Reparaturauftrag erteilt, einen Sachverständigen beauftragt und einen Mietwagen in Anspruch genommen hat. Es gab und gibt immer noch eine Vielzahl von Unfallhelferringen, die einen „**kompletten Unfallservice**" anbieten, der angeblich für den Geschädigten ohne Risiko ist. Häufig wird ein geringer Schaden durch kollusives Zusammenwirken zwischen Werkstatt, Mietwagenunternehmen und Sachverständigen vervielfacht, ohne dass der Geschädigte darauf Einfluss nimmt oder auch Einfluss nehmen kann, weil er sich nicht um die Schadenbeseitigung kümmert. 4

I. Rechtsdienstleistungsgesetz (RDG)

Die in diesem Zusammenhang abgeschlossenen Verträge mit dem Betreiber eines „Schaden-Managements" sind gem. **§ 134 BGB nichtig**, da ein Verstoß gegen das Rechtsdienstleistungsgesetz vorliegt; dies ist jedenfalls dann der Fall, wenn mit der Abtretung der Schadenersatzansprüche die geschäftsmäßige Durchsetzung der Ansprüche ermöglicht werden soll.[2] Das OLG Frankfurt stellt darauf ab, dass der Auftraggeber 5

1 Palandt/*Grüneberg*, § 249 BGB, Rn 12; BGH, VI ZR 312/08, VersR 2009, 1554 = r+s 2009, 525, *Wellner*, BGH-Rechtsprechung zum Kfz-Sachschaden, § 2 Rn 15.

2 Palandt/*Ellenberger*, § 134 BGB, Rn 21b m.w.N.

eine rechtliche Prüfung der geltend gemachten Ansprüche ausdrücklich wünscht oder zumindest erkennbar erwartet.[3]

II. Mietwagenunternehmen

6 Geht es dem Mietwagenunternehmen im Wesentlichen darum, die durch Abtretung eingeräumte **Sicherung zu verwirklichen**, so besorgt es keine Rechtsangelegenheit des geschädigten Kunden, sondern eine eigene Angelegenheit.[4]

7 Gleichwohl handelt es sich bei der Geltendmachung von Schadenersatzansprüchen des Geschädigten gegen die Haftpflichtversicherung um eine Tätigkeit in **fremden** Angelegenheiten. Mietwagenunternehmer erbringen nur dann keine erlaubnispflichtige Rechtsdienstleistung, wenn die Mietwagenkosten dem Grund und der Höhe nach unstreitig sind. Dies ist auch dann der Fall, wenn eine Autovermietung in einer Vielzahl von Fällen aus abgetretenem Recht Mietwagenkosten aus dem streitigen **Unfallersatztarif** geltend macht.[5]

III. Prozessvollmacht

8 Die Nichtigkeit der mit einem Unfallhelferring geschlossenen Verträge erstreckt sich im Regelfall **nicht** auf die **Prozessvollmacht** und den **Anwaltvertrag**. Der BGH geht von der Nichtigkeit der Verträge mit dem Mietwagenunternehmen aus, welches es geschäftsmäßig übernommen hatte, für unfallgeschädigte Kunden die Schadenregulierung durchzuführen. Wenn das Mietwagenunternehmen jedoch einen Anwalt **empfiehlt**, führe dies **nicht** zur Nichtigkeit des Anwaltsvertrages und der erteilten Prozessvollmacht.[6]

IV. Haftpflichtversicherungen

9 Auch Kfz-Haftpflichtversicherer betreiben unzulässige Rechtsbesorgung, wenn sie im Wege des „**aktiven Schadensmanagements**" dem Geschädigten Angebote zur Vermittlung eines Mietfahrzeuges unterbreiten.[7] Demgegenüber liegt keine unzulässige Rechtsberatung vor, wenn der in Anspruch genommene Haftpflichtversicherer des Schädigers dem Geschädigten **rechtliche Hinweise** gibt, dass die **Honorarrechnung** des beauftrag-

3 OLG Frankfurt, 6 U 228/02, NJW-RR 2005.
4 BGH, VI ZR 173/04, zfs 2005, 75 = DAR 2005, 73 = MDR 2005, 331 = VersR 2005, 1257; BGH, VI ZR 251/04, zfs 2006, 88 = NZV 2006, 32 = r+s 2006, 173; BGH, VI ZR 338/04, zfs 2006, 505 = VersR 2006, 853.
5 BGH, VI ZR 143/11, zfs 2012, 321, *Wellner*, BGH-Rechtsprechung zum Kfz-Sachschaden, § 5 Rn 169; BGH, VI ZR 296/11, DAR 2012, 637 = NZV 2013, 31, *Wellner*, BGH-Rechtsprechung zum Kfz-Sachschaden, § 5 Rn 209.
6 BGH, VI ZB 75/05, zfs 2007, 30 = NJW 2006, 2910.
7 LG Nürnberg-Fürth, 8 S 1649/05, VersR 2007, 81.

ten **Sachverständigen** unrichtig sei. In dem vom BGH entschiedenen Fall hatte der Haftpflichtversicherer dem Geschädigten geraten, die Honorarrechnung nicht zu begleichen und sich auf Kosten des Haftpflichtversicherers auf einen Rechtsstreit des Sachverständigen einzulassen.[8]

1. Zentralruf

In Unfallsachen ist eine zügige Schadenregulierung nur dann gewährleistet, wenn die eintrittspflichtige gegnerische Haftpflichtversicherung kurzfristig über den Schadenhergang und die Schadenhöhe unterrichtet wird. Eine Korrespondenz mit dem **Halter** oder **Fahrer** des schädigenden Fahrzeuges ist in der Regel **überflüssig** und unergiebig, entscheidend ist, dass der gegnerische Haftpflichtversicherer, der letztlich die Regulierung vornehmen wird, unverzüglich in Anspruch genommen wird. 10

Der Gesamtverband der Versicherungswirtschaft (**GDV**) hat einen Zentralruf der Autoversicherer eingerichtet, der „**rund um die Uhr**“ und am Wochenende Auskunft gibt über den eintrittspflichtigen Haftpflichtversicherer, wenn das amtliche Kennzeichen des schädigenden Fahrzeuges genannt wird. 11

Dieser Zentralruf ist unter der bundeseinheitlichen Rufnummer 0180/25026 zu erreichen.

Per Telefax kann diese Auskunft ebenfalls eingeholt werden. Die Telefaxnummer lautet: 040/33965401.

E-Mail-Adresse: *anfrage@zentralruf.de*

Die Anfrage beim Zentralruf hat einen weiteren Vorteil: Der eintrittspflichtige **Haftpflichtversicherer** wird vom Zentralruf **informiert** und kann sich sofort mit dem Versicherungsnehmer in Verbindung setzen und die Übersendung der Schadenanzeige veranlassen. 12

2. Fragebogen für Anspruchsteller

Es dient der Vereinfachung und auch der **beschleunigten Bearbeitung** sowohl in der Kanzlei als auch beim gegnerischen Haftpflichtversicherer, das Formular „Fragebogen für Anspruchsteller“ zu verwenden, das der Deutsche Anwaltverein gemeinsam mit dem früheren HUK-Verband entwickelt hat. 13

Sämtliche **Fragen** in diesem Vordruck sind **sachgerecht**, auch die nach der Versicherung des eigenen Fahrzeuges: Einige Haftpflichtversicherer sind miteinander durch **Schadenteilungsabkommen** verbunden, ohne dass insoweit das Versicherungsverhältnis und vor allem der Schadenfreiheitsrabatt berührt werden, wenn aufgrund dieses Schadenteilungsabkommens Zahlungen erfolgen. 14

8 BGH, I ZR 19/05, zfs 2008, 20.

3. Hinweispflichten

15 Bei Übernahme des Mandats sollte der Geschädigte nicht nur auf seine Schadenminderungspflicht hingewiesen werden, ihm sollte auch unter Berücksichtigung der nachfolgenden Ausführungen empfohlen werden,

- einen öffentlich bestellten und vereidigten Sachverständigen zu beauftragen,
- nach Möglichkeit auf einen Mietwagen zu verzichten und
- Nutzungsentschädigung in Anspruch zu nehmen,
- eine Werkstatt seines Vertrauens zu beauftragen.

§ 3 Haftpflichtversicherung

A. Allgemeines

Auch wenn ein Rechtsanwalt lediglich damit beauftragt wird, Schadenersatzansprüche aus einem Verkehrsunfall gegen den Schädiger und dessen Haftpflichtversicherung geltend zu machen, gehört es zu seinen vertraglichen Nebenpflichten, den Mandanten auf seine **Obliegenheiten** gegenüber dem eigenen Haftpflichtversicherer hinzuweisen. 1

B. Anzeigepflicht

Gemäß E.1.1 AKB 2008 ist jedes Schadenereignis, das zu einer Leistung des Versicherers führen kann, dem Versicherer vom Versicherungsnehmer **innerhalb einer Woche** schriftlich anzuzeigen. 2

Damit ist das **Schadenereignis** selbst als Versicherungsfall anzusehen, der **Eintritt des Schadens** oder die Entstehung von Haftpflichtansprüchen ist **nur Bedingung** der Leistungspflicht des Versicherers. 3

E.1.1 AKB 2008 ist eine Konkretisierung der Anzeigepflicht gem. § 30 VVG. Hat daher der Versicherer **anderweitig** – beispielsweise durch den Geschädigten – Kenntnis vom Versicherungsfall erhalten, ist in der Regel der Verstoß gegen die Anzeigepflicht wirkungslos (§ 30 Abs. 2 VVG). 4

C. Aufklärungspflicht

Der Versicherungsnehmer ist verpflichtet, alles zu tun, was der Aufklärung des Schadenereignisses dienen kann (E.1.3 AKB 2008). 5

Wenn der Versicherer den Versicherungsnehmer auffordert, sich zum Schadenhergang zu äußern und ein Schadenformular auszufüllen, ist der Versicherungsnehmer gehalten, dieser Aufforderung **unverzüglich** nachzukommen. Die Schadenanzeige muss so vollständig wie möglich sein, um dem Versicherer die Bearbeitung und sachgemäße Entscheidung über die Abwicklung des Versicherungsfalles zu ermöglichen. Insoweit besteht eine Beratungspflicht des beauftragten Rechtsanwalts.[1]

Verletzt ein Versicherungsnehmer seine Aufklärungsobliegenheit vorsätzlich, besteht im Innenverhältnis Leistungsfreiheit nach Maßgabe von E.6.1 AKB 2008: Die **Leistungs-** 6

1 OLG Köln, 5 U 57/09, VersR 2010, 1652.

freiheit ist auf einen Betrag von **2.500 EUR** beschränkt, bei einer besonders schwerwiegenden Obliegenheitsverletzung auf einen Betrag von **5.000 EUR**.

7 Die Verletzung der Aufklärungsobliegenheit wirkt sich nicht aus, wenn sie weder für die Feststellung des Versicherungsfalles noch für den Umfang der Leistungspflicht **ursächlich** war (E.6.2 AKB 2008). Dieses **Kausalitätserfordernis** entfällt nur bei **Arglist** (E.6.2 AKB 2008).

8 Bei **grob fahrlässiger** Obliegenheitsverletzung ist der Versicherer berechtigt, seine Leistung in einem der Schwere des Verschuldens entsprechenden Verhältnis zu **kürzen** (E.6.1 AKB 2008).

9 In der Haftpflichtversicherung ist bei grober Fahrlässigkeit zunächst der Regressanspruch quotal zu kürzen, nicht etwa die **Obergrenze** von **2.500 EUR.**[2]

Beispiel

Regressforderung 8.000 EUR, Kürzung wegen grober Fahrlässigkeit 4.000 EUR. Die Regressforderung beschränkt sich auf 2.500 EUR, bei einer besonders schwer wiegenden Obliegenheitsverletzung verbleibt es bei den 4.000 EUR, die unterhalb der Obergrenze von 5.000 EUR liegen.

Hinweis

Wenn der mit der Schadenregulierung beauftragte Rechtsanwalt die „lästige" Obliegenheit der Schadenanzeige seinem Mandanten abnimmt, wird er hierdurch bei dem Haftpflichtversicherer „**aktenkundig**" und oft auch als Prozessanwalt beauftragt, falls es zu einem Rechtsstreit kommt. In der Regel genügt es, dem Haftpflichtversicherer das Anspruchsschreiben in Kopie zu übersenden.

D. Regulierungsvollmacht (1.1.4 AKB 2008)

10 Im Rahmen der Regulierungsbefugnis gilt der Versicherer als bevollmächtigt, alle ihm zur Befriedigung oder Abwehr der Ansprüche zweckmäßig erscheinenden Erklärungen im Rahmen pflichtgemäßen Ermessens abzugeben (1.1.4 AKB 2008).

11 Die Regulierungsbefugnis des Versicherers ist sehr **weitgehend**, da ihm ein großer Ermessensspielraum eingeräumt wird.[3] **Nur bei unsachgemäßer Regulierung offensichtlich unbegründeter Ansprüche** muss der Versicherer dem Versicherungsnehmer Prämiennachteile ersetzen.[4]

2 LG Saarbrücken, 13 S 49/11, zfs 2012, 628 = r+s 2013, 275; Prölss/Martin/*Prölss*, § 28 VVG Rn 141 m.w.N.
3 LG Frankenthal, zfs 1991, 347.
4 OLG Köln, r+s 1992, 261 = zfs 1992, 342; LG Kleve, r+s 1992, 328; AG Münster, zfs 1992, 376.

Ein vom Versicherungsnehmer gegenüber seiner Haftpflichtversicherung ausgesprochenes „**Regulierungsverbot**" ist in den meisten Fällen wirkungslos, für den Haftpflichtversicherer jedenfalls **nicht verbindlich**. Soll gleichwohl eine Schadenregulierung verhindert werden, kann dem Haftpflichtversicherer allenfalls angeboten werden, das Prozessrisiko eines Rechtsstreites zu übernehmen. 12

Hinweis

Die Kosten dieses Rechtsstreites trägt **keine Rechtsschutzversicherung**, da diese nur für die **Geltendmachung**, **nicht** jedoch für die **Abwehr** von Haftpflichtansprüchen eintrittspflichtig ist.

E. Prozessführungsbefugnis (E.2.4 AKB 2008)

Wenn gegen den Versicherungsnehmer Haftpflichtansprüche gerichtlich geltend gemacht werden, hat er die Führung des Rechtsstreites dem Versicherer zu überlassen. Diese Prozessführungsbefugnis beinhaltet auch und vor allem das Recht des Versicherers, den **Prozessanwalt** für den Versicherungsnehmer und die übrigen Versicherten zu bestellen. 13

Da der Haftpflichtversicherer – anders als der Rechtsschutzversicherer – nicht nur das Kostenrisiko, sondern auch das Sachrisiko trägt, liegt in dieser Prozessführungsbefugnis **kein Verstoß gegen die freie Anwaltswahl**.[5] 14

Versicherungsnehmer, die einen Rechtsanwalt eigener Wahl beauftragen, begehen eine Obliegenheitsverletzung mit der Rechtsfolge, dass die Anwaltskosten von ihnen selbst zu tragen sind. Ein Rechtsanwalt, der unter Missachtung der Prozessführungsbefugnis des Haftpflichtversicherers gleichwohl ein Mandat annimmt, hat **keinen Gebührenanspruch** gegen seinen Auftraggeber, wenn er ihn nicht darüber belehrt hat, dass er in jedem Fall die Prozesskosten selbst zu tragen hat; es liegt dann ein Verstoß gegen die Beratungspflicht des Rechtsanwaltes vor, der sich sogar **schadenersatzpflichtig** macht.[6] 15

Hinweis

Auch im Falle des **Obsiegens** besteht **kein Kostenerstattungsanspruch**, da es sich insoweit nicht um notwendige Prozesskosten handelt.[7]

Ebenso wenig ist eine evtl. vorhandene **Rechtsschutzversicherung** eintrittspflichtig, da diese nur die Kosten der Geltendmachung von Schadenersatzansprüchen aus Verkehrsunfällen übernimmt, **nicht der Abwehr**. 16

5 Vgl. *van Bühren*, AnwBl 1987, 13 m. Rechtsprechungsübersicht; *Stiefel/Maier*, AKB 1.1 Rn 67 m.w.N.
6 BGH, IX ZR 6/84, zfs 1985, 71 = VersR 1985, 83; OLG Düsseldorf, VersR 1985, 92; LG München, r+s 1986, 4.
7 BGH, IV ZB 76/03, zfs 2004, 379 = NJW-RR 2004, 536; **a.A.** OLG Hamburg, 8 W 149/02, DAR 2003, 36.

17 Ein Versicherungsnehmer darf nur dann einen Rechtsanwalt seiner Wahl beauftragen, wenn besondere Gründe vorliegen, die eine Vertretung durch den vom Versicherer gestellten Prozessanwalt als **unzumutbar**[8] erscheinen lassen; dies ist beispielsweise dann der Fall,

- wenn der vom Versicherer beauftragte **Prozessanwalt** bereits in einem **anderen** Verfahren **gegen** den Versicherungsnehmer tätig war,[9]
- wenn zwischen Versicherungsnehmer und Haftpflichtversicherer **Meinungsverschiedenheiten** über die Deckungspflicht auftreten.[10]

18 Droht im schriftlichen Vorverfahren wegen der 2-Wochen-Frist von § 276 Abs. 1 ZPO ein **Versäumnisurteil**, kann es ausnahmsweise gerechtfertigt sein, „auf eigene Faust einen Rechtsanwalt zu beauftragen".[11]

19 Wenn dann jedoch der Versicherer einen Prozessanwalt seiner Wahl auch für den Versicherungsnehmer beauftragt, ist nur die **Verfahrensgebühr** zu erstatten, während es sich bei der Termingebühr nicht mehr um notwendige Prozesskosten handelt.[12] Wenn dann jedoch der Versicherer einen Prozessanwalt seiner Wahl auch für den Versicherungsnehmer beauftragt, ist dem vom Versicherungsnehmer beauftragten Rechtsanwalt nur die Verfahrensgebühr zu erstatten.

20 Versicherungsnehmer und Rechtsanwalt müssen davon ausgehen, dass der Haftpflichtversicherer die ihm obliegende Prozessführungsbefugnis für den Versicherungsnehmer und den versicherten Fahrer wahrnimmt.[13]

21 Verpflichtet sich der Haftpflichtversicherer, bei **Klagerücknahme** keinen Kostenantrag zu stellen, darf dennoch zugunsten des Versicherungsnehmer-Anwalts ein Kostenbeschluss ergehen, da E.2.4 AKB 2008 nur das Innenverhältnis betrifft.[14]

8 BGH, IV ZB 76/03, zfs 2004, 379 = NJW-RR 2004, 536; **a.A.** OLG Hamburg, 8 W 149/02, DAR 2003, 36.
9 BGH, IVa ZR 129/80, NJW 1981, 1952.
10 OLG Karlsruhe, VersR 1979, 944.
11 LG Göttingen, AnwBl 1987, 284, 285; LG Kleve, zfs 1992, 63; *van Bühren*, AnwBl 1987, 13 m.w.N.
12 LG Göttingen, AnwBl 1987, 285.
13 OLG Hamburg, 14 U 40/09, SP 2009, 341.
14 OLG Frankfurt, NJW-RR 1995, 1116; **a.A.** LG Bochum, r+s 1991, 363.

§ 4 Fahrzeugversicherung

A. Allgemeines

Ein Verkehrsunfall löst nicht nur Ansprüche gegen den Schädiger aus, der Geschädigte kann auch seine eigene **Vollkaskoversicherung** und bei Glasbruchschäden seine **Teilkaskoversicherung** in Anspruch nehmen. 1

B. Anzeigepflicht (E.1.1 AKB 2008)

Auch für die Kaskoversicherung gilt die Obliegenheit aus E.1.1 AKB 2008, dass jeder Versicherungsfall innerhalb einer Frist von **1 Woche schriftlich anzuzeigen ist**. Oft entschließt sich der Geschädigte erst während der Regulierungsverhandlungen mit dem gegnerischen Haftpflichtversicherer, seine eigene Vollkaskoversicherung in Anspruch zu nehmen, weil eine kurzfristige Regulierung nicht zu erwarten ist oder sich abzeichnet, dass nur eine **Quote** durchsetzbar ist. 2

Auch wenn die Wochenfrist gemäß E.1.1 AKB 2008 **versäumt** ist, besteht der **Leistungsanspruch**, denn die Kaskoversicherer gehen nicht von einer vorsätzlichen oder grob fahrlässigen Obliegenheitsverletzung aus, da allenfalls ein geringes Verschulden des Versicherungsnehmers vorliegt. 3

C. Neuwertersatz (2.6 AKB 2008)

Nach § 13 Abs. 2 AKB 88 konnte der Erstbesitzer eines Pkw bei einem Totalschaden/Totalverlust innerhalb der ersten beiden Zulassungsjahre Neuwertersatz verlangen. Diese Leistungsverbesserungen werden jedoch in Versicherungsverträgen ab Mitte 1993 nicht mehr angeboten, zumal der Anspruch auf Neuwertersatz oft Anreiz zur Vortäuschung eines Fahrzeugdiebstahls geboten hat. Zwischenzeitlich bieten einige Versicherer noch Neuwertersatz für Totalschaden/Totalverlust **innerhalb der ersten beiden Zulassungsmonate** an. Im **Einzelfall** muss daher geprüft werden, welche AKB mit welchem Inhalt dem Vertrag zugrunde gelegt worden sind. 4

D. Quotenvorrecht/Differenztheorie

I. Allgemeines

5 Wenn von einem Mitverschulden des Mandanten auszugehen ist, empfiehlt es sich, die **Vollkaskoversicherung** in Anspruch zu nehmen **und** Schadenersatzansprüche bei der gegnerischen **Haftpflichtversicherung** geltend zu machen. In der Regel kann dadurch trotz einer Mithaftungsquote eine nahezu vollständige Schadenregulierung durchgeführt werden. Zur Schadensberechnung vgl. Schaubilder im Anhang (siehe § 21 Rn 3 ff.).

6 Nimmt der Geschädigte seine Vollkaskoversicherung in Anspruch, gehen zwar insoweit seine Schadenersatzansprüche gegen den Schädiger gem. § 86 VVG auf seine Vollkaskoversicherung über. Dieser Forderungsübergang darf sich jedoch gem. § 86 Abs. 1 S. 2 VVG **nicht zum Nachteil** des Versicherungsnehmers auswirken. Der Geschädigte kann daher seinen Fahrzeugschaden auch weiterhin gegenüber dem Schädiger geltend machen. Obergrenze ist jedoch der tatsächliche – kongruente – Fahrzeugschaden.

II. Kongruenter Fahrzeugschaden

7 Zum kongruenten Fahrzeugschaden gehören die **Reparaturkosten**, der **Wiederbeschaffungswert**, die **Abschleppkosten,** die **Sachverständigenkosten** und der **merkantile Minderwert**.[1]

8 Der Geschädigte kann daher bis zur Grenze der Mithaftungsquote des Unfallgegners die Selbstbeteiligung, die Abschleppkosten, die Sachverständigenkosten und den merkantilen Minderwert geltend machen.

9 Da der Kaskoversicherer den **merkantilen Minderwert** und die Sachverständigenkosten nicht zu ersetzen hat, tritt insoweit auch kein Forderungsübergang ein, so dass diese Schadenpositionen beim Geschädigten verbleiben. Er kann diese daher noch neben der Selbstbeteiligung ungekürzt bis zur Grenze der Mithaftungsquote gegen den Schädiger geltend machen.

III. Rechtsübergang

10 Vom Rechtsübergang **nicht** betroffen ist der **Sachfolgeschaden** (Mietwagenkosten, Nutzungsentschädigung, Kostenpauschale, Fahrtauslagen, Verdienstausfall, Prämiennachteile). Diese Positionen sind vom gegnerischen Haftpflichtversicherer unabhängig von

1 BGH, VI ZR 265/80, VersR 1982, 383 = NJW 1982, 829; BGH, VI ZR 59/84, VersR 1985, 441.

der Leistung des Kaskoversicherers mit der entsprechenden Haftungsquote zu regulieren; hierzu gehören auch **Verschrottungskosten**.[2]

Beispiel 11

Reparaturkosten	6.000 EUR
merkantiler Minderwert	500 EUR
Nutzungsentschädigung	400 EUR
Sachverständigenkosten	300 EUR
Abschleppkosten	200 EUR
Rückstufungsschaden	250 EUR
Kostenpauschale	30 EUR
insgesamt:	7.680 EUR

Hierauf leistet die Vollkaskoversicherung:
Fahrzeugschaden (6.000 EUR abzüglich Selbstbeteiligung 1.000 EUR) 5.000 EUR.

IV. Mithaftungsquote

Bei einer Mithaftungsquote von 50 % wäre es **falsch**, lediglich 50 % der vorgenannten Positionen gegenüber dem Haftpflichtversicherer geltend zu machen, richtig ist vielmehr die Abrechnung nach Quotenvorrecht/Differenztheorie (dazu Schaubilder im Anhang, vgl. § 21 Rn 3 ff.). 12

Beispiel: Berechnung des kongruenten Fahrzeugschadens

Reparaturkosten	6.000 EUR	
merkantiler Minderwert	500 EUR	
Sachverständigenkosten	300 EUR	
Abschleppkosten	200 EUR	
insgesamt	7.000 EUR	
Hiervon zahlt der Fahrzeugversicherer	5.000 EUR,	
so dass ein nicht gedeckter Schaden i.H.v.	2.000 EUR	verbleibt.

2 OLG Hamm, SP 2000, 162.

In dieser Höhe kann der Geschädigte seinen verbleibenden, von der Kaskoversicherung nicht gedeckten – kongruenten – Schaden beim gegnerischen Haftpflichtversicherer geltend machen und zwar **bis zur Höhe des Betrages**, den der Haftpflichtversicherer zu leisten hätte, wenn keine Vollkaskoversicherung bestünde. Bei einer Mithaftungsquote von 50 % also bis zu einem Betrag von 3.500 EUR.

Den Sachfolgeschaden hat der Haftpflichtversicherer entsprechend der Mithaftungsquote (beispielsweise 50 %) zu regulieren:

Nutzungsentschädigung	400 EUR
Rückstufungsschaden	250 EUR
Kostenpauschale	30 EUR
	680 EUR
hiervon 50 %	340 EUR

Ergebnis:

Bei einer Haftungsquote von nur 20 % würde der gegnerische Haftpflichtversicherer für den kongruenten Schaden nur bis zum Höchstbetrag i.H.v. 1.400 EUR haften.

E. Bearbeitungshinweis

13 *Hinweis*

Für die Praxis empfiehlt sich im Regelfall folgende Bearbeitung (siehe auch § 21 Rn 3 ff.):

1. Geltendmachung der Kaskoentschädigung beim **Kaskoversicherer**.
2. Geltendmachung des restlichen kongruenten Schadens gegenüber dem **Haftpflichtversicherer**.

Beispiel: Berechnung des restlichen kongruenten Schadens

Selbstbeteiligung	1.000 EUR
merkantiler Minderwert	500 EUR
Sachverständigenkosten	300 EUR
Abschleppkosten	200 EUR
insgesamt:	2.000 EUR

Diese Positionen muss der Haftpflichtversicherer **voll regulieren** bis zur Quote des Betrages, für den er einzustehen hat, und zwar ohne Rücksicht auf die Leistungen des Kaskoversicherers. Die weiteren Schadenpositionen (Mietwagenkosten, Nutzungsentschädigung, Unkostenpauschale, Schmerzensgeld usw.) richten sich nach der Haftungsquote des Haftpflichtversicherers.

F. Sachverständigenverfahren (A.2.17 AKB 2008)

Bei Streit über die Höhe der Kaskoentschädigung ist das Sachverständigenverfahren **zwingend** durchzuführen. Die in diesem Verfahren getroffene Feststellung kann nur bei offenbarer Abweichung von der wirklichen Sachlage angefochten werden.[3] 14

Wird vor Durchführung des Sachverständigenverfahrens Klage beim ordentlichen Gericht eingereicht, unterliegt die Klage der Abweisung, da der Klageanspruch (noch) **nicht fällig** ist.[4] 15

Der Streit über die Schadenhöhe ist somit der ordentlichen Gerichtsbarkeit **entzogen**, solange kein Sachverständigenverfahren durchgeführt worden ist. 16

Demgegenüber soll nach Ansicht des LG München I[5] ein selbstständiges gerichtliches Beweisverfahren zulässig sein. Für dieses **gerichtliche Beweisverfahren** gem. § 485 Abs. 2 ZPO hat dann auch – im Gegensatz zum Sachverständigenverfahren – eine eventuell bestehende **Rechtsschutzversicherung** Deckungsschutz zu gewähren. 17

G. Anwaltskosten

Die bei der Geltendmachung des Kaskoanspruchs entstehenden Anwaltskosten sind **nicht vom Kaskoversicherer** zu ersetzen, es sei denn, dieser befindet sich bei Beauftragung des Rechtsanwaltes in Verzug. Diese Anwaltskosten sind jedoch als adäquater Schaden **vom gegnerischen Haftpflichtversicherer** zu ersetzen; sie unterliegen aber nicht dem Quotenvorrecht.[6] 18

Diese Erstattungspflicht **besteht** jedoch **nur dann, wenn** die Inanspruchnahme anwaltlicher Hilfe **erforderlich und zweckmäßig** war. In einfach gelagerten Fällen ist es für 19

3 OLG Düsseldorf, r+s 1996, 477; LG Köln, SP 2000, 29.
4 OLG Köln, SP 2002, 210; *Stiefel/Maier*, AKB A 2.17 Rn 2 m.w.N.
5 NJW-RR 1994, 355.
6 BGH, VI ZR 43/05, zfs 2006, 426 = MDR 2006, 929, *Wellner*, BGH-Rechtsprechung zum Kfz-Sachschaden, § 11 Rn 116; OLG Celle, AnwBl. 1983, 141; OLG Stuttgart, DAR 1989, 27; OLG Karlsruhe, r+s 1990, 303, LG Wuppertal, 8 S 92/09, zfs 2010, 519.

den Geschädigten möglich und zumutbar, seine Leistungsansprüche bei seinem eigenen Kaskoversicherer zu melden und ihn zur Zahlung aufzufordern.[7]

20 Wenn der Geschädigte aus Mangel an geschäftlicher Gewandtheit oder aus sonstigen Gründen wie **Krankheit** oder Abwesenheit nicht in der Lage ist, seine Ansprüche bei seinem eigenen Versicherer selbst anzumelden, kann er einen **Rechtsanwalt** beauftragen, dessen Kosten der Haftpflichtversicherer zu tragen hat. Dies gilt auch für die Geltendmachung von Leistungsansprüchen aus einer **Unfallversicherung**, wenn der Geschädigte sich längere Zeit in stationärer Behandlung befindet.[8]

H. Teilkaskoversicherung

21 In der Teilkaskoversicherung sind **Glasbruchschäden** (A.2.2.5 AKB 2008) versichert, so dass insoweit auch bei einem **selbst verschuldeten Unfall** oder bei einem Mitverschulden die Teilkaskoversicherung wegen der Glasschäden in Anspruch genommen werden kann.

22 Gerät ein Fahrzeug bei einem Unfall in **Brand**, ist die Teilkaskoversicherung ebenfalls eintrittspflichtig.[9]

7 BGH, VI ZR 196/11, SP 2012, 268 = MDR 2012, 759 = DAR 2012, 387, *Wellner*, BGH-Rechtsprechung zum Kfz-Sachschaden, § 11 Rn 109.

8 BGH, VI ZR 43/05, zfs 2006, 426 = MDR 2006, 929, *Wellner*, BGH-Rechtsprechung zum Kfz-Sachschaden, § 11 Rn 116.

9 OLG Nürnberg, NJW-RR 1995, 862.

§ 5 VVG 2008/AKB 2008

A. Überblick

Die Neufassung des noch aus dem Kaiserreich (1908) stammenden Versicherungsvertragsgesetzes (VVG) ist von einer Expertenkommission vorbereitet worden, die den Entwurf eines fertig ausformulierten Versicherungsvertragsgesetzes vorgelegt hat. Obgleich in dieser aus 21 Mitgliedern bestehenden Kommission die Vertreter der Versicherungswirtschaft zahlenmäßig dominierten, war dieser Entwurf ausgewogen und ist im Gesetzgebungsverfahren nicht wesentlich verändert worden. Kernpunkt des neuen VVG ist der Wegfall des Alles-oder-Nichts-Prinzips bei **grober Fahrlässigkeit**, **Obliegenheitsverletzung** und **Gefahrerhöhung**. Nunmehr erhält der Versicherungsnehmer auch dann **anteiligen** Versicherungsschutz, wenn er sich **grob fahrlässig** verhalten hat. 1

Das neue VVG 2008 ist am 1.1.2008 in Kraft getreten und gilt ab **1.1.2009** für alle Versicherungsverträge, also auch für **Altverträge**. Versicherungsfälle, die vor dem 1.1.2009 eingetreten sind, werden noch nach altem Recht behandelt, es sei denn, der Versicherungsvertrag ist nach dem 1.1.2008 abgeschlossen oder bereits vor dem 1.1.2009 auf das neue VVG umgestellt worden. 2

Obgleich die Rechte der Versicherungsnehmer durch das neue VVG erheblich **verbessert** worden sind, wird das Vertragsverhältnis auch weiterhin wesentlich durch die dem Versicherungsvertrag zugrunde gelegten Allgemeinen Versicherungsbedingungen (**AVB**) bestimmt, im Bereich der Kraftfahrtversicherung durch die Allgemeinen Bedingungen für die Kraftfahrtversicherung (**AKB**). 3

Ist bei „**Altverträgen**" ein Versicherungsfall bis zum 31.12.2008 eingetreten, ist insoweit das **VVG 1908** anzuwenden (Art. 1 Abs. 2 EGVVG). 4

B. Grobe Fahrlässigkeit

Während nach § 61 VVG a.F. Vorsatz und grobe Fahrlässigkeit gleichermaßen zur völligen Leistungsfreiheit des Versicherers führten, ist der Versicherer nach § 81 Abs. 2 VVG bei grober Fahrlässigkeit berechtigt, „seine Leistung in einem der Schwere des Verschuldens des Versicherungsnehmers entsprechenden Verhältnis zu **kürzen**". Da es sich bei der groben Fahrlässigkeit um einen **subjektiven Risikoausschluss** handelt, trägt der Versicherer die Beweislast für die Schwere der Schuld und für den Umfang der Leistungskürzung.[1] Es ist davon auszugehen, dass die Versicherer im Regelfall die Hälfte der Ent- 5

1 Prölss/Martin/*Prölss*, § 81 VVG Rn 27 m.w.N.

schädigungsleistung erbringen, es sind aber auch Kürzungen bis auf **Null** ebenso denkbar wie eine **vollständige Schadenregulierung**, wenn die grobe Fahrlässigkeit sich im Randbereich der einfachen Fahrlässigkeit bewegt.

6 § 81 Abs. 2 VVG entspricht der Regelung in der **Schweiz** (Art. 14 Abs. 2 Schweizerisches VVG); dort bewegen sich die Kürzungen bei grober Fahrlässigkeit in einem Bereich von 30 %, lediglich bei alkoholbedingter Fahruntüchtigkeit werden höhere Kürzungen vorgenommen.[2]

7 Es ist davon auszugehen, dass in der Rechtsprechung auf Dauer durch Kasuistik eine **Tabelle** entwickelt wird, wie es sie bereits zu Haftungsquoten bei Verkehrsunfällen und Schmerzensgeld gibt.

8 Rechtsprechung:

- Bei einem **Rotlichtverstoß** ist eine Leistungskürzung von 50 % angemessen.[3]
- Bei **alkoholbedingter absoluter Fahruntüchtigkeit** kann eine vollständige Kürzung auf **Null** in Betracht kommen, es sind jeweils die Einzelumstände zu berücksichtigen.[4]
- Bei **relativer Fahruntüchtigkeit** (ab ca. 0,3 Promille) ist in der Regel mit einer Kürzungsquote von **50 %** zu beginnen. Diese Quote steigt nach dem Grad der Alkoholisierung bis auf **100 %** bei Erreichen der absoluten Fahruntüchtigkeit von 1,1 Promille.[5]
- Wenn der Versicherungsnehmer seinen **Fahrzeugschlüssel** an einen erkennbar alkoholisierten Dritten übergibt, liegt grobe Fahrlässigkeit vor, so dass die Leistung um **75 %** zu kürzen ist.[6]

C. Obliegenheiten

9 Obliegenheiten sind **Verhaltensnormen**, aus denen sich ergibt, was der Versicherungsnehmer tun oder unterlassen muss, um den Versicherungsschutz zu erhalten. Der Versicherer kann nicht auf Erfüllung von Obliegenheiten klagen, es besteht nur die Sanktion der Leistungsfreiheit.

10 Die gesetzlichen Obliegenheiten wie die **Anzeigepflicht** (§ 30 VVG) und die **Auskunftspflicht** (§ 31 VVG) sowie die **Schadenminderungspflicht** (§ 82 VVG) und das **Aufgabeverbot** (§ 86 Abs. 2 VVG) entsprechen der bisherigen Regelung. Auch hier gilt der Grundsatz, dass eine grob fahrlässige Verletzung von gesetzlichen Obliegenheiten nur zu einer Leistungskürzung führt.

2 *Rixecker*, zfs 2007, 15, 16.
3 LG Münster, 15 O 141/09, VersR 2009, 1615.
4 BGH, IV ZR 225/10, VersR 2011, 1037; KG, 6 U 87/10, zfs 2011, 29.
5 OLG Hamm, 20 U 74/10, VersR 2011, 207 = zfs 2011, 293 = r+s 2011, 295.
6 LG Bonn, 10 O 150/09, r+s 2010, 320.

In der Kraftfahrzeugversicherung stehen die **vertraglichen** Obliegenheiten (§ 28 VVG) im Vordergrund. § 6 VVG a.F. regelte die Rechtsfolgen von Obliegenheitsverletzungen unterschiedlich für Obliegenheitsverletzungen **vor** Eintritt des Versicherungsfalles und **nach** Eintritt des Versicherungsfalles. Diese Unterscheidung macht das VVG 2008 nicht. 11

Lediglich für die **Auskunfts-** und **Aufklärungspflicht** nach Eintritt des Versicherungsfalles sieht das VVG noch eine weitere Schutzvorschrift dahingehend vor, dass der Versicherer nur dann leistungsfrei werden kann, wenn er den Versicherungsnehmer „**durch gesonderte Mitteilung in Textform**" auf die Leistungsfreiheit bei Obliegenheitsverletzungen hingewiesen hat. 12

Im Gegensatz zu den früheren gesetzlichen Regelungen ist eine **Kündigung** des Versicherungsvertrages durch den Versicherer, der leistungsfrei werden will, **nicht** mehr erforderlich. Allerdings führen Obliegenheitsverletzungen nach § 28 Abs. 3 VVG nur dann zur Leistungsfreiheit, wenn sie „für den Eintritt oder die Feststellung des Versicherungsfalles" **ursächlich** waren. Durch dieses **Kausalitätsprinzip** wird das frühere Rechtsinstitut der „**Relevanz**" bei Obliegenheitsverletzungen entbehrlich. 13

Wenn der Versicherer seine Leistungspflicht **verneint** hat, sind Obliegenheitsverletzungen des Versicherungsnehmers irrelevant, da dann das Schutzbedürfnis des Versicherers und sein Anspruch auf wahrheitsgemäße Angaben des Versicherungsnehmers entfallen. Die Verwirkung des gesamten Leistungsanspruchs durch falsche Angaben ist dann nicht mehr gerechtfertigt, selbst bei **arglistiger Täuschung**.[7] 14

I. Arglist

Das Kausalitätserfordernis **entfällt**, wenn der Versicherungsnehmer arglistig gehandelt hat (§ 28 Abs. 3 S. 2 VVG). 15

Arglist liegt nur dann vor, wenn der Versicherungsnehmer mit direktem Vorsatz (**dolus directus**) handelt. 16

Nicht jede vorsätzlich falsche Angabe bedeutet eine Arglist. Der Versicherungsnehmer muss vielmehr einen **gegen die Interessen** des Versicherers gerichteten Zweck verfolgen. Arglistig handelt der Versicherungsnehmer nur dann, wenn er in der **Absicht** handelt, das Regulierungsverhalten des Versicherers zu **beeinflussen**.[8] 17

Es ist **nicht** erforderlich, dass ein **rechtswidriger Vermögensvorteil** angestrebt wird.[9] Arglist liegt daher auch dann vor, wenn der Versicherungsnehmer einen **gefälschten** 18

7 BGH, IV ZR 110/11, zfs 2013, 330 = VersR 2013, 297.
8 BGH, IVa ZR 18/84, zfs 1986, 91 = VersR 1986, 77 = r+s 1985, 302; OLG Düsseldorf, r+s 1996, 319; OLG Koblenz, zfs 2003, 550; KG, VersR 2005, 351; OLG Saarbrücken, NJW-RR 2006, 1406.
9 OLG Köln, VersR 2004, 907.

Schadenbeleg beibringt,[10] selbst wenn dieser Beleg den tatsächlichen Wert des zu ersetzenden Gegenstandes wiedergibt.[11]

19 Ebenso ist von Arglist auszugehen, wenn der Versicherungsnehmer einen **nachträglich** gefertigten Kaufvertrag vorlegt.[12]

20 Der **Versicherer** muss Arglist **beweisen.**[13] Objektiv falsche Angaben sind jedoch ein **Indiz** für ein vorsätzliches und arglistiges Verhalten des Versicherungsnehmers; dieser muss daher gegebenenfalls die gegen ihn sprechende Vermutung **entkräften.**[14]

21 Bei Arglist besteht auch **keine** Nachfrageobliegenheit des Versicherers.[15]

II. Vorsatz

22 Eine vorsätzliche Obliegenheitsverletzung des Versicherungsnehmers führt zur **vollständigen Leistungsfreiheit** des Versicherers, wenn diese Obliegenheitsverletzung **ursächlich** für den Eintritt oder die Feststellung des Versicherungsfalles war (§ 28 Abs. 3 S. 1 VVG).

23 Eine vorsätzliche Obliegenheitsverletzung nach Eintritt des Versicherungsfalles wird im Regelfall folgenlos bleiben, wenn der Versicherer die vorsätzliche Obliegenheitsverletzung erkennt. Die Diskussion wird sich daher in Zukunft auf die Frage konzentrieren, ob der Versicherungsnehmer **arglistig** gehandelt hat, da dann der Leistungsanspruch auch dann entfällt, wenn sich die vorsätzliche Obliegenheitsverletzung nicht ausgewirkt hat.

III. Grobe Fahrlässigkeit

24 Eine grob fahrlässige Obliegenheitsverletzung, die ursächlich für den Eintritt des Schadens oder dessen Umfang war, führt zur **partiellen Leistungsfreiheit** des Versicherers: Der Versicherer kann seine Leistung „in einem der Schwere des Verschuldens des Versicherungsnehmers entsprechenden Verhältnis" **kürzen** (§ 28 Abs. 2 S. 2 VVG).

25 Im Regelfall dürfte bei einer grob fahrlässigen Obliegenheitsverletzung eine Leistungskürzung um **50 %** in Betracht kommen.[16] Ähnlich wie bei der Quotierung zu § 254 BGB sind Quoten von 20 % bis 80 % ebenso denkbar wie eine Kürzungsquote von 0 % oder 100 %.[17]

10 OLG Köln, r+s 2006, 421.
11 OLG München, VersR 1992, 181.
12 OLG Hamm, MDR 2007, 1135 = SP 2007, 365.
13 BGH, IV ZR 161/03, VersR 2004, 1297.
14 BGH, IV ZR 252/05, VersR 2007, 389.
15 BGH, IV ZR 26/04, r+s 2008, 234; BGH, IV ZR 170/04, r+s 2008, 234.
16 Prölss/Martin/*Prölss*, § 28 VVG Rn 129; *Felsch*, r+s 2007, 485, 493.
17 Prölss/Martin/*Prölss*, § 28 VVG Rn 129; *Felsch*, r+s 2007, 485 ff.

IV. Mehrere Obliegenheitsverletzungen

Bei mehreren grob fahrlässigen Obliegenheitsverletzungen dürfte eine **mehrfache** Quotelung dann **ausgeschlossen** sein, wenn die Obliegenheiten **demselben Zweck** dienen und lediglich in unterschiedlicher Form ein Verhalten konkretisieren. 26

Wenn beispielsweise ein Versicherungsnehmer falsche Angaben zur **Laufleistung** seines Fahrzeuges, zu **Vorschäden** und zum **Kaufpreis** macht, ist von einer **einheitlichen** Obliegenheitsverletzung auszugehen, eine Addition verbietet sich. Es ist vielmehr diejenige Obliegenheitsverletzung zu berücksichtigen, die **besonders schwerwiegend** ist.[18] Diese „**Quotenkonsumtion**" ist praktikabel und wird auch gestützt durch die bisherige Rechtsprechung zu mehrfachen Obliegenheitsverletzungen.[19] 27

Allerdings hat der BGH eine **Addition** der Regressforderungen bei Obliegenheitsverletzungen **vor** und **nach** Eintritt des Versicherungsfalles für zulässig gehalten. Wenn man diese Rechtsprechung analog heranzieht, wäre ebenfalls eine doppelte Leistungskürzung möglich, allerdings nicht in Form einer Addition, vielmehr müsste die erste Quote dann **nochmals** entsprechend **gekürzt** werden. 28

> *Beispiel*
>
> Bei alkoholbedingter Fahruntüchtigkeit und anschließenden falschen Angaben zum Kilometerstand ist zunächst eine Kürzung wegen der Fahruntüchtigkeit auf 50 % vorzunehmen. Wenn die Falschangabe zum Kilometerstand ebenfalls mit einer Kürzungsquote von 50 % berücksichtigt wird, ergibt sich eine Leistungsquote von 25 %.[20]

V. Unfallflucht

Unfallflucht gilt als typischer Fall und in den früheren AKB sowie in den AKB 2008 ausdrücklich genannter Fall der Verletzung der **Aufklärungsobliegenheit**.[21] Die Leistungsfreiheit des Versicherers wegen Unfallflucht tritt auch bei **eindeutiger Haftungslage** ein.[22] Der BGH begründet diese Auffassung damit, dass die dem Versicherer vertraglich eingeräumte Prüfungsmöglichkeit sich auch auf die Frage der Leistungsfreiheit wegen alkoholbedingter Fahruntüchtigkeit (grobe Fahrlässigkeit) bezieht. 29

18 Prölss/Martin/*Prölss*, § 28 VVG Rn 132; *Felsch*, r+s 2007, 485, 497.
19 BGH, IV ZR 216/04, VersR 2005, 1720 = DAR 2006, 86 = zfs 2006, 94 = r+s 2006, 100.
20 *Marlow/Spuhl*, 102; **a.A.** *Felsch*, r+s 2007, 485.
21 BGH, IV ZR 287/95, zfs 1996, 418 = VersR 1996, 1229; OLG Nürnberg, SP 2000, 389; OLG Köln, SP 2001, 63; OLG Frankfurt, zfs 2003, 10; OLG Oldenburg, zfs 2003, 409 = r+s 2004, 56.
22 BGH, IV ZR 71/99, zfs 2000, 68 = r+s 2000, 94 = DAR 2000, 113 = NJW-RR 2000, 553.

30 Unfallflucht führt daher zur vollständigen Leistungsfreiheit des Versicherers, weil in derartigen Fällen grundsätzlich von einem **arglistigen Verhalten** auszugehen ist.[23] Aber selbst wenn man Arglist verneint, kann bei Unfallflucht der Versicherungsnehmer den **Kausalitätsgegenbeweis** nicht durch die Benennung von Zeugen für seine Behauptung antreten, seine Fahrtauglichkeit sei nicht durch Alkohol beeinträchtigt gewesen.[24]

31 Diese strenge Rechtsprechung ist durch das Urteil des BGH vom 21.12.2012[25] **relativiert** worden: Der BGH führt zunächst aus, dass es genügt, wenn der Versicherungsnehmer seinen Versicherer über das Unfallereignis zu einem Zeitpunkt unterrichtet, in dem er durch Mitteilung an den Geschädigten eine Strafbarkeit nach § 142 Abs. 2 StGB noch hätte abwehren können. Schließlich heißt es in diesem Urteil weiter, dass Unfallflucht nicht in jedem Fall ein arglistiges Verhalten darstelle. Eine arglistige Verletzung der Aufklärungsobliegenheit setze voraus, dass der Versicherungsnehmer einen gegen die Interessen des Versicherers gerichteten Zweck verfolgt und weiß, dass sein Verhalten die Schadenregulierung möglicherweise beeinflussen kann. Weiterhin hält der BGH in dieser Entscheidung den **Kausalitätsgegenbeweis** für zulässig und keineswegs zwingend den Nachweis für erforderlich, dass der Versicherungsnehmer zum Unfallzeitpunkt nicht alkoholisiert gewesen sei.

D. Forderungsübergang (§ 86 VVG)

32 Soweit der Kaskoversicherer den Schaden reguliert, gehen die Schadenersatzansprüche des Versicherungsnehmers gegen den Schädiger gem. § 86 VVG auf den Versicherer über (**cessio legis**).

33 § 86 Abs. 3 VVG verbietet einen Forderungsübergang gegenüber einer Person, mit welcher der Versicherungsnehmer „bei Eintritt des Schadens in häuslicher Gemeinschaft lebt“. Im Gegensatz zu § 67 Abs. 2 VVG a.F. („**Familienangehörigenprivileg**“) kommt es nur noch darauf an, ob Versicherungsnehmer und Regressschuldner in **häuslicher Gemeinschaft** leben.

34 Eine häusliche Gemeinschaft im Sinne von § 86 Abs. 3 VVG liegt vor, wenn eine auf Dauer angelegte gemeinschaftliche **Wirtschaftsführung** besteht und eine nicht ganz unverbindliche **Wohngemeinschaft** vorhanden ist.[26]

35 **Kurzfristige** Abwesenheit schadet nicht, wenn diese Abwesenheit von Anfang an zeitlich begrenzt ist. Es verbleibt daher bei der häuslichen Gemeinschaft, wenn ein Mitglied dieser Gemeinschaft **zur See** fährt, auswärts **studiert** oder seiner **Wehrpflicht** nachkommt.[27]

23 LG Düsseldorf, 20 S 7/10, zfs 2010, 573.
24 KG, 6 U 66/10, zfs 2011, 92.
25 BGH, IV ZR 97/11, zfs 2013, 91 = r+s 2013, 61.
26 BGH, VI ZR 223/84, zfs 1986, 142 = VersR 1986, 333.
27 Prölss/Martin/*Prölss* § 86 VVG Rn 50 m.w.N.; *Römer/Langheid*, § 67 VVG Rn 53 m.w.N.

Die häusliche Gemeinschaft muss „**bei Eintritt des Schadens**" (§ 86 Abs. 3 VVG) bestehen. Eine **nachträgliche** Begründung einer häuslichen Gemeinschaft führt daher **nicht** zu einer Regresssperre. 36

E. Gerichtsstand (§ 215 VVG)

Für Klagen aus dem Versicherungsvertrag oder der Versicherungsvermittlung ist das Gericht örtlich zuständig, in dessen Bezirk der **Versicherungsnehmer** zur Zeit der Klageerhebung seinen **Wohnsitz** hat. 37

§ 215 VVG spricht vom „Versicherungsnehmer" und nicht vom „Verbraucher", so dass diese Gerichtsstandsregelung auch für **juristische Personen** gilt.[28] 38

Die Überlegung, dass eine juristische Person keinen „**Wohnsitz**" hat, erweist sich als nicht überzeugend, da juristische Personen einen „**Sitz**" haben, der dem Wohnsitz einer natürlichen Person entspricht. Hätte der Gesetzgeber eine Beschränkung auf natürliche Personen beabsichtigt, wäre der Gerichtsstand in § 215 VVG – wie in § 29c ZPO – auf **Verbraucher** beschränkt worden.[29] 39

§ 215 VVG ist am 1.1.2008 in Kraft getreten und gilt ab diesem Zeitpunkt auch für **Altfälle**. Art. 1 Abs. 1 EGVVG regelt nur den Anpassungszeitraum für die „Versicherungsverhältnisse", also die rechtlichen Beziehungen zwischen dem Versicherungsnehmer und dem Versicherer. Der Gerichtsstand betrifft jedoch lediglich das Prozessrechtsverhältnis zwischen einem klagenden Versicherungsnehmer und seinem Versicherer.[30] 40

Nach Auffassung des OLG Köln[31] gilt der Gerichtsstand gem. § 215 VVG für alle Klagen, die **nach** dem 1.1.2009 anhängig gemacht werden. 41

Nach überwiegender Rechtsprechung[32] findet die Unterscheidung zwischen materiellen und prozessrechtlichen Vorschriften im EGVVG keine Stütze, so dass für **Altfälle**, also Versicherungsfälle, die vor dem 1.1.2009 eingetreten sind, § 215 VVG **keine** Anwendung findet. 42

28 *Meixner/Steinbeck*, Das neue Versicherungsvertragsrecht, Rn 365; *Schwintowski/Brömmelmeyer/Klär*, § 215 VVG Rn 9; Müko-VVG/*Looschelder*, § 215 VVG Rn 12; *van Bühren*, Handbuch Versicherungsrecht, § 1 Rn 327; **a.A.** Prölss/Martin/*Klimke*, § 215 VVG Rn 12.

29 **A.A.** Prölss/Martin/*Klimke*, § 215 VVG Rn 12.

30 OLG Saarbrücken, 5 W 220/08, VersR 2008, 1337; **a.A.** *Schwintowski/Brömmelmeyer/Klär*, § 215 VVG Rn 16; OLG Hamburg, 9 W 23/09, VersR 2009, 531; OLG Hamm, 20 U 110/08, zfs 2009, 573.

31 OLG Köln, 9 W 36/09, VersR 2009, 1347; ebenso OLG Hamburg, 9 W 23/09, VersR 2009, 1543.

32 OLG Stuttgart, 7 AR 8/08, r+s 2009, 102; OLG Hamburg, 9 W 23/09, VersR 2009, 531; OLG Hamm, 20 U 110/08, VersR 2009, 1345.

F. Verjährung

43 Das VVG enthält keine gesonderten Verjährungsvorschriften, so dass die allgemeinen Verjährungsregeln des **BGB** (§§ 194 ff. BGB) gelten. Lediglich **§ 15 VVG** bestimmt, dass die Verjährung hinsichtlich eines angemeldeten Anspruchs **gehemmt** ist bis zum Eingang der schriftlichen Entscheidung des Versicherers.

§ 6 Schadenminderungspflicht

A. Allgemeines

Gemäß § 254 Abs. 2 BGB verstößt ein Geschädigter gegen seine Schadenminderungspflicht, wenn er es unterlassen hat, 1

- auf die Gefahr eines ungewöhnlich hohen Schadens **aufmerksam** zu machen,
- den Schaden **abzuwenden**,
- den Schaden **zu mindern**.

B. Umfang der Schadenminderungspflicht

Die Schadenminderungspflicht verlangt von dem Geschädigten alle Maßnahmen, die nach der allgemeinen Lebenserfahrung von einem ordentlichen Menschen aufgewendet werden müssen, um einen Schaden abzuwenden oder gering zu halten. 2

Zur Herstellung des früheren Zustandes sind erforderlich nur die Aufwendungen, die ein verständiger, wirtschaftlich denkender Mensch in der Lage des Geschädigten für **zweckmäßig** und **notwendig** halten darf.[1] Unter mehreren Mitteln der Schadenbeseitigung ist dasjenige zu wählen, das den deutlich **geringsten Aufwand** erfordert.[2] 3

Bei Verkehrsunfallsachen ist oft zweifelhaft, wer den Schaden im Ergebnis zu tragen hat, so dass es bereits das wohlverstandene Eigeninteresse des Geschädigten verlangt, den in jedem Fall sichersten und kostengünstigsten Weg zu wählen. Der Geschädigte darf einerseits nicht zu seinem eigenen Vorteil auf Kosten Dritter großzügig sein, andererseits muss er **nicht zugunsten des Schädigers sparen**.[3] 4

Der Geschädigte soll an dem Schadenfall **nicht „verdienen"**.[4]

> *Praxistipp* 5
>
> Bei jeder Maßnahme, die ein Geschädigter zur Schadenbeseitigung ergreifen will, sollte der beauftragte Rechtsanwalt die Kontrollfrage stellen:
>
> **„Würden Sie diesen Aufwand auch dann betreiben, wenn Sie den Schaden selbst bezahlen müssten?"**

1 BGH, VI ZR 74/04, zfs 2005, 390 m.w.N.
2 BGH, VI ZR 393/02, zfs 2003, 403 = NJW 2003, 2085, 2087; OLG Düsseldorf, NJW-RR 2004, 4070.
3 BGH, VI ZR 314/90, DAR 1992, 22 f.; BGH, VI ZR 138/95, r+s 1996, 266 = DAR 1996, 314 = SP 1996, 244.
4 BGH, VI ZR 312/08, r+s 2009, 525, *Wellner*, BGH-Rechtsprechung zum Kfz-Sachschaden, § 2 Rn 15.

Diese subjektiven Überlegungen ändern nichts daran, dass der Haftungsmaßstab **objektiv** zu bestimmen ist: Entscheidend ist allein, was ein verständiger, wirtschaftlich denkender Geschädigter aufwenden würde, um den Schaden zu beseitigen.[5]

6 *Hinweis*

Wenn der Geschädigte die Höhe der Kosten der Schadenbeseitigung beeinflussen kann, muss er im Rahmen des Zumutbaren den wirtschaftlichsten Weg wählen.

Die Schadenminderungspflicht ist die Schranke für die Höhe der erforderlichen Kosten der Schadenbeseitigung.[6]

C. Erfüllungsgehilfen

7 Ausgehend vom Grundsatz der Naturalrestitution in § 249 BGB sind die mit den Reparaturarbeiten beauftragte **Werkstatt**, der **Sachverständige** und sonstige mit der Schadenbeseitigung Beauftragte **nicht Erfüllungsgehilfen des Geschädigten, sondern des Schädigers**.[7]

8 Der **Geschädigte** ist daher für unwirtschaftliche oder mangelhafte Arbeiten der Werkstatt oder des mit der Schadenfeststellung beauftragten Sachverständigen **nicht verantwortlich**; er kann Ersatz seiner Aufwendungen verlangen, gegebenenfalls Zug um Zug gegen Abtretung seiner Schadenersatzansprüche wegen Schlechterfüllung der im Zusammenhang mit der Schadenbeseitigung geschlossenen Werk- und Dienstverträge.

D. Auswahlverschulden

9 Wegen der größeren Sachnähe hat der Geschädigte nicht nur die Dispositionsfreiheit, sondern auch die **Dispositionspflicht** mit der Maßgabe, dass er nur solche Dispositionen zur Schadenbeseitigung treffen darf, die für die Schadenbeseitigung **erforderlich** sind.

Neben der eigenverantwortlichen Prüfung des Schadenumfangs obliegt dem Geschädigten die Auswahl der geeigneten Werkstatt, des geeigneten Sachverständigen usw.

10 Für ein **Auswahlverschulden** hat der Geschädigte somit selbst einzustehen, beispielsweise dann, wenn er eine offensichtlich ungeeignete oder völlig überlastete Werkstatt

5 BGH, VI ZR 86/84, zfs 1986, 10 = VersR 1985, 1090; BGH, VI ZR 314/90, DAR 1992, 22 f.; BGH, VI ZR 138/95, DAR 1996, 314 = SP 1996, 244 = r+s 1996, 266, BGH, VI ZR 74/04, zfs 2005, 390.
6 BGH, VI ZR 9/05, VersR 2006, 133.
7 *Hentschel/König/Dauer*, § 12 StVG Rn 22 m.w.N.

mit der Durchführung der Reparaturarbeiten beauftragt.[8] Grundsätzlich kann und soll der Geschädigte jedoch die **Werkstatt seines Vertrauens** beauftragen.

Wenn den Geschädigten kein Auswahlverschulden trifft, muss der Schädiger sich dessen Rückforderungsansprüche/Schadenersatzansprüche **abtreten** lassen und selbst gegen die Werkstatt vorgehen.[9] 11

E. Überwachungsverschulden

Der Geschädigte muss nach der Beauftragung einer Fachwerkstatt deren Arbeiten überwachen. Insbesondere muss er vor Beauftragung der Werkstatt den **Reparaturtermin** abstimmen, sich während der Dauer der Reparaturarbeiten gegebenenfalls erkundigen, ob das zu reparierende Fahrzeug auch fristgerecht fertig gestellt wird.[10] Nach Durchführung der Arbeiten muss der Geschädigte das reparierte Fahrzeug überprüfen, eventuelle Mängel feststellen und sofort rügen, **Gewährleistungsansprüche gegen die Werkstatt** müssen geltend gemacht und sichergestellt werden. 12

F. Beweislast

Der **Geschädigte** ist für sämtliche Schadenpositionen darlegungs- und **beweispflichtig**. Es handelt sich insoweit um anspruchsbegründende Tatsachenbehauptungen. 13

Gemäß § 249 S. 2 BGB kann der Geschädigte statt der Naturalrestitution „den dazu erforderlichen Geldbetrag verlangen“. Zunächst muss also der Geschädigte vortragen und beweisen, dass der von ihm betriebene Aufwand **„erforderlich“** für die Schadenbeseitigung war.[11] 14

Der **Geschädigte** muss darlegen und **beweisen**, dass er bei dem von ihm betriebene Herstellungsaufwand seinen individuellen Erkenntnis- und Einflussmöglichkeiten Rechnung getragen hat.[12] 15

Hat der Geschädigte daher einen unverhältnismäßig hohen Aufwand betrieben, so trägt er die Beweislast dafür, dass diese hohen Schadenbeseitigungskosten auch tatsächlich **„erforderlich“** waren. 16

Der **Ersatzpflichtige**, der sich auf einen Verstoß gegen die **Schadenminderungspflicht** des Geschädigten beruft, trägt die Beweislast für ein schuldhaftes Verhalten des Geschädigten.[13] 17

8 *Hentschel/König/Dauer*, § 12 StVG Rn 22 m.w.N.
9 *Hentschel/König/Dauer*, § 12 StVG Rn 22 m.w.N.
10 OLG Saarbrücken, 4 U 504/09, NZV 2011, 85.
11 *Van Bühren/Lemcke/Jahnke,* Teil 3 Rn 16 m.w.N.
12 BGH, VI ZR 338/04, zfs 2006, 505 = r+s 2006, 347.
13 *Hentschel/König/Dauer*, § 12 StVG Rn 8 m.w.N.

18 Trotz dieser eindeutigen Beweislastverteilung sind die Grenzen fließend: Die Umstände, aus denen sich ein Verstoß gegen die Schadenminderungspflicht ergibt, ereignen sich wegen der größeren Sachnähe des **Geschädigten in dessen Sphäre**, so dass dieser erforderlichenfalls **darlegen** und **beweisen** muss, was er zur **Schadenminderung** unternommen hat.[14]

19 Hat der Geschädigte nichts unternommen, um den Schaden zu mindern oder kommt er insoweit seiner Darlegungspflicht nicht nach, kann dieses zugunsten des Schädigers einen Anscheinsbeweis oder sogar eine **Umkehr der Beweislast** bewirken.[15]

20 Anders als bei der haftungsbegründenden Kausalität, die den strengen Beweisanforderungen von § 286 ZPO unterliegt, reicht bei der Bestimmung der Schadenhöhe (§ 287 ZPO) für die richterliche Überzeugung bereits eine **erhebliche Wahrscheinlichkeit** aus.[16]

21 § 254 BGB begründet einen **Einwand** und keine Einrede. Ein Verstoß gegen die Schadenminderungspflicht ist daher von Amts wegen zu berücksichtigen.[17]

22 *Beispiele*

Hat ein Taxiunternehmer ein **Miettaxi** in Anspruch genommen, dessen Kosten erheblich höher als der zu befürchtende Verdienstausfall sind, muss er darlegen und beweisen, dass er nicht auf andere – eigene – Fahrzeuge zurückgreifen konnte.[18]

Grundsätzlich muss ein Geschädigter die Kosten der Schadenbeseitigung aus eigenen Mitteln vorlegen; wenn er Kredit in Anspruch nimmt, muss er die Umstände darlegen und beweisen, die eine **Kreditaufnahme** erforderlich machen.[19]

Der Geschädigte muss nachweisen, dass er keine Möglichkeit hatte, einen Mietwagen zum **Pauschaltarif** anzumieten.[20]

14 OLG Naumburg, DAR 2005, 158, Palandt/*Grüneberg*, § 254 Rn 72 m.w.N.
15 BGH, VI ZR 291/89, zfs 1991, 120 = NJW 1991, 1412.
16 BGH, VI ZR 28/03, zfs 2004, 159 = SP 2004, 40.
17 Palandt/*Grüneberg*, § 254 BGB Rn 72 m.w.N.
18 OLG Frankfurt, SP 2007, 104.
19 OLG Naumburg, NZV 2005, 198, 199; LG Konstanz, SP 2005, 18.
20 BGH, VI ZR 37/04, zfs 2005, 435 = VersR 2005, 850, *Wellner*, BGH-Rechtsprechung zum Kfz-Sachschaden, § 5 Rn 1.

§ 7 Einzelne Schadenpositionen

A. Allgemeines

Die Rechtsprechung hat zu allen Schadenpositionen einen umfangreichen Verhaltenskatalog aufgestellt, nach dem der Geschädigte sich im Rahmen der Schadenregulierung zu richten hat. Hier obliegt es der anwaltlichen **Beratungspflicht**, den Geschädigten zu jeder Schadenposition aufzuklären und zu belehren. 1

B. Fahrzeugschaden

Ausgangspunkt für die Unfallregulierung ist zunächst der Fahrzeugschaden, dessen Beseitigung in der Regel den **größten Kostenfaktor** darstellt und die übrigen Schadenpositionen (Mietwagenkosten, Nutzungsausfallentschädigung, Sachverständigenkosten, usw.) entscheidend beeinflusst.[1] 2

Die Beseitigung des Fahrzeugschadens stellt somit die **Weichen** für die übrigen Sachfolgeschäden. 3

Wird ein **neuwertiges Fahrzeug** stark beschädigt, so kann der Geschädigte möglicherweise auf Neuwagenbasis abrechnen und bis zur Auslieferung des Neufahrzeuges in bestimmtem Umfang einen Mietwagen benutzen oder Nutzungsausfallentschädigung geltend machen. Besonders schwierig wird die Entscheidung, wenn die Reparaturkosten den Wiederbeschaffungswert des Fahrzeuges erreichen oder sogar übersteigen (wirtschaftlicher Totalschaden). 4

Oft ist der Geschädigte froh, für ein **unzuverlässiges** und schwer verkäufliches **Fahrzeug** vom gegnerischen Haftpflichtversicherer den **Wiederbeschaffungswert** zu erhalten. In anderen Fällen möchte er sich von seinem vertrauten und zuverlässigen Fahrzeug nicht trennen und die notwendigen Reparaturarbeiten „koste es, was es wolle“ durchführen lassen. 5

Der mit der Schadenregulierung beauftragte **Rechtsanwalt** muss seinen Mandanten rechtzeitig **belehren** und **beraten**, insbesondere vor wirtschaftlich unvernünftigen Entscheidungen warnen, für die kein Haftpflichtversicherer einzutreten hat. 6

1 *Greiner*, zfs 2006, 63 und zfs 2006, 124 mit umfassender Rechtsprechungsübersicht; *Greger*, NZV 2006, 1 ff. mit umfassender Rechtsprechungsübersicht.

I. Neuwertentschädigung

7 Bei **erheblicher Beschädigung** eines neuwertigen Fahrzeuges kann der Geschädigte den Neupreis verlangen und das beschädigte Fahrzeug dem Versicherer zur Verfügung stellen bzw. anderweitig veräußern; dieses gilt in der Regel nur für Pkw, nicht für Nutzfahrzeuge.[2]

1. Kilometerleistung

8 Die Abrechnung auf Neuwagenbasis ist grundsätzlich auf Kraftfahrzeuge bis zu einer Fahrleistung von **1.000 km** beschränkt.[3]

Nur **ausnahmsweise** kann auch ein Fahrzeug mit einer Kilometerleistung von bis zu 3.000 km als neuwertig angesehen werden.[4]

Bei einer Laufleistung bis **1.000 km** liegt in der bisherigen Nutzung kein messbarer Vorteil. Bei Fahrleistungen über **1.000 km** ist jedoch ein Abschlag vom Neupreis zu machen.[5] Dieser Abschlag kann pro 1.000 km 1–1,5 % des Neupreises ausmachen.[6]

2. Gebrauchsdauer

9 Bei einer Gebrauchsdauer von **8 Wochen** ist ein Fahrzeug auch dann **nicht** mehr neuwertig, wenn es nur eine Fahrleistung von weniger als 1.000 km erreicht hat.[7]

3. Schadenumfang

10 Aber **nicht jede Beschädigung** eines neuwertigen Fahrzeuges löst einen Anspruch auf Neuwertersatz aus.

Die **Beschädigung** muss so **erheblich** sein, dass eine Weiterbenutzung des reparierten Fahrzeuges unter Übernahme der Reparaturkosten und Zahlung eines angemessenen

2 OLG München, SP 2005, 195.

3 BGH, VI ZR 110/08, zfs 2010, 22 = DAR 2009, 452 = NZV 2009, 487, *Wellner*, BGH-Rechtsprechung zum Kfz-Sachschaden, § 1 Rn 88; OLG Karlsruhe, NJW-RR 1986, 254; OLG Hamm, SP 2000, 13; OLG Düsseldorf, SP 2004, 158; OLG Zweibrücken, SP 2004, 160; OLG Hamburg, 14 U 95/07, NZV 2008, 555; OLG Nürnberg, 5 U 29/08, NZV 2009, 559.

4 OLG Hamm, SP 2000, 13; OLG Celle, 14 U 181/11, r+s 2012, 567.

5 BGH, VI ZR 213/81, NJW 1983, 2694.

6 OLG Schleswig, VersR 1985, 373.

7 OLG Nürnberg, zfs 1994, 408 = r+s 1994, 337; OLG Hamm, r+s 1994, 378 = VersR 1995, 930: 2 Monate 850 km; OLG Naumburg, zfs 1996, 134 = SP 1996, 212: 2 Monate, 2.955 km.

Minderwertes bei objektiver Abwägung der Interessenlage dem Geschädigten **nicht zugemutet** werden kann.[8]

Das Fahrzeug muss durch den Unfallschaden „den **Schmelz der Neuwertigkeit**" verloren haben.[9]

Praxistipp

Eine Faustregel besagt, dass die Reparaturkosten **mindestens 30 %** des Fahrzeugwertes ausmachen müssen.[10]

4. Erwerb eines Neufahrzeuges

Schließlich kann die Neuwertentschädigung nur verlangt werden, wenn der Geschädigte 11
tatsächlich auch sein beschädigtes Fahrzeug veräußert und ein **Neufahrzeug erwirbt**.[11]

Der BGH hat in seiner grundlegenden Entscheidung vom 3.11.1981[12] ausgeführt, dass ein 12
Kraftfahrzeug im Allgemeinen lediglich bis zu einer Fahrleistung von **1.000 km** als neuwertig bezeichnet werden kann. Diese Auffassung hat der BGH in seiner Entscheidung vom 9.6.2009[13] nochmals ausdrücklich bestätigt.

Nur in besonderen Ausnahmefällen kann auch bei einer Laufleistung **bis zu 3.000 km** 13
eine Abrechnung auf Neuwagenbasis in Betracht kommen. Voraussetzung ist jedoch, dass bei objektiver Beurteilung der frühere Zustand durch die Reparatur auch nicht annähernd erreicht werden kann. Dies ist beispielsweise dann der Fall, wenn Teile beschädigt worden sind, die für die Sicherheit des Fahrzeuges von besonderer Bedeutung sind und wenn trotz ordnungsgemäßer Reparatur ein **Unsicherheitsfaktor** oder ein erheblicher Schönheitsfehler zurückbleibt.[14]

8 BGH, VI ZR 110/08, zfs 2010, 22 = DAR 2009, 452 = NZV 2009, 487, *Wellner*, BGH-Rechtsprechung zum Kfz-Sachschaden, § 1 Rn 88; OLG Köln, VersR 1989, 60; OLG Celle, zfs 1992, 300; OLG Karlsruhe, zfs 1992, 12; KG, zfs 1992, 249; OLG Celle, SP 1996, 11; OLG Celle, SP 2003, 59; OLG Düsseldorf, SP 2004, 158; LG Bochum, SP 1996, 207; LG München I, SP 1997, 14; OLG Hamburg, 14 U 95/07, NZV 2008, 555; OLG Nürnberg, 5 U 29/08, NZV 2009, 559; OLG München, 10 U 4364/09, r+s 2010, 259.

9 OLG Zweibrücken, SP 2004, 160; LG Leipzig, SP 2000, 380.

10 OLG Frankfurt, zfs 1990, 263; KG, zfs 1992, 120.

11 BGH, VI ZR 110/08, zfs 2010, 22 = DAR 2009, 452 = NZV 2009, 487, *Wellner*, BGH-Rechtsprechung zum Kfz-Sachschaden, § 1 Rn 88; OLG Nürnberg, zfs 1991, 45; LG München I, SP 1997, 14, *van Bühren/Lemcke/Jahnke*, Handbuch Verkehrsrecht, Teil 3, Rn 189 m.w.N.; OLG Hamburg, 14 U 95/07, NZV 2008, 555; OLG München, 10 U 4364/09, r+s 2010, 259.

12 VI ZR 234/80, zfs 1982, 108 = NJW 1982, 433 = VersR 1982, 163.

13 6 ZR 110/08, NZV 2009, 487.

14 OLG Hamm, SP 2000, 13.

5. Neupreis

14 Für die Bemessung des Neupreises kommt es auf den Zeitpunkt der letzten mündlichen Verhandlung an; zwischenzeitlich eingetretene **Preiserhöhungen** gehen zu Lasten des **Schädigers**.[15]

II. Reparaturkosten

15 Der Geschädigte kann, soweit kein Totalschaden eingetreten ist, die erforderlichen **Instandsetzungskosten** verlangen und zwar **unabhängig** davon, ob und wann und auf welche Weise er die Reparaturarbeiten tatsächlich durchführen lässt.[16] Jeder zweite Fahrzeugschaden wird fiktiv abgerechnet.

16 Bei der fiktiven Schadensabrechnung **entfällt** lediglich **die Mehrwertsteuer** (§ 249 Abs. 2 S. 2 BGB). Eine Kürzung für allgemeine Kostenfaktoren, wie Sozialabgaben und Lohnnebenkosten, ist unzulässig.[17]

1. Fiktive Reparaturkosten

17 Die **fiktiven Reparaturkosten** können auch dann geltend gemacht werden, wenn **später** ein ersatzpflichtiger, **identischer Zweitschaden** eintritt.[18] In dem vom BGH entschiedenen Fall hatte der **Kaskoversicherer** des Geschädigten den identischen Zweitschaden reguliert. Gleichwohl hat der BGH dem Geschädigten auch die fiktiven Reparaturkosten für den Erstschaden zugesprochen, weil die Leistung des Kaskoversicherers den Schadenersatzanspruch des Klägers gegen den gegnerischen Haftpflichtversicherer nicht getilgt habe.

18 Die fiktive Abrechnung kann jedoch **nicht uneingeschränkt** durchgeführt werden; aus der allgemeinen Schadenminderungspflicht ergibt sich die Verpflichtung des Geschädigten, bei mehreren Möglichkeiten der Schadenbeseitigung die kostengünstigere zu wählen. Wenn ein Fahrzeug nicht repariert oder unrepariert veräußert wird, ist die Obergrenze für die **fiktive Schadenabrechnung die Differenz zwischen Wiederbeschaffungswert und Restwert**.[19]

15 OLG Köln, r+s 1993, 139.
16 *Eggert*, DAR 2001, 20 ff.
17 BGH, VI ZR 69/12, DAR 2013, 257 = SP 2013, 189, *Wellner*, BGH-Rechtsprechung zum Kfz-Sachschaden, § 1 Rn 188.
18 BGH, VII ZR 88/08, zfs 2009, 441, *Wellner*, BGH-Rechtsprechung zum Kfz-Sachschaden, § 1 Rn 106.
19 BGH, zfs 1992, 116 = VersR 1992, 457; OLG Köln, VersR 1993, 1290; OLG Düsseldorf, SP 1996, 249; OLG Bamberg, SP 1999, 14; OLG Düsseldorf, SP 2001, 269 = zfs2001, 111 = DAR 2001, 125; KG, DAR 2002, 121; LG Stuttgart, SP 1998, 320; **a.A.**: OLG Köln, zfs 2002, 74; LG Münster, SP 2000, 91; AG Limburg, zfs 1999, 15.

Bei dieser Abrechnung verbleibt es auch dann, wenn die Reparaturkosten, die vom Deutschen Verkehrsgerichtstag vorgeschlagene „**70 %-Grenze**" nicht überschreiten.[20] Wenn die Reparaturkosten 70 % oder mehr des Wiederbeschaffungswerts ausmachen, kann zwar ein wirtschaftlicher Totalschaden vorliegen, gleichwohl hat der Geschädigte lediglich Anspruch auf die Differenz zwischen Wiederbeschaffungswert und Restwert. 19

An diese Abrechnung ist der Geschädigte jedoch nicht endgültig gebunden, wenn er anschließend die Reparaturarbeiten durchführen lässt, ist er nicht daran gehindert, die **höheren Kosten** einer **tatsächlich** durchgeführten Reparatur geltend zu machen.[21] 20

Bei einem Vergleich der kalkulierten Reparaturkosten mit dem Wiederbeschaffungswert ist in der Regel auf die **Brutto-Reparaturkosten** abzustellen.[22] 21

Es ist **nicht** (mehr) erforderlich, dass der Geschädigte sein fachgerecht repariertes Fahrzeug nach Durchführung der Reparaturarbeiten **weiter nutzt**. Das Integritätsinteresse spielt nur dann eine Rolle, wenn die Reparaturarbeiten den Wiederbeschaffungswert um bis zu 30 % übersteigen.[23] 22

Hinweis

Wenn der Geschädigte sein Fahrzeug verkehrssicher und teilweise reparieren lässt und es weiter nutzt, kann er die **fiktiven Reparaturkosten** entsprechend dem Sachverständigengutachten bis zur Höhe des **Wiederbeschaffungswertes ohne Abzug des Restwertes** verlangen. Eine fachgerechte Reparatur ist nicht erforderlich.[24]

Der Anspruch auf Zahlung der fiktiven Reparaturkosten ohne Reparaturnachweis besteht nur dann, wenn der Geschädigte das Fahrzeug mindestens **6 Monate** weiter nutzt.[25]

20 BGH, VI ZR 192/04, zfs 2005, 598 = VersR 2005, 1257 = NZV 2005, 453 = r+s 2005, 393 = DAR 2005, 508.

21 BGH, VI ZR 249/05, zfs 2007, 148 = VersR 2007, 82 = SP 2007, 69 = MDR 2007, 334, *Wellner*, BGH-Rechtsprechung zum Kfz-Sachschaden, § 1 Rn 48.

22 BGH, VI ZR 100/08, zfs 2009, 439 = r+s 2009, 216, *Wellner*, BGH-Rechtsprechung zum Kfz-Sachschaden, § 1 Rn 79.

23 BGH, VI ZR 77/06, SP 2007, 103 = DAR 2007, 201 = zfs 2007, 328 = DAR 2007, 325, *Wellner*, BGH-Rechtsprechung zum Kfz-Sachschaden, § 1 Rn 62; **a.A.** OLG Hamm, NZV 1999, 247 = SP 1989, 348.

24 BGH, VI ZR 393/02, r+s 2003, 303 = NZV 2003, 371 = VersR 2003, 918 = DAR 2003, 372 = zfs 2003, 403; OLG Düsseldorf, SP 2001, 269 = zfs 2001, 111 = DAR 2001, 125; OLG Stuttgart, 7 U 217/09, SP 2010, 366.

25 BGH, VI ZR 192/05, DAR 2006, 441 = SP 2006, 281 = r+s 2006, 343 = NZV 2006, 459 = zfs 2006, 625; BGH, VI ZR 220/07, r+s 2008 352 = zfs 2008, 503 = NZV 2008, 391, *Wellner*, BGH-Rechtsprechung zum Kfz-Sachschaden, § 1 Rn 1.
BGH, VI ZR 77/06, zfs 2007, 328, *Wellner*, BGH-Rechtsprechung zum Kfz-Sachschaden, § 1 Rn 62; BGH, VI ZR 35/10, MDR 2011, 223 = zfs 2011, 264, *Wellner*, BGH-Rechtsprechung zum Kfz-Sachschaden, § 1 Rn 9.

2. Werkstattlöhne

23 Der Geschädigte, der fiktive Reparaturkosten abrechnet, darf der Schadensberechnung die Stundenverrechnungssätze einer **markengebundenen** Werkstatt zugrunde legen.[26]

Dieser Grundsatz gilt jedoch **nicht** uneingeschränkt: Der Geschädigte, der mühelos eine ohne weiteres zugängliche **günstigere und gleichwertige Reparaturmöglichkeit** hat, muss sich auf diese verweisen lassen.[27]

Für die tatrichterliche Beurteilung der **Gleichwertigkeit** der Reparaturmöglichkeit gilt der erleichterte Beweismaßstab gem. **§ 287 ZPO**.[28]

24 Wenn daher der eintrittspflichtige Haftpflichtversicherer konkret eine oder mehrere Fachwerkstätten benennt, die **etwa 3 km** vom Wohnsitz des Geschädigten entfernt sind, sind die Werkstattlöhne dieser gleichwertigen Werkstatt zugrunde zu legen.[29]

25 In der Praxis sind viele Versicherer – mit Erfolg – dazu übergegangen, dem Geschädigten eine oder mehrere Fachwerkstätten zu benennen, die im Umkreis von 3 km zum Wohnort des Geschädigten zu günstigeren Werkstattlöhnen qualitativ gleichwertige Reparaturarbeiten anbieten. Der Versicherer kann in diesen Fällen dann auch die Werkstattlöhne dieser Werkstätten bei der Schadenregulierung zugrunde legen; dies gilt insbesondere dann, wenn das beschädigte Fahrzeug **älter als drei Jahre** ist.[30]

26 Die technische Gleichwertigkeit der Reparatur ist gegeben, wenn die Vergleichswerkstatt den „Eurogarant-Fachbetrieben"[31] angehört und Meisterbetrieb sowie Mitgliedsbetrieb des Zentralverbandes Karosserie- und Fahrzeugtechnik ist.[32]

26 „Porsche-Urteil", BGH, VI ZR 398/02, DAR 2003, 373 = zfs 2003, 405 = SP 2003, 201 = VersR 2003, 920, *Wellner*, BGH-Rechtsprechung zum Kfz-Sachschaden, § 4 Rn 1.

27 BGH, VI ZR 398/02, DAR 2003, 373 = zfs 2003, 405 = SP 2003, 201 = VersR 2003, 920, *Wellner*, BGH-Rechtsprechung zum Kfz-Sachschaden, § 4 Rn 1; BGH, VI ZR 259/09, zfs 2010, 621 = NZV 2010, 553, *Wellner*, BGH-Rechtsprechung zum Kfz-Sachschaden, § 4 Rn 47; BGH, VI ZR 302/08, VersR 2010, 1096 = NZV 2010, 554, *Wellner*, BGH-Rechtsprechung zum Kfz-Sachschaden, § 4 Rn 34; BGH, VI ZR 337/09, zfs 2010, 497 = VersR 2010 = 1097 = NZV 2010, 555, *Wellner*, BGH-Rechtsprechung zum Kfz-Sachschaden, § 4 Rn 39.

28 BGH, VI ZR 59/09, NZV 2010, 553 = DAR 2010, 621 = zfs 2010, 621.

29 LG Berlin, NJW-RR 2007, 20 = SP 2007, 71; AG Köln, SP 2007, 147; AG Gummersbach, SP 2007, 147; LG Halle, 2 S 191/09, NJW-RR 2010, 1537.

30 BGH, VI ZR 53/09, zfs 2010, 143 = SP 2010, 79 = NZV 2010, 133 = DAR 2010, 77 = MDR 2010, 203, *Wellner*, BGH-Rechtsprechung zum Kfz-Sachschaden, § 4 Rn 7.

31 Siehe *www.eurogarant.de*.

32 BGH, VI ZR 259/09, zfs 2010, 621 = VersR 2010, 1380, *Wellner*, BGH-Rechtsprechung zum Kfz-Sachschaden, § 4 Rn 47.

Der Haftpflichtversicherer muss dem Geschädigten **konkrete Angaben** zukommen lassen, aus denen sich die **Gleichwertigkeit** der genannten Werkstätten ergibt, ebenso die Entfernung zum Wohnort des Geschädigten.[33] 27

Wenn der Geschädigte der Auffassung ist, dass es **unzumutbar** ist, eine der vom Versicherer genannten Werkstätten aufzusuchen, ist der Geschädigte beweispflichtig.[34] 28

Unzumutbar ist eine Reparatur in einer „freien Werkstatt" insbesondere dann, wenn diese Werkstatt nur deshalb kostengünstiger ist, weil sie mit dem Haftpflichtversicherer **Sonderkonditionen** vereinbart hat.[35] 29

Bei der fiktiven Schadenabrechnung kann der Geschädigte noch im **Rechtsstreit** auf die günstigere Reparaturmöglichkeit verwiesen werden, da es für den Geschädigten unerheblich ist, ob und wann der Versicherer auf die alternative Reparaturmöglichkeit verweist. Der BGH führt aus, dass in solchen Fällen der objektiv zur Herstellung erforderliche Betrag ohne Bezug zu tatsächlichen Aufwendungen ermittelt werden soll.[36] 30

3. Mehrwertsteuer

Mehrwertsteuer kann nur noch verlangt werden, wenn diese auch tatsächlich angefallen ist und nachgewiesen wird. § 249 Abs. 2 BGB ist mit Wirkung vom 1.8.2002 um folgenden Absatz ergänzt worden: 31

> *„Bei der Beschädigung einer Sache schließt der nach Satz 1 erforderliche Geldbetrag die Mehrwertsteuer nur mit ein, wenn und soweit sie tatsächlich angefallen ist."*

Die bislang in der Rechtsprechung zugelassene fiktive Schadenabrechnung wird somit erheblich **eingeschränkt**, berücksichtigt jedoch den Umstand, dass die Mehrwertsteuer bei Reparaturunternehmen ein durchlaufender Posten ist. Die Forderung der Versicherungswirtschaft, bei fiktiver Schadenabrechnung auch Steuern, Abgaben und Lohnnebenkosten der Werkstattunternehmen zu berücksichtigen, hat sich nicht durchgesetzt. 32

Die Neufassung von § 249 BGB führt zu dem – vom Gesetzgeber in Kauf genommenen – Ergebnis, dass der Geschädigte bei einem Totalschaden nur dann die Mehrwertsteuer erhält, wenn er auch tatsächlich ein **mehrwertsteuerpflichtiges Geschäft tätigt und** 33

33 BGH, VI ZR 53/09, zfs 2010, 143 = SP 2010, 79 = NZV 2010, 133 = DAR 2010, 77 = MDR 2010, 203, *Wellner*, BGH-Rechtsprechung zum Kfz-Sachschaden, § 4 Rn 7; OLG Düsseldorf 1 U 266/07, DAR 2008, 523.

34 BGH, VI ZR 91/09, zfs 2010, 252 = SP 2010, 252, *Wellner*, BGH-Rechtsprechung zum Kfz-Sachschaden, § 4 Rn 21.

35 BGH, VI ZR 337/09, zfs 2010, 497 = NZV 2010, 555, *Wellner*, BGH-Rechtsprechung zum Kfz-Sachschaden, § 4 Rn 39; Hanseatisches OLG, 3 U 61/10, zfs 2011, 322.

36 BGH, VI ZR 320/12, VersR 2013, 875 = zfs 2013, 446.

nachweist;[37] dies gilt auch bei **Totalschadenabrechnung** für die Beschaffung eines Ersatzfahrzeuges.[38] Bei einem **Gebrauchtwagenkauf** fällt Mehrwertsteuer nur auf den Gewinnanteil des Gebrauchtwagenhändlers an (Differenzbesteuerung gemäß § 25a UStG), die mit 2 % vom Gesamtkaufpreis gemäß § 287 zu schätzen ist.[39]

34 Wenn der Geschädigte statt der Reparatur eine **Ersatzbeschaffung** vornimmt, kann er die tatsächlich angefallene Umsatzsteuer geltend machen, begrenzt auf die Mehrwertsteuer bei Durchführung der notwendigen Reparaturarbeiten.[40]

> *Hinweis*
>
> Bei der fiktiven Abrechnung sind die Mehrwertsteuerbeträge bezüglich der **Ersatzteilkäufe** zu berücksichtigen, soweit die entsprechende Mehrwertsteuer nachgewiesen wird.

35 Bei **älteren** Fahrzeugen, die nur noch auf dem privaten Markt angeboten werden, erfolgt kein Mehrwertsteuerabzug, so dass der von einem Sachverständigen ermittelte Wiederbeschaffungswert **ungekürzt** zu erstatten ist, auch wenn keine Ersatzbeschaffung nachgewiesen wird.[41]

36 Wenn der Sachverständige einen **Brutto-Wiederbeschaffungswert** ermittelt hat, kann der Geschädigte bis zur Höhe dieses Betrages – unter Abzug des Restwertes – die Kosten eines Ersatzkaufs geltend machen. Auf die Frage, ob und inwieweit in dem kalkulierten Wiederbeschaffungswert **Mehrwertsteuer** enthalten ist, kommt es **nicht** an.[42] Der Geschädigte kann daher nach Geltendmachung der Differenzsteuer von 2 % nicht nachträglich weitere 17 % gemäß § 25 UStG geltend machen. **Obergrenze bleibt der Brutto-Wiederbeschaffungswert.**

37 **Verzichtet** der Geschädigte auf eine Ersatzbeschaffung, ist der Brutto-Wiederbeschaffungswert um die darin enthaltene Umsatzsteuer zu **kürzen**. Hierbei kommt es darauf an, ob entsprechende Fahrzeuge üblicherweise auf dem Gebrauchtwagenmarkt nach § 10 UStG **regelbesteuert** oder nach § 25a UStG **differenzbesteuert** oder von privat und damit umsatzsteuerfrei angeboten werden.[43]

37 BGH, VI ZR 351/12, MDR 2013, 1093.

38 BGH, VI ZR 109/03, zfs 2004, 379 = DAR 2004, 379 = MDR 2004, 934; BGH, VI ZR 363/11, zfs 2013, 383 = MDR 2013, 331 = SP 2013, 143, *Wellner*, BGH-Rechtsprechung zum Kfz-Sachschaden, § 2 Rn 28; AG Gladbeck, SP 2003, 60; AG Bochum SP 2003, 60; AG Cloppenburg, SP 2003, 204.

39 BGH, VI ZR 267/03, zfs 2004, 410 = DAR 2004, 447 = MDR 2004, 934; OLG Köln, DAR 2004, 148; OLG Köln, r+s 2005, 127; LG Holzminden, SP 2003, 203 m.w.N.; LG Hagen, SP 2003, 421; LG Hildesheim, zfs 2003, 548; LG Magdeburg, NZV 2003, 536; AG Rendsburg, NZV 2003, 389; AG Brandenburg, NZV 2003, 389.

40 BGH, VI ZR 363/11, zfs 2013, 383 = r+s 2013, 203 = NZV 2013, 229 = MDR 2013, 331; *Wellner*, BGH-Rechtsprechung zum Kfz-Sachschaden, § 2 Rn 28.

41 AG Hameln, NZV 2003, 537; OLG Köln, DAR 2004, 148.

42 BGH, VI ZR 26/05, DAR 2006, 85 = VersR 2006, 238 = zfs 2006, 149 = NZV 2006, 190.

43 BGH, VI ZR 225/05, DAR 2006, 439 = SP 2006, 279 = NZV 2006, 462, *Wellner*, BGH-Rechtsprechung, § 2 Rn 1.

Der Geschädigte, der **vorsteuerabzugsberechtigt** ist, ist nicht verpflichtet, zur Schadenminderung nur ein **regelbesteuertes** Fahrzeug zu erwerben.[44] 38

Bei **Ersatzbeschaffung** statt Reparatur steht dem Geschädigten kein Anspruch auf Ersatz der Mehrwertsteuer zu, wenn bei der Ersatzbeschaffung keine Umsatzsteuer **angefallen** ist.[45] 39

4. Beratungshinweis

Praxistipp 40

Der Geschädigte muss daher darüber aufgeklärt werden,

- dass er auf der Basis des **Sachverständigengutachtens** abrechnen kann, unabhängig davon, ob und wann und wie und von wem und mit welchem Aufwand er die Reparaturarbeiten tatsächlich durchführen lässt,
- dass er ohne Reparaturnachweis nur die **Differenz zwischen Wiederbeschaffungswert und Restwert** verlangen kann,
- dass er nur nachweislich **angefallene** Mehrwertsteuer geltend machen kann,
- dass bei fiktiver Schadenabrechnung die Geltendmachung von **Mietwagenkosten** bzw. Nutzungsausfallentschädigung problematisch ist.

5. Rechtsprechungsübersicht

Verbringungskosten in eine Lackiererei sind **fiktiv** zu ersetzen, da es sich bei Lackierern und Karosseriebauer um zwei verschiedene Handwerksberufe handelt und es keinesfalls typisch ist, dass diese in der gleichen Werkstatt angesiedelt sind.[46] 41

UPE-Aufschläge,[47] die für die Bevorratung von Ersatzteilen anfallen, sind ersatzfähig, da die sofortige Verfügbarkeit die Reparaturdauer verkürzt; diese Aufschläge können auch fiktiv abgerechnet werden.[48] 42

44 BGH, VI ZR 245/07, zfs 2009, 326 = NZV 2009, 134 = NJW-RR 2009, 319, *Wellner*, BGH-Rechtsprechung zum Kfz-Sachschaden, § 2 Rn 23.

45 BGH, VI ZR 312/08, r+s 2009, 525, *Wellner*, BGH-Rechtsprechung zum Kfz-Sachschaden, § 2 Rn 23.

46 LG Saarbrücken 13 S 61/13, DAR 2013, 520; LG Koblenz, SP 2010, 189; **a.A.**: LG Bielefeld, SP 1997, 73; LG Darmstadt, SP 2000, 132; AG Neumünster, zfs 2002, 179; keine Erstattung der Verbringungskosten, wenn alle örtlichen Werkstätten selbst lackieren: BGH, VI ZR 259/09, r+s 2010, 437 = NZV 2010, 663 = VersR 2010, 1380.

47 Unter UPE-Aufschlag versteht sich ein Preisaufschlag auf die unverbindlich empfohlenen Preise für Ersatzteile.

48 OLG Düsseldorf, 1 U 246/07, DAR 2008, 523.

43 Die Geltendmachung der fiktiven Reparaturkosten ist auch dann zulässig, wenn der Kaskoversicherer aufgrund eines **identischen Zweitschadens** diese Kosten vollständig erstattet hat.[49]

44 Wenn der Geschädigte sein Fahrzeug trotz – wirtschaftlichen – Totalschadens weiter nutzt und nicht weiter veräußert, ist nur der von dem Sachverständigen für den **regionalen Markt** ermittelte Restwert zu berücksichtigen.[50] Wie der BGH ausführt, muss der Geschädigte sich nicht an einem Angebot eines Restwerthändlers festhalten lassen, der außerhalb des ihm zugänglichen allgemeinen regionalen Markt tätig ist.[51]

45 Bei Fahrzeugen, die älter als **drei Jahre** sind, kann der Haftpflichtversicherer den Geschädigten auf gleichwertige Werkstätten verweisen, die sich in der Nähe des Wohnortes des Geschädigten befinden und qualitativ gleichwertige Arbeiten durchführen.[52] Der Geschädigte muss darlegen und beweisen, weshalb die Reparatur in einer „freien" Fachwerkstatt unzumutbar ist.[53]

III. 130 %-Rechtsprechung

46 Die Rechtsprechung hat in einer Vielzahl von Entscheidungen die Frage erörtert, bis zu welcher Grenze bei **einem wirtschaftlichen Totalschaden** (Definition: Reparatur ist teurer als Ersatzbeschaffung) der Geschädigte sein ihm vertrautes Fahrzeug auf Kosten des Schädigers reparieren darf.[54]

1. Berechnung

47 Der BGH hat die 130 %-Grenze nicht ausdrücklich festgelegt, sondern lediglich den von den Instanzgerichten zugestandenen Zuschlag von 30 % gebilligt und betont, dass diese Grenze von 130 % **nicht starr** ist.[55]

49 BGH, VII ZR 88/08, SP 2009, 252 = zfs 2009, 441 = DAR 2009, 392 = r+s 2009, 349 = NJW-RR 2009, 1030 = VersR 2009, 1130, *Wellner*, BGH-Rechtsprechung zum Kfz-Sachschaden, § 1 Rn 106.

50 BGH, VI ZR 120/06, zfs 2007, 382, NJW 2007, 1674 = NZV 2007, 291, *Wellner*, BGH-Rechtsprechung zum Kfz-Sachschaden, § 3 Rn 15.

51 BGH, VI ZR 217/06, zfs 2007, 631 = DAR 2007, 634, *Wellner*, BGH-Rechtsprechung zum Kfz-Sachschaden, § 3 Rn 26.

52 BGH, VI ZR 53/09, zfs 2010, 143, SP 2010, 79 = NZV 2010, 133 = DAR 2010, 77 = MDR 2010, 203, *Wellner*, BGH-Rechtsprechung zum Kfz-Sachschaden, § 4 Rn 7.

53 BGH, VI ZR 91/09, zfs 2010, 494, SP 2010, 252, *Wellner*, BGH-Rechtsprechung zum Kfz-Sachschaden, § 4 Rn 21.

54 Rechtsprechungsübersicht von *Wellner*, in: BGH-Rechtsprechung zum Kfz-Sachschaden, § 12 Rn 4 – Kfz-Schadensabrechnungs-Übersicht 2013.

55 BGH, VI ZR 314/90, zfs 1991, 373 = NJW 1992, 302 = MDR 1992, 131 = VersR 1992, 61 = r+s 1992, 15.

Der BGH hat in seiner Entscheidung vom 15.10.1991[56] und in einer weiteren Entscheidung vom 17.3.1992[57] endgültig und eindeutig zugunsten des Geschädigten entschieden. Die Leitsätze der Entscheidung vom 15.10.1991 lauten: 48

- *Bei der Beschädigung eines Kfz bildet auch die Beschaffung eines (gleichwertigen) Ersatzfahrzeugs eine Form der Naturalrestitution.*
- *Der Geschädigte muss bei der Frage, ob er sein beschädigtes Kfz reparieren lassen oder sich ein Ersatzfahrzeug anschaffen soll, einen Vergleich der Reparaturkosten (einschließlich eines etwaigen Minderwerts) mit den Wiederbeschaffungskosten anstellen. Dabei erscheint es aus Gründen der einfachen und praktikablen Handhabung vertretbar, auf der Seite der Ersatzbeschaffung den Restwert des Fahrzeugs außer Betracht zu lassen und allein auf den Wiederbeschaffungswert abzustellen.*
- *Der hohe Stellenwert des Integritätsinteresses rechtfertigt es, dass der Geschädigte für die Reparatur des ihm vertrauten Fahrzeugs Kosten aufwendet, die einschließlich des etwaigen Minderwerts den Wiederbeschaffungswert bis zu einer regelmäßig auf 130 % zu bemessenden „Opfergrenze" übersteigen.*
- *Der Vergleich von Reparaturaufwand und Wiederbeschaffungswert kann seine Aussagekraft für die Berechtigung der Reparatur verlieren, wenn die Mietwagenkosten bei der Reparatur in krassem Missverhältnis zu denjenigen bei einer Ersatzbeschaffung bestehen.*
- *Wählt der Geschädigte den Weg der Schadensbehebung mit dem vermeintlich geringeren Aufwand, so geht ein von ihm nicht verschuldetes Werkstatt- oder Prognoserisiko zu Lasten des Schädigers.*

Bei bloß fiktiver Reparatur verbleibt es bei dem maßgebenden postengenauen Kostenvergleich zwischen fiktiven Reparaturkosten und Ersatzbeschaffung.[58] In diesem Fall ist also auf der Seite der Ersatzbeschaffung der Restwert vom Wiederbeschaffungswert abzuziehen. 49

Die Restwerte des beschädigten Fahrzeuges sind daher bei der Ermittlung des zu tolerierenden Reparaturkostenaufwandes nicht zu berücksichtigen.

Beispiel

Wiederbeschaffungswert	10.000 EUR
Restwert	2.000 EUR
erlaubter Reparaturkostenaufwand einschließlich merkantiler Minderwert (130 % von 10.000 EUR)	13.000 EUR

56 VI ZR 314/90, zfs 1992, 9 = DAR 1992, 22 = VersR 1992, 61.
57 VI ZR 226/91, zfs 1992, 156 = DAR 1992, 259 = VersR 1992, 710.
58 BGH, VI ZR 204/83, VersR 1985, 593.

50 Beim Vergleich des Reparaturaufwandes mit dem Wiederbeschaffungswert sind die **Wertminderung** und die **Mietwagenkosten**, soweit diese die Wiederbeschaffungsdauer überschreiten, **einzubeziehen**.[59] In dem vom OLG Köln entschiedenen Fall beliefen sich die Reparaturkosten auf 11.010,90 EUR, der Wiederbeschaffungswert auf 9.137,73 EUR. Unter Berücksichtigung einer Wertminderung i.H.v. 1.400 EUR und der Mietwagenkosten von 981,10 EUR ergab sich ein Gesamtbetrag i.H.v. 13.392 EUR. Dieser Betrag übersteigt den Wiederbeschaffungswert von 9.137,93 EUR um 46,55 % und ist daher nach Auffassung des OLG Köln durch das Integritätsinteresse des Geschädigten nicht mehr gedeckt.

2. Selbstreparatur

51 Während diese Entscheidung noch den Eindruck erweckte, dass der Geschädigte diese Leistungsverbesserung nur bei Nachweis des entsprechenden Reparaturkostenaufwandes erhalten konnte, hat der BGH dann in einer weiteren Entscheidung vom 17.3.1992[60] klargestellt, dass die Leistungsverbesserung auf 130 % des Wiederbeschaffungswertes auch bei einer **Selbstreparatur** zu zahlen ist. Die Leitsätze dieser Entscheidung lauten:

- *„Hat der Geschädigte nach einem Unfall sein Fahrzeug in eigener Regie wieder instand gesetzt und dadurch sein Integritätsinteresse bekundet, so kann er vom Schädiger die für eine Reparatur in einer Kundendienstwerkstatt erforderlichen Kosten verlangen, falls diese 130 % des Wiederbeschaffungswertes für ein gleichwertiges Fahrzeug nicht übersteigen.*
- *Halten sich bei tatsächlicher Reparatur die vom Geschädigten auf der Grundlage eines Sachverständigengutachtens geltend gemachten Instandsetzungskosten in diesem Rahmen, so kann der Geschädigte sie beanspruchen, ohne ihre Entstehung im Einzelnen belegen zu müssen.“*

52 In dem entschiedenen Fall war der Geschädigte selbst **Kraftfahrzeugmechaniker** und hatte daher die Reparaturarbeiten auch selbst durchgeführt. Der BGH führt in der Urteilsbegründung aus, dass Richtschnur für die Ersatzleistung gemäß § 249 Abs. 2 BGB nicht die tatsächlich aufgewendeten Reparaturkosten seien, sondern „der zur Herstellung erforderliche Geldbetrag“. Wenn daher mit einem objektiv richtigen Gutachten der **erforderliche Geldbetrag** ermittelt worden ist, unterliegt es der Dispositionsbefugnis des Geschädigten, ob und wann und in welchem Umfang er diesen „erforderlichen Geldbetrag“ verwendet.

59 OLG Köln, 7 U 73/05, SP 2006, 245.
60 VI ZR 226/91, zfs 1992, 156 = VersR 1992, 710 = NJW 1991, 1618 = DAR 1992, 259.

3. Integritätsinteresse

Auch nach dieser BGH-Entscheidung kann der Geschädigte nicht – wie es zwischenzeitlich in der Praxis häufig geschieht – generell 130 % des Wiederbeschaffungswertes verlangen. Das Integritätsinteresse am Fahrzeug ergibt sich nur daraus, dass die **Reparaturarbeiten auch tatsächlich und fachmännisch durchgeführt werden**.[61] 53

4. Rechtsprechungsübersicht

Eine provisorische **Notreparatur** oder eine unfachmännische Selbstreparatur löst noch **nicht** den Anspruch auf eine erhöhte Reparaturkostenentschädigung aus.[62] 54

Der Geschädigte muss **beweisen**, dass das Fahrzeug fachgerecht repariert worden ist;[63] eine **fachmännische** Reparatur mit **gebrauchten Ersatzteilen** reicht aus.[64] 55

Bescheinigung und **Foto** eines **Sachverständigen**, dass eine ordnungsgemäße Reparatur des Fahrzeuges erfolgt sei, reichen als Nachweis **nicht** aus.[65] 56

Es genügt eine **fachgerechte Eigenreparatur**,[66] selbst ein günstigerer Reparaturweg wird als ausreichend angesehen, wenn die Reparaturarbeiten gleichwohl fachgerecht durchgeführt worden sind, beispielsweise durch den Einbau von **Gebrauchtteilen**.[67] 57

Das Integritätsinteresse ist nur dann schützenswert, wenn der Geschädigte das Fahrzeug nach der Reparatur auch **tatsächlich weiter benutzen will**. Wenn das Fahrzeug alsbald nach durchgeführter Reparatur veräußert wird, besteht kein Anspruch auf 130 % des Wiederbeschaffungswertes.[68] 58

Im Regelfall ist von einer weiteren **Nutzungsdauer von mindestens 6 Monaten** auszugehen.[69] 59

Der Integritätszuschlag wird **sofort fällig**, nicht erst nach sechs Monaten.[70] 60

61 BGH, VI ZR 70/04, SP 2005, 126 = zfs 2005, 382; BGH, VI ZR 172/04, zfs 2005, 385; BGH, VI ZR 119/09, zfs 2010, 202 = MDR 2010, 264 = DAR 2010, 133 = NJW-RR 2010, 377, *Wellner*, BGH-Rechtsprechung zum Kfz-Sachschaden, § 1 Rn 122; OLG Düsseldorf, SP 2001, 269; OLG Hamm, SP 2002, 165; OLG Celle, SP 2005, 127.

62 BGH, MDR 2005, 748; OLG Hamm, zfs 1997, 371 = SP 1999, 198.

63 OLG Stuttgart, DAR 2003, 176 = SP 2003, 202; LG München SP 2003, 60 m.w.N.

64 OLG Oldenburg, DAR 2000, 359 = zfs 2000, 339 = VersR 2001, 997.

65 OLG Saarbrücken, SP 1999, 91; OLG Karlsruhe, SP 1999, 271; **a.A.** LG Gießen, SP 1996, 114.

66 OLG Dresden, DAR 1996, 54; OLG Düsseldorf, SP 1997, 194; OLG Düsseldorf, SP 1997, 201; OLG Hamm, DAR 2002, 215.

67 BGH, VI ZR 231/09, zfs 2011, 144 = MDR 2011, 156 = r+s 2011, 222, *Wellner*, BGH-Rechtsprechung zum Kfz-Sachschaden, § 1 Rn 130; OLG Oldenburg, SP 2000, 310 = zfs 2000, 339; LG Kassel, zfs 1996, 13.

68 OLG Hamm, VersR 2001, 257; OLG Koblenz, SP 2006, 8; LG Wuppertal, SP 2000, 163.

69 BGH VI ZR 237/07, zfs 2008, 504 = r+s 2008, 35 = SP 2008, 14 = DAR 2008, 517 = NZV 2008, 447.

70 BGH, VI ZB 71/08, r+s 2009, 434 = SP 2008, 365; BGH, VI ZB 22/08, zfs 2009, 79 = DAR 2009, 79 = MDR 2009, 198, *Wellner*, BGH-Rechtsprechung zum Kfz-Sachschaden, § 1 Rn 32.

61 Der Zuschlag von 30 % auf den Wiederbeschaffungswert ist nur dann begründet, wenn die Reparaturarbeiten auch **tatsächlich** und **fachmännisch** durchgeführt worden sind.[71]

62 Die 130 %-Rechtsprechung findet auch Anwendung bei Beschädigung eines **Sattelaufliegers**.[72]

63 Der Schädiger trägt zwar grundsätzlich das **Prognoserisiko**, wenn sich bei Durchführung der Reparaturarbeiten herausstellt, dass die 130 %-Grenze überschritten wird. Wenn bei **Beginn** der Reparaturarbeiten jedoch festgestellt wird, dass die tatsächlichen Reparaturkosten ca. 142 % betragen, darf der Geschädigte keinen Reparaturauftrag mehr erteilen.[73]

64 Wenn die voraussichtlichen Reparaturkosten den Wiederbeschaffungswert um mehr als 30 % übersteigen, ist die Instandsetzung in aller Regel unvernünftig, so dass der Geschädigte nur die **Wiederbeschaffungskosten** verlangen kann.[74]

65 Der Integritätszuschlag ist auch dann geschuldet, wenn die Reparatur nach gutachtlicher Schätzung mehr als 130 % des Wiederbeschaffungswertes kosten würde, die Reparatur tatsächlich aber vollständig und fachgerecht mit einem Kostenaufwand von weniger als 130 % durchgeführt worden ist;[75] eine fachgerechte Reparatur mit **Gebrauchtteilen**[76] genügt.

66 Diese Rechtsprechung gilt nicht, wenn nur durch **Rabatte** die Unterschreitung der 130 %-Grenze erfolgt.[77]

67 Der Integritätszuschlag ist nur dann zu zahlen, wenn der Geschädigte das Fahrzeug nach Reparatur sechs Monate **weiter benutzt**.[78]

68 Bei der Frage, ob die vom Sachverständigen kalkulierten Reparaturkosten den Wiederbeschaffungswert übersteigen, ist in der Regel auf die **Bruttoreparaturkosten** abzustellen.[79]

71 BGH, VI ZR 119/09, zfs 2010, 202 = MDR 2010, 264 = DAR 2010, 133 = NJW-RR 2010, 377, *Wellner*, BGH-Rechtsprechung zum Kfz-Sachschaden, § 1 Rn 122.

72 OLG Celle, 14 U123/09, SP 2010, 221.

73 OLG Bremen, 3 U 44/09, SP 2010, 253 = zfs 2010, 499.

74 BGH, VI ZR 217/06, VersR 2007, 1244 = NZV 2007, 564 = zfs 2007, 686 = DAR 2007, 635 = SP 2007, 357 = MDR 2007, 1367.

75 OLG Dresden, DAR 2001, 303 = SP 2002, 160.

76 BGH, VI ZR 231/ 09, MDR 2011, 156 = r+s 2011, 222 = zfs 2011, 144, *Wellner*, BGH-Rechtsprechung zum Kfz-Sachschaden, § 1 Rn 130; OLG Düsseldorf, SP 2002, 24.

77 BGH, VI ZR 79/10, r+s 2011, 224 = DAR 2011, 252 = MDR 2011, 482 = NZV 2011, 335, *Wellner*, BGH-Rechtsprechung zum Kfz-Sachschaden, § 1 Rn 139.

78 BGH, VI ZR 89/07, zfs 2008, 143 = DAR 2008, 79, *Wellner*, BGH-Rechtsprechung zum Kfz-Sachschaden, § 1 Rn 22; BGH, VI ZR 56/07, DAR 2008, 81.

79 BGH, VI ZR 100/08, MDR 2009, 561 = NZV 2009, 333 = DAR 2009, 323 = zfs 2009, 439, *Wellner*, BGH-Rechtsprechung zum Kfz-Sachschaden, § 1 Rn 79.

5. Beratungshinweis

Praxistipp 69

Bei einem wirtschaftlichen Totalschaden muss der Mandant darauf hingewiesen werden,

- dass er sein Fahrzeug gleichwohl bis zu **130 % des Wiederbeschaffungswertes** reparieren darf,
- dass ein **Prognoserisiko** der Werkstatt oder des Sachverständigen zu Lasten des **Schädigers** geht,
- dass er die erhöhte Entschädigungsleistung nur bei **Nachweis** der fachgerechten Reparatur verlangen kann.

IV. Restwerterlös

Bei Abrechnung des Totalschadens ergibt sich die Entschädigungsleistung aus der **Differenz** zwischen dem Wiederbeschaffungswert und dem Restwert des beschädigten Fahrzeuges. 70

1. Schadenminderungspflicht

Wenn der mit der Schadenfeststellung beauftragte Sachverständige den Restwert in seinem Gutachten ermittelt hat, muss in der Regel das Fahrzeug **umgehend veräußert werden**, damit **Standgeldkosten** vermieden werden. 71

Findet der Geschädigte keinen Interessenten, der bereit ist, das beschädigte Fahrzeug zu dem geschätzten Restwert zu übernehmen, ist für ihn die weitere Sachbehandlung unproblematisch: Der Geschädigte kann den **Sachverständigen** und/oder den ersatzpflichtigen **Haftpflichtversicherer auffordern**, einen Interessenten zu benennen, der bereit ist, das Fahrzeug zu dem geschätzten Betrag zu übernehmen. Wenn der Haftpflichtversicherer nicht reagiert und sich lediglich pauschal auf das Gutachten bezieht, ist der Geschädigte berechtigt, den Restwert auch zu einem Preis zu veräußern, der **unter** dem Betrag liegt, den der Sachverständige kalkuliert hat.[80] 72

Problematischer sind jedoch die Fälle, in denen der ersatzpflichtige Haftpflichtversicherer einwendet, der Sachverständige habe den Restwert **zu niedrig geschätzt**, es lägen Angebote anderer Interessenten vor, die einen erheblich höheren Betrag für die Restwerte zahlen würden. 73

80 BGH, VI ZR 174/05, zfs 2006, 568 = NZV 2006, 461.

74 Gegenstand von Auseinandersetzungen zwischen Geschädigtem und ersatzpflichtigem Haftpflichtversicherer ist oft die Frage, ob und in welchem Umfang und für welchen Zeitraum der Geschädigte verpflichtet ist, dem Haftpflichtversicherer **Gelegenheit** zu geben, sich um eine **günstigere** Verwertung der Restwerte zu bemühen. Der Geschädigte ist berechtigt, nach Zugang des Sachverständigengutachtens die Restwerte zu dem Preis zu veräußern, der sich aus dem Gutachten ergibt.[81]

75 Das OLG Köln[82] vertritt die Auffassung, dass vor Veräußerung der Restwerte dem Versicherer zunächst Gelegenheit gegeben werden müsse, ein höheres Restwertangebot einzuholen. Diese Auffassung entspricht nicht der Rechtsprechung des BGH.[83] Der Geschädigte darf das beschädigte Fahrzeug grundsätzlich zu dem Restwerterlös veräußern, den ein Sachverständiger ermittelt hat. Voraussetzung ist jedoch, dass der beauftragte Sachverständige als geeignete Schätzgrundlage für den Restwert im Regelfall drei Angebote auf dem maßgeblich regionalen Markt eingeholt hat. Wenn der Sachverständige den Restwert fehlerhaft ermittelt hat, ist er gegenüber dem Haftpflichtversicherer schadenersatzpflichtig, da der Sachverständige Erfüllungsgehilfe des Schädigers und nicht des Geschädigten ist.

76 Ausgehend von dem Grundsatz, dass ein Geschädigter an einem Schadenfall **nicht „verdienen"** darf, ist bei der Schadenberechnung nicht der vom Sachverständigen geschätzte Restwert zugrunde zu legen, sondern der Betrag, den der Geschädigte bei der **bestmöglichen Verwertung** des Restwertfahrzeuges **tatsächlich** erzielt.[84]

2. Übererlös

77 Wenn der Geschädigte einen **höheren** Erlös für die Restwerte erzielt als im Gutachten ermittelt worden ist, muss er sich auch diesen „**Übererlös**" anrechnen lassen, es sei denn, dieser höhere Erlös war nur unter Aufwendung überobligatorischer Anstrengungen zu erzielen;[85] insoweit liegt die Beweislast beim Schädiger. Der BGH stellt ausdrücklich fest, dass ein Geschädigter an einem Schadenfall nicht „verdienen" darf.[86]

81 BGH, VI ZR 318/08, zfs 2010, 84 = DAR 2010, 18; *Wellner*, BGH-Rechtsprechung zum Kfz-Sachschaden, § 3 Rn 45.

82 13 U 80/12 = DAR 2013, 32 = NJW-RR 2013, 224.

83 BGH, VI ZR 318/08; zfs 2010, 84, *Wellner*, BGH-Rechtsprechung zum Kfz-Sachschaden, § 3 Rn 45.

84 BGH, VI ZR 142/91, VersR 1992, 457 = DAR 1992, 172 = r+s 1992, 122 = zfs 1992, 116; BGH, NJW 2005, 3134, BGH, VI ZR 174/05, zfs 2006, 468 = NZV 2006, 461 = MDR 2007, 86; BGH, VI ZR 337/09, zfs 2010, 497 = DAR 2010, 510.

85 BGH, VI ZR 119/04, DAR 2005, 152 = NZV 2005, 140 = zfs 2005, 184, *Wellner*, BGH-Rechtsprechung zum Kfz-Sachschaden, § 3 Rn 1; OLG Düsseldorf, zfs 1993, 338; LG Mainz, zfs 1999, 239.

86 BGH, VI ZR 119/04, DAR 2005, 152 = NZV 2005, 140 = zfs 2005, 184, *Wellner*, BGH-Rechtsprechung zum Kfz-Sachschaden, § 3 Rn 1; OLG Düsseldorf, zfs 1993, 338; LG Mainz, zfs 1999, 239.

3. Rechtsprechungsübersicht

Ein Geschädigter ist grundsätzlich **nicht** verpflichtet, einen Sondermarkt für Restwertaufkäufe im **Internet** in Anspruch zu nehmen und kann daher vom Schädiger nicht auf einen höheren Restwerterlös verwiesen werden, der auf diesem Sondermarkt durch **spezialisierte Restwertaufkäufer** erzielt werden könnte.[87] Der Geschädigte genügt daher seiner Schadenminderungspflicht, wenn er die Veräußerung seines beschädigten Fahrzeuges zu demjenigen Preis vornimmt, den ein von ihm eingeschalteter Sachverständiger als Wert auf dem allgemeinen **regionalen** Markt ermittelt hat.[88] 78

Der Sachverständige muss nur solche Angebote berücksichtigen, die auch dem **Geschädigten** zugänglich sind.[89] 79

Es liegt ein Verstoß gegen die Schadenminderungspflicht vor, wenn **nach** Vermittlung eines höheren Restwertangebotes durch den Versicherer die Veräußerung zum niedrigeren Preis erfolgt.[90] 80

Ein annahmefähiges Angebot in der **Internetverkaufsbörse** reicht aus.[91] 81

Der bloße Hinweis auf ein höheres Restwertangebot genügt nicht, wenn sich der Geschädigte noch um die Realisierung dieses Angebotes **bemühen** muss.[92] 82

Bei **Weiterbenutzung** des beschädigten Fahrzeuges gilt nur der im **Sachverständigengutachten** genannte Restwert; der Sachverständige muss als geeignete Schätzungsgrundlage drei Angebote ermitteln und benennen.[93] 83

Der Geschädigte ist zur Annahme eines Restwertangebotes nur **verpflichtet**, wenn kostenfreie Abholung gegen **Barzahlung** angeboten wird.[94] 84

87 BGH, VI ZR 132/04, zfs 2005, 600 = MDR 2006, 148, *Wellner*, BGH-Rechtsprechung zum Kfz-Sachschaden, § 3 Rn 2.

88 BGH, VI ZR 132/04, MDR 2006, 148 = zfs 2005, 600, *Wellner*, BGH-Rechtsprechung zum Kfz-Sachschaden, § 3 Rn 2; BGH, VI ZR 232/09, DAR 2010, 511, *Wellner*, BGH-Rechtsprechung zum Kfz-Sachschaden, § 3 Rn 64.

89 BGH, VI ZR 205/08, zfs 2009, 327 = SP 2009, 158 = MDR 2009, 444 = r+s 2009, 215, *Wellner*, BGH-Rechtsprechung zum Kfz-Sachschaden, § 3 Rn 31.

90 BGH, VI ZR 316/09, VersR 2010, 963, *Wellner*, BGH-Rechtsprechung zum Kfz-Sachschaden, § 3 Rn 55; BGH, SP 2000, 89 = zfs 2000, 103.

91 OLG Düsseldorf, 1 U 267/06, VersR 2008, 1231.

92 BGH, VI ZR 219/98, SP 2000, 89 = MDR 2000, 330 = DAR 2000, 159 = zfs 2000, 103.

93 BGH, VI ZR 318/08, zfs 2010, 84 = r+s 2010, 36 = VersR 2010, 130 = NZV 2010, 193, *Wellner*, BGH-Rechtsprechung zum Kfz-Sachschaden, § 3 Rn 45; BGH, I ZR 68/08, zfs 2010, 554, 556, *Wellner*, BGH-Rechtsprechung zum Kfz-Sachschaden, § 3 Rn 75.

94 OLG Frankfurt, 22 U 49/08, SP 2010, 254 = NJW-RR 2010, 1616.

4. Beratungshinweis

85 *Praxistipp*

- Der Geschädigte ist berechtigt, die Restwerte seines Fahrzeuges zu dem Preis zu veräußern, der im **Sachverständigengutachten** ermittelt worden ist.
- **Nach** Bekanntgabe eines **höheren Restwertangebotes** darf der Geschädigte nicht mehr die Restwerte zu dem niedrigeren Betrag veräußern, der im Sachverständigengutachten genannt ist.
- Einen **Übererlös** muss er sich anrechnen lassen, wenn dieser Erlös ohne überobligatorische Anstrengungen zu erzielen war und nicht darauf beruht, dass das Fahrzeug beim Kauf eines Neufahrzeuges in Zahlung gegeben wurde.

C. Mietwagenkosten

86 Kosten für einen Mietwagen gehören zum Herstellungsaufwand, so dass diese Mietwagenkosten für einen angemessenen Zeitraum während der Schadenbehebung zu ersetzen sind.[95]

Der Geschädigte darf grundsätzlich **ein Fahrzeug gleichen Typs mieten**.

Der eintrittspflichtige Haftpflichtversicherer ist berechtigt, den Geschädigten auf günstigere Mietwagentarife hinzuweisen.[96]

87 *Praxistipp*

Gleichwohl sollte man aus Gründen äußerster anwaltlicher Vorsorge von der Inanspruchnahme eines Mietwagens **abraten**,

- weil der Geschädigte die Mietwagenkosten **bezahlen** muss, unabhängig davon, ob und wann eine Schadenregulierung erfolgt,
- weil ein **Abzug** für Eigenersparnis von 15 bis 20 % zu erwarten ist, auch wenn ein klassenniedrigeres Fahrzeug angemietet wird,
- weil der Konsumverzicht durch die **Nutzungsausfallentschädigung** „versüßt" wird.

Zwar stunden Mietwagenunternehmen oft zunächst Ihre Rechnung für die Dauer von zwei bis vier Wochen. Wenn dann jedoch eine Schadenregulierung nicht erfolgt ist, muss der Geschädigte oft **in Vorlage** treten. Schließlich ist auch mit einem **Abzug** für Eigenersparnis zu rechnen, wenn ein Fahrzeug einer **niedrigeren** Wagenklasse in Anspruch genommen wird.

95 BGH, VI ZR 151/03, DAR 2005, 21/22; OLG Düsseldorf, VersR 1996, 988 = DAR 1996, 400; *Griebenow*, NZV 2006, 13 mit umfassender Rechtsprechungsübersicht.

96 BGH, I ZR 85/10, zfs 2012, 688 = SP 2012, 400.

Nur dann, wenn ein **deutlich geringwertiges Fahrzeug** angemietet wird, kann der Abzug für ersparte Eigenaufwendungen **entfallen**.

I. Mietwagendauer

Im Regelfall sind sowohl die Reparatur eines beschädigten Fahrzeuges als auch bei einem Totalschaden die Ersatzbeschaffung in **zwei bis drei Wochen** vorzunehmen. 88

Der Geschädigte muss, sobald der von ihm beauftragte Sachverständige das Fahrzeug besichtigt hat, unverzüglich Reparaturauftrag erteilen.[97] Er darf mit dem Auftrag nicht etwa bis zur Reparaturkostenübernahmeerklärung des Haftpflichtversicherers warten. Er hat dafür Sorge zu tragen, dass die Reparaturdauer – und damit die Dauer der Anmietung eines Ersatzfahrzeuges – auf den **unumgänglich notwendigen Zeitraum** beschränkt wird. 89

Der Geschädigte darf auch nicht den Eingang des schriftlichen Sachverständigengutachtens abwarten, er muss sich **telefonisch** beim Sachverständigen nach der Reparaturwürdigkeit seines Fahrzeuges erkundigen und gegebenenfalls unverzüglich den Reparaturauftrag erteilen. 90

Bei Totalschaden besteht ein Anspruch auf Ersatz der Mietwagenkosten nur für den angemessenen Zeitraum der Beschaffung eines Ersatzfahrzeuges, in der Regel liegt auch dieser Zeitraum bei **maximal drei Wochen**.[98] 91

Bei **älteren** Gebrauchtwagen kann der Wiederbeschaffungszeitraum noch **kürzer** bemessen werden. 92

Hat der Geschädigte ein Neufahrzeug bestellt, das **einen Monat** nach dem Unfall ausgeliefert werden soll, so sind auch für diesen Zeitraum die Mietwagenkosten zu ersetzen. 93

Der Geschädigte muss sich um eine zügige Reparatur bemühen, um die Mietwagenkosten möglichst gering zu halten.[99] Er darf daher nur eine geeignete **Fachwerkstatt** beauftragen, die bereit und in der Lage ist, die Reparaturarbeiten kurzfristig durchzuführen. Der Geschädigte muss einen **Reparaturtermin** vereinbaren und gegebenenfalls nachfragen, ob der vereinbarte Reparaturtermin auch tatsächlich eingehalten wird. Notfalls muss der Geschädigte eine **andere Fachwerkstatt** aufsuchen, wenn die von ihm zunächst ausgewählte Werkstatt diesen Anforderungen nicht genügt. 94

97 OLG Saarbrücken, 4 U 470/06, SP 2008, 51 = NJW RR 2010, 1252.
98 *Hentschel/König/Dauer*, § 12 StVG Rn 37 m.w.N.
99 Brandenburgisches OLG, 12 U 59/06, SP 2007, 361.

II. Notreparatur

95 Wenn eine endgültige Schadenbeseitigung **kurzfristig** nicht möglich ist, ist der Geschädigte gehalten, sich gegebenenfalls mit einer Notreparatur zufrieden zu geben und das Fahrzeug dann in diesem Zustand so lange zu benutzen, bis eine endgültige Schadenbeseitigung möglich ist.[100]

III. Interimsfahrzeug

96 Wenn die Reparatur oder die Ersatzbeschaffung **unverhältnismäßig** lange dauert, kann dem Geschädigten zugemutet werden, sich ein „Interimsfahrzeug" zu beschaffen, um den drohenden Sachfolgeschaden möglichst gering zu halten.[101]

97 Ein Interimsfahrzeug kommt auch dann in Betracht, wenn der Geschädigte bereits einen **Neuwagen** bestellt hatte, dessen Lieferfrist noch mehrere Monate beträgt. Ebenso ist ein Interimsfahrzeug zuzumuten, wenn der Geschädigte sich unmittelbar vor Antritt einer **Urlaubsreise** befindet, bei der mit einer hohen Kilometerleistung zu rechnen ist.

98 Der „Vielfahrer" muss den billigeren Weg eines Zwischenfahrzeuges wählen, allerdings erst nach Kenntnis der voraussichtlichen – langen – Reparaturdauer.

IV. Unfallersatztarif

99 Bei der Unfallregulierung gibt es keine Schadenposition, über die so andauernd und **heftig gestritten** wird, wie dies bei den Mietwagenkosten der Fall ist. Die Gründe hierfür liegen auf der Hand: Es handelt sich um „**Verträge zu Lasten Dritter**", da Vermieter und Mieter davon ausgehen, dass die „Zeche" von einem Haftpflichtversicherer gezahlt wird.[102]

100 Bereits das Begriffpaar „**Unfallersatztarif**" und „**Selbstzahlertarif**" (Normaltarif) ist ebenso entlarvend wie **irreführend**: Unfallersatztarife, bei denen die Beteiligten davon ausgehen, dass ein Dritter die Mietwagenkosten trägt, liegen um bis zu 465 % (!) über dem Normaltarif.[103]

101 Nach einem unverschuldeten Unfall wird dem Geschädigten ein Mietwagen oft geradezu **aufgedrängt**, selbst wenn ein Mietwagen nicht unbedingt erforderlich ist. Die Reparaturwerkstätten, die oft mit Mietwagenunternehmen zusammenarbeiten oder selbst Mietwagen zur Verfügung stellen, machen nicht darauf aufmerksam, dass ein Geschädigter statt

100 OLG Celle, MDR 2005, 1226.

101 BGH, VI ZR 211/08, zfs 2009, 564 = VersR 2009, 697, 698, *Wellner*, BGH-Rechtsprechung zum Kfz-Sachschaden, § 6 Rn 39.

102 *Woitkewitsch*, MDR 2013, 433 ff.

103 BGH, XII ZR 50/04; NJW 2006, 2618 = NZV 2006, 528 = VersR 2006, 1274 = r+s 2006, 391 = zfs 2006, 621.

eines Mietwagens eine **Nutzungsausfallentschädigung** beanspruchen kann, die pro Tag zwischen **23 EUR** und **175 EUR** liegt.

In **Österreich** erhält ein Geschädigter eine **Prämienvergünstigung**, wenn er nach einem Unfall auf einen Mietwagen verzichtet, so dass dort nur **1 %** der Geschädigten einen Mietwagen in Anspruch nehmen, während in Deutschland **25 %** aller Unfallgeschädigten auf einen Mietwagen zurückgreifen.[104] 102

Das „**Unfallgeschäft**" macht etwa die **Hälfte** des Gesamtumsatzes der Mietwagenunternehmen aus, die jährlich annähernd **1 Mrd. EUR** von den Haftpflichtversicherern erhalten.[105] 103

1. Erforderlichkeit

Der Geschädigte kann die Erstattung des Unfallersatztarifs nur dann verlangen, wenn er **nachweist**, dass ihm trotz entsprechender Anstrengungen in der konkreten Situation **kein günstiger Normaltarif** zugänglich war. Es geht nicht um die Schadenminderungspflicht, vielmehr darum, ob der Unfallersatztarif „erforderlich" i.S.v. § 249 BGB ist. Den Normaltarif übersteigende Mietwagenkosten werden daher nur dann ersetzt, wenn der Geschädigte darlegt und beweist, dass ihm unter Berücksichtigung seiner individuellen Erkenntnismöglichkeiten unter zumutbaren Anstrengungen der wesentlich günstigere **Normaltarif nicht zugänglich war**.[106] 104

2. Erkundigungspflicht

Der Geschädigte muss sich demnach erkundigen, ob und inwieweit günstigere **Normaltarife** angeboten werden. Das Vertrauen darauf, der Unfallersatztarif sei auf die speziellen Bedürfnisse eines Unfallgeschädigten zugeschnitten, rechtfertigt es nicht, ungerechtfertigt überhöhte und durch angebliche Mehrleistung des Vermieters konstruierte Unfallersatztarife zu akzeptieren.[107] 105

Auch derjenige, der **erstmals** mit der Anmietung eines Ersatzfahrzeuges befasst ist, muss sich erkundigen, ob der vom Mietwagenunternehmen angebotene Preis ortsüblich ist.[108] Der Geschädigte, der sich nicht nach günstigeren Tarifen erkundigt, kann sich nicht da- 106

104 *Van Bühren/Lemcke/Jahnke*, Teil 3 Rn 225.

105 *Van Bühren/Lemcke/Jahnke*, Teil 3 Rn 224.

106 BGH, VI ZR 237/05, NJW 2006, 2663 = zfs 2006, 682; BGH, VI ZR 29/06, NJW 2007, 1124 = zfs 2007, 330; BGH, VI ZR 105/06, NJW 2007, 1449; BGH, VI ZR 164/07, NJW 2008, 1519 = zfs 2008, 383; BGH, VI ZR 112/09, VersR 2010, 494 = zfs 2010, 260; BGH, VI ZR 7/09, zfs 2010, 561.

107 BGH, VI ZR 99/06, NJW 2007, 1124 = zfs 2007, 330.

108 BGH, VI ZR 308/07, NJW 2009, 58 = zfs 2009, 82, *Wellner*, BGH-Rechtsprechung zum Kfz-Sachschaden, § 5 Rn 82.

rauf berufen, dass ihm der Autovermieter nur einen einzigen Tarif – den Unfallersatztarif – angeboten hat.[109] Wenn die Anmietung erst **einen Tag nach dem Unfall** erfolgt, besteht keine Eil- oder Notsituation, so dass der Geschädigte sich nach anderen Tarifen erkundigen und ggf. Konkurrenzangebote einholen muss.[110]

3. Hinweispflicht des Autovermieters

107 Ein Mietwagenunternehmer ist verpflichtet, den Mieter eines Unfallersatzfahrzeuges darauf hinzuweisen, dass es **Regulierungsschwierigkeiten** mit dem gegnerischen Haftpflichtversicherer bei der Abrechnung von Mietwagenkosten gibt, die nach dem Unfallersatztarif berechnet werden.[111]

108 In einer Entscheidung vom 25.3.2009[112] hat der BGH nochmals darauf hingewiesen, dass bei der Anmietung eines Unfallersatzfahrzeuges der Unfallgeschädigte in der Regel davon ausgeht, dass die Mietwagenkosten vom **Unfallgegner** erstattet werden. In dieser Annahme werde er durch den Begriff „Unfallersatztarif“ bestärkt. Da Autovermieter spätestens seit dem Jahre 2002 wissen, dass dieser Tarif von Haftpflichtversicherern nicht ohne weiteres erstattet wird, sind sie daher verpflichtet, den Mieter auf derartige Regulierungsschwierigkeiten hinzuweisen, **bevor** der Mietvertrag geschlossen wird.

4. Schwacke-Mietpreisspiegel

109 Der Schwacke-Mietpreisspiegel wird in der Rechtsprechung überwiegend als Schätzgrundlage für die Ermittlung des **ortsüblichen Normaltarifs** anerkannt.[113]

5. Zuschlag zum Normaltarif

110 Die Rechtsprechung billigt überwiegend einen Zuschlag von 20 % auf den Normaltarif zu, wenn dieser Zuschlag auf Leistungen des Vermieters beruht, die durch die besondere Unfallsituation veranlasst und zur Schadenbehebung nach § 249 BGB **erforderlich** ist.[114]

109 BGH, VI ZR 161/05, NJW 2006, 2621 = zfs 2006, 686.

110 BGH, VI ZR 164/07, NJW 2008, 1519 = zfs 2008, 383, *Wellner*, BGH-Rechtsprechung zum Kfz-Sachschaden, § 5 Rn 41; BGH, VI ZR 7/09, zfs 2010, 561; BGH, VI ZR 245/11, NZV 2013, 383.

111 BGH, XII ZR 50/04, zfs 2006, 621 = DAR 2006, 571; BGH, VI ZR 161/06, DAR 2007, 511, *Wellner*, BGH-Rechtsprechung zum Kfz-Sachschaden, § 5 Rn 20; BGH, VI ZR 27/07, zfs 2008, 22 = DAR 2007, 702, *Wellner*, BGH-Rechtsprechung zum Kfz-Sachschaden, § 5 Rn 32.

112 BGH, XII ZR 117/07, zfs 2009, 399 = DAR 2009, 399, NJW-RR 09, 1101.

113 BGH, VI ZR 6/09, VersR 2010, 1053 mit umfassender Rechtsprechungsübersicht; BGH, VI ZR 293/08, VersR 2010, 1054 mit Rechtsprechungsübersicht; BGH, VI ZR 7/09, zfs 2010, 561; BGH, VI ZR 293/08, zfs 2010, 565.

114 BGH, VI ZR 6/09, VersR 2010, 1053 mit Rechtsprechungsübersicht.

6. Fraunhofer-Mietpreisspiegel

Der Schwacke-Mietpreisspiegel beruht auf einer Selbstauskunft der Mietwagenunternehmen, denen auch mitgeteilt worden war, für welche Zwecke die Erhebung erfolgte. Demgegenüber beruht der Mietpreisspiegel des Fraunhofer-Instituts auf einer **anonymen Marktuntersuchung**. Dieser Mietpreisspiegel ist daher objektiv und die einzig richtige Schätzungsgrundlage für die Ermittlung der erstattungsfähigen Mietwagenkosten.[115] **111**

- Der BGH führt in seiner Entscheidung vom 14.10.2008[116] aus, dass es dem Tatrichter nicht verwehrt ist, sich den **Bedenken** gegenüber der Schwacke-Liste anzuschließen und den Mietpreisspiegel des Fraunhofer-Instituts zur Berechnung der erstattungsfähigen Mietwagenkosten heranzuziehen.
  Diese Auffassung hat das OLG Köln in einer **weiteren** Entscheidung vom 21.8.2009 bestätigt.[117]
- Das **OLG Köln**[118] führt aus, dass der Marktpreisspiegel des Fraunhofer-Instituts Anlass bietet „die in der Schwacke-Liste ausgewiesenen Werte in Zweifel zu ziehen". Der Geschädigte muss für die Angemessenheit der angefallenen Mietwagenkosten den Beweis durch Einholung eines entsprechenden **Sachverständigengutachtens** antreten.
- Ebenso heißt es in der Entscheidung des **OLG München**,[119] dass die Studie des Fraunhofer-Instituts zugrunde zu legen ist, „weil die befragten Firmen, anders als bei Erstellung der Schwacke-Liste, nicht wussten, dass ihre Antwort zur Grundlage einer Marktuntersuchung über die Höhe der Mietwagenpreise gemacht wurden".
- Das **OLG Hamburg**[120] hält ebenfalls den Fraunhofer-Marktpreisspiegel als geeignete Schätzgrundlage für marktübliche Mietwagenkosten. Dies wird damit begründet, dass, anders als bei der Erhebung der Daten für die Schwacke-Tabellen, die Mietpreise anonym erfragt wurden.
- Das **OLG Jena**[121] führt ebenfalls aus, dass der Mietpreisspiegel des Fraunhofer-Instituts Anlass bietet, „die in der Schwacke-Liste 2006 ausgewiesenen Werte in Zweifel zu ziehen". Es wird darauf hingewiesen, dass die Erhebungen des Fraunhofer-Instituts anonym und ohne Offenlegung über den Zweck der Abfrage erfolgt ist.

115 BGH, VI ZR 308/07, zfs 2009, 89 = DAR 2009, 29, *Wellner*, BGH-Rechtsprechung zum Kfz-Sachschaden, § 5 Rn 82; OLG Köln, 6 U 115/08, DAR 2009, 33 = NZV 2009, 145 = SP 2009, 76; OLG Jena, 1 U 550/07, r+s 2009, 40; OLG Hamburg, 14 U 175/08, r+s 2009, 299 = DAR 2009, 463; OLG München, 10 U 2539/08, r+s 2008, 439, OLG Köln, 6 U 6/09, DAR 2009, 703 = NJW-RR 2009, 1679.

116 BGH, VI ZR 308/07, zfs 2009, 82 = DAR 2009, 29, 30, *Wellner*, BGH-Rechtsprechung zum Kfz-Sachschaden, § 5 Rn 82.

117 OLG Köln, 6 U 6/09, DAR 2009, 703 = NJW RR 2009, 1679.

118 OLG Köln, 6 U 115/08, DAR 2009, 33 = NZV 2009, 145; OLG Köln 6 U 6/09, DAR 2009, 703 = NJW-RR 2009, 1679; ebenso OLG Frankfurt, 16 U 14/10, SP 2010, 401.

119 OLG München, 10 U 2539/08, SP 2008, 397 = r+s 2008, 439.

120 OLG Hamburg, 14 U 175/08, DAR 2009, 463 = r+s 2009, 299.

121 OLG Jena, 1 U 555/07, r+s 2009, 40, 41.

- Das **OLG Köln**[122] hat nochmals eingehend begründet, weshalb die Erhebungsmethode des Fraunhofer-Instituts dem Schwacke-Mietpreisspiegel überlegen ist. Der Schwacke-Mietpreisspiegel beruht auf einer schriftlichen Befragung, deren Zweck offen zu Tage lag, während dem Fraunhofer-Mietpreisspiegel 75.000 Einzelangaben aus einer anonymen Internet-Abfrage zugrunde gelegt worden sind. Gerade diese Anonymität der Erhebung ist nach Auffassung des OLG Köln zuverlässiger. Weiter heißt es in dieser Entscheidung, dass die prozentualen Zuschläge aus dem Schwacke-Mietpreisspiegel immer dann ausscheiden, wenn die Anmietung eines Fahrzeuges nicht unmittelbar nach dem Unfallereignis erfolgt ist.

7. Mittelwert

112 Zwischenzeitlich sind mehrere Instanzgerichte dazu übergegangen, einen „interessanten Mittelweg" zu gehen und den ortsüblichen Tarif der Mietwagenkosten anhand des arithmetischen Mittelwertes des Fraunhofer Mietpreisspiegels einerseits und der Schwacke-Liste andererseits zu bilden („**Schwackhofer**").[123]

113 Im Rahmen des tatrichterlichen Ermessens kann das Gericht auch einen Mittelwert zwischen beiden Tabellen der Urteilsfindung zugrunde legen.

8. Aktuelle Rechtsprechung

114 Der BGH hat sich in mehr als 40 Verfahren mit dem Unfallersatztarif befasst und es stets abgelehnt, sich für einen der beiden Mietpreisspiegel zu entscheiden.[124] Er führt aus, dass die Höhe des Schadenersatzanspruchs in erster Linie Sache des nach § 287 ZPO besonders freigestellten Tatrichters sei. Die Art der Schätzungsgrundlage gebe § 287 ZPO nicht vor, so dass der Tatrichter nicht daran gehindert sei, seiner Schätzung die Schwacke-Liste oder den Fraunhofer Mietpreisspiegel zugrunde zu legen. Im Rahmen seines Ermessens könne er Abschläge oder Zuschläge vornehmen. Die Grenzen des tatrichterlichen Ermessens im Rahmen von § 287 würden jedoch überschritten, wenn durch Vergleichsangebote nachgewiesen werde, dass der Normaltarif zum Zeitpunkt der Anmietung deutlich günstiger gewesen wäre.

122 OLG Köln, 6 U 6/09, DAR 2009, 703 = NJW-RR 2009, 1679.

123 BGH, VI ZR 293/08, zfs 2010, 565 = VersR 2010, 1054; OLG Saarbrücken, SVR 2010, 103; OLG Köln, 15 U 212/13, n.v.; LG Bielefeld, NJW Spezial 2009, 762; OLG Köln, 11 U 106/09, SP 2010, 396; LG Köln, 13 S 249/09, SP 2010, 398; OLG Saarbrücken, 4 U 294/09, NZV 2010, 242; LG Bielefeld, 21 S 27/09, NJW-Spezial 2009, 762; AG Köln, 269 C 26/09, AG Köln, 268 C 145/09, AG Köln, 268 C 138/09.

124 BGH, VI ZR 316/11, r+s 2013, 149 mit umfassender Rechtsprechungsübersicht, *Wellner*, BGH-Rechtsprechung zum Kfz-Sachschaden, § 5 Rn 198.

Erstmalig im Oktober 2004 hat der BGH erkannt, dass im Unfallersatzgeschäft Mietpreise verlangt werden, die weit über den marktüblichen Preisen im Selbstzahlergeschäft liegen. Es wurden Preise festgestellt, die um **465 % über dem Normaltarif** lagen.[125] Seit 2004 hat der BGH sich in mehr als 40 Entscheidungen zur Erstattungsfähigkeit des Unfallersatztarifs geäußert. Diese Rechtsprechung lässt sich wie folgt zusammenfassen: 115

- Der Geschädigte kann als erforderlichen Herstellungsaufwand nur den Ersatz der Mietwagenkosten verlangen, die ein verständiger, wirtschaftlich denkender Mensch für **zweckmäßig** und notwendig halten darf. Der Geschädigte darf von mehreren auf dem örtlich relevanten Markt erhältlichen Tarifen grundsätzlich nur den **günstigeren Mietpreis** verlangen.[126]
- Der **Geschädigte** muss **beweisen**, dass ihm unter Berücksichtigung seiner individuellen Erkenntnismöglichkeit auf dem örtlich relevanten Markt **kein wesentlich günstigerer Tarif** zugänglich war.[127]
- Sowohl der **Fraunhofer Mietpreisspiegel** als auch der **Schwacke-Mietpreisspiegel** sind eine geeignete Grundlage für die Schätzung der erforderlichen Mietwagenkosten.[128]
- Wenn der Versicherer durch konkrete **Vergleichsangebote** nachweist, dass die örtlichen Mietpreise deutlich unter den Preisen des Schwacke-Mietpreisspiegels liegen, sind die **tatsächlichen** örtlichen Verhältnisse durch Beweisaufnahme zu ermitteln. Auch **aktuelle** Vergleichsangebote sind zu berücksichtigen, da die Mietwagenkosten in den vergangenen Jahren nicht gefallen, sondern allenfalls gestiegen sind.[129]

V. Sondertarife

Der Geschädigte ist im Wege der **Schadenminderungspflicht** gehalten, Sondertarife (Wochen-Pauschaltarife) in Anspruch zu nehmen.[130] 116

125 BGH, XII ZR 50/04, NJW 2006, 2618 = NZV 2006, 528 = VersR 2006, 1274 = r+s 2006, 391 = zfs 2006, 621.

126 BGH, VI ZR 300/09, zfs 2011, 441 = r+s 2011, 266 m.w.N., *Wellner*, BGH-Rechtsprechung zum Kfz-Sachschaden, § 5 Rn 141.

127 BGH, VI ZR 210/07, r+s 2009, 17 = VersR 2009, 83, *Wellner*, BGH-Rechtsprechung zum Kfz-Sachschaden, § 5 Rn 72; BGH, VI ZR 300/09, zfs 2011, 441 = r+s 2011, 266, *Wellner*, BGH-Rechtsprechung zum Kfz-Sachschaden, § 5 Rn 141; LG München II, 2 S 4044/11, DAR 2013, 34.

128 BGH, VI ZR 300/09, zfs 2011, 441 = VersR 2011, 769, *Wellner*, BGH-Rechtsprechung zum Kfz-Sachschaden, § 5 Rn 141; BGH, VI ZR 142/10, zfs 2011, 497 = MDR 2011, 845 = VersR 2011, 1026, *Wellner*, BGH-Rechtsprechung zum Kfz-Sachschaden, § 5 Rn 160.

129 BGH, VI ZR 300/09, zfs 2011, 441 = VersR 2011, 769, *Wellner*, BGH-Rechtsprechung zum Kfz-Sachschaden, § 5 Rn 141; BGH, VI ZR 142/10, zfs 2011, 497 = MDR 2011, 845 = VersR 2011, 1026, *Wellner*, BGH-Rechtsprechung zum Kfz-Sachschaden, § 5 Rn 160.

130 OLG München, SP 2006, 98.

Es liegt daher ein Verstoß gegen die Schadenminderungspflicht vor, wenn der Geschädigte beispielsweise sich als „**Testfahrer**“ betätigt und jeden Tag einen anderen Mietwagen in Anspruch nimmt.

117 Alle führenden Autovermieter bieten Wochen-Pauschaltarife zu besonders günstigen Konditionen an. Der Geschädigte muss aufgrund seiner **Schadenminderungspflicht** von diesen Pauschaltarifen Gebrauch machen;[131] dies gilt nicht, wenn in **ländlicher** Gegend Mietwagen nach einem Unfall nur zum Unfallersatztarif angeboten werden.

118 Es liegt allerdings **kein Verstoß** gegen die Schadenminderungspflicht vor, wenn der Geschädigte **keine anderweitige Möglichkeit** zu einer günstigeren Ersatzanmietung hatte.

119 Ist die Anmietung zu einem günstigen **Langzeittarif** nur bei einer Vorauszahlung oder Vorlage einer Kreditkarte möglich, muss der Geschädigte den **Haftpflichtversicherer informieren** und die Kosten vorschussweise anfordern.[132]

VI. Missverhältnis zu den Reparaturkosten

120 Der Grundsatz, dass nur solche Mietwagenkosten zu ersetzen sind, die ein verständiger, wirtschaftlich denkender Mensch in der Lage des Geschädigten machen würde, führt dazu, dass Mietwagenkosten in der Regel dann nicht zu erstatten sind, wenn sie in einem **krassen Missverhältnis** zum Fahrzeugschaden stehen.

121 Es fehlt jedoch jede **rechtliche** Möglichkeit oder Rechtsgrundlage, die Höhe des Sachfolgeschadens mit der Höhe des Sachschadens zu **verknüpfen**. Folgerichtig hat der BGH Mietwagenkosten in Höhe von über 9.000 DM bei Reparaturkosten von 3.750 DM als erstattungsfähig anerkannt.[133]

122 Wenn ein Geschädigter unmittelbar **vor** einer vollständig vorbereiteten und unaufschiebbaren **Urlaubsreise** einen Unfall erleidet, kann er auch für mehr als 7.000 km einen Mietwagen in Anspruch nehmen.[134]

VII. Ausfall älterer Fahrzeuge

123 Bei sehr alten, technisch nicht mehr zuverlässigen Fahrzeugen von nur noch geringem Verkehrs- und Gebrauchswert muss der Geschädigte sich mit der Anmietung eines Fahrzeuges begnügen, welches um **mehrere Klassen niedriger** als sein eigenes Fahrzeug ist.

131 OLG München, SP 2006, 98.
132 LG Aachen, SP 2006, 249.
133 BGH, VI ZR 86/84, zfs 1986, 10 = VersR 1985, 1090/1091.
134 BGH, VI ZR 86/84, zfs 1986, 10 = DAR 1985, 347.

Hierzu heißt es in einer Entscheidung des OLG Hamm vom 11.1.1988, dass der **Fahrkomfort** eines sehr alten Fahrzeuges mit hoher Kilometerleistung erheblich geringer ist als der eines – in der Regel neuwertigen – Mietfahrzeuges einer niedrigeren Wagenklasse; dies ist noch **nicht** bei einem **9 Jahre** alten Fahrzeug der Fall.[135] 124

Ebenso führt das OLG Stuttgart in einer Entscheidung vom 8.12.1987 aus, dass der Geschädigte sich mit einem um einige Preisklassen billigeren Ersatzfahrzeug begnügen muss, wenn sein Fahrzeug **fünfzehn Jahre alt** ist und über 200.000 km gelaufen ist. 125

Wenn das Unfallfahrzeug **sehr alt** und geringwertig ist und die Mietwagenkosten erheblich höher sind als der Wiederbeschaffungswert, ist der Geschädigte im Wege der Schadenminderungspflicht gehalten, kurzfristig ein **Ersatzfahrzeug** zu erwerben, statt einen Mietwagen zu benutzen.[136] 126

VIII. Zu hohe Kilometerleistung

Es entspricht dem Grundsatz der Naturalrestitution, dass der Geschädigte, der ein Ersatzfahrzeug mietet, mit diesem in etwa die gleiche Strecke zurücklegen darf, für die er ohne den Unfall sein **eigenes Fahrzeug** in Anspruch genommen hätte. 127

Die Fälle, in denen ein Geschädigter mit dem Mietfahrzeug zu weite Fahrstrecken zurücklegt, kommen meist nur dann vor, wenn der Geschädigte einen Unfall unmittelbar vor oder während einer **Urlaubsreise** oder einer **Auslandsfahrt** erleidet. Wenn wegen der Kürze der Zeit oder aus anderen Gründen die Beschaffung eines Interimsfahrzeuges nicht zugemutet werden kann, wenn auch kein krasses Missverhältnis zwischen den Mietwagenkosten und dem Wert des beschädigten Fahrzeuges besteht, ist es dem Geschädigten grundsätzlich zuzubilligen, seine Reise **planmäßig** mit einem Mietfahrzeug durchzuführen. 128

Ist der Geschädigte ein „**Vielfahrer**", der täglich zwischen 500 und 1.000 km mit seinem Fahrzeug zurücklegt, kann ihm für eine Reparaturdauer oder Wiederbeschaffungsdauer von zwei bis vier Wochen in der Regel nicht zugemutet werden, ein **Interimsfahrzeug** zu erwerben. 129

Wenn aber aufgrund der Fahrleistung des beschädigten Fahrzeuges nachvollzogen werden kann, wie viel der Geschädigte durchschnittlich mit seinem eigenen Fahrzeug fährt, muss der **Geschädigte darlegen und beweisen**, weshalb ausgerechnet zur Zeit der Inanspruchnahme eines Mietwagens eine erhöhte Kilometerleistung angefallen ist. 130

Zu hohe Fahrleistungen kommen auch dann vor, wenn das eigene – beschädigte – Fahrzeug verschlissen und **unzuverlässig** ist, so dass die Freude an der Benutzung eines – 131

135 OLG Hamm, MDR 2000, 639.

136 LG München, 19 S 9718/02, NZV 2002, 573; *van Bühren/Lemcke/Jahnke*, Teil 3 Rn 210.

neuwertigen – Mietwagens zu einem ungewohnten und daher besonders **intensiv genutzten Fahrvergnügen** führt.

132 Liegt daher die mit dem Mietfahrzeug gefahrene Strecke weit **über** der durchschnittlichen Fahrleistung mit dem **eigenen** Fahrzeug, kann von einem Verstoß gegen die Schadenminderungspflicht gemäß § 254 Abs. 2 BGB ausgegangen werden.

133 Es ist dann Aufgabe des **Schädigers**, die überdurchschnittliche Fahrleistung mit dem Mietwagen darzulegen und zu beweisen, während der **Geschädigte** die Notwendigkeit dieser Fahrleistung darlegen und beweisen muss, insbesondere unter dem Aspekt, dass auch mit dem eigenen Fahrzeug diese Fahrleistung ebenfalls erfolgt wäre.

IX. Zu niedrige Kilometerleistung

134 In der Praxis bedeutsamer ist die Auseinandersetzung darüber, dass der Geschädigte mit dem Mietfahrzeug nur wenige Kilometer gefahren ist, so dass die Mietwagenkosten selbst im Vergleich zu den Kosten eines **Taxis** unverhältnismäßig hoch sind.

135 Auch hier ist zunächst Ausgangspunkt der Grundsatz der **Naturalrestitution**, dass ein Geschädigter, der ein eigenes Fahrzeug unterhält, Anspruch darauf hat, ständig über ein fahrtüchtiges Fahrzeug zu verfügen. Dieser Anspruch findet jedoch dann seine Grenze, wenn durch die Anmietung eines Ersatzfahrzeuges Kosten entstehen, die bei vernünftiger wirtschaftlicher Betrachtungsweise unsinnig hoch erscheinen.[137]

136 Der Geschädigte muss seinen voraussichtlichen **Fahrbedarf – ex ante – abschätzen** und diesen Kostenaufwand eines Mietfahrzeuges den Kosten einer **Taxibenutzung** gegenüberstellen.

137 Erweist sich die Schätzung aus unvorhersehbaren Gründen **nach** erfolgter Ersatzanmietung als unzutreffend, so kann darin kein Verstoß gegen die Schadenminderungspflicht gesehen werden. In Betracht kommt allenfalls, dass der Verstoß der Schadenminderungspflicht darin liegt, den Mietwagen trotz nunmehr feststehender geringerer Kilometerleistung **nicht zurückgegeben** zu haben.

> *Beispiel*
>
> Der Geschädigte mietet ein Ersatzfahrzeug, insbesondere, um seinen **Arbeitsplatz** zu erreichen. Während der Mietzeit wird der Geschädigte plötzlich **krank** oder an einen Arbeitsplatz in unmittelbarer Nähe seiner Wohnung versetzt.

138 In besonderen Ausnahmefällen kann der Geschädigte auch dann ein Mietfahrzeug benutzen, wenn ihm Taxifahrten nicht zuzumuten sind oder wenn er aus persönlichen, beruf-

137 *Hentschel/König/Dauer*, § 12 StVG, Rn 33; BGH, NZV 1996, 357; OLG Hamm, 6 U 243/00, NZV 2002, 82 = DAR 2001, 458.

lichen oder anderen Gründen darauf **angewiesen** ist, dass ihm ständig ein **fahrbereites Fahrzeug** zur Verfügung steht.[138]

Zu berücksichtigen sind die Umstände, die den **Lebensbereich** des Geschädigten prägen, insbesondere die Wohnverhältnisse. Gerade im ländlichen Bereich gehört die Verfügbarkeit eines Kraftfahrzeuges zur Grundlage der individuellen Lebensgestaltung, also für **Einkäufe**, **Fahrten zur Schule**, zum Kindergarten usw.[139] 139

Diese Voraussetzungen liegen z.B. vor, wenn

- der Geschädigte **krank** ist oder kranke Familienangehörige hat, so dass schnelle Arztbesuche erforderlich sind,
- der Geschädigte sein Fahrzeug zu **Geschäftsfahrten** nutzt,
- der Geschädigte als **praktizierender Arzt** Krankenbesuche durchführen muss,
- der Geschädigte als **Handelsvertreter** Warenproben oder umfangreiche Geschäftsunterlagen mit sich führen muss,
- das nächste Taxiunternehmen so weit entfernt ist, dass zu lange Anfahrzeiten und **Wartezeiten** in Kauf genommen werden müssen,
- das Mietfahrzeug täglich für eine **Vielzahl** verhältnismäßig **kurzer Fahrten** zur Schule, zum Kindergarten und zum Einkaufen genutzt wird.[140]

X. Fahrzeugklasse

Der Geschädigte darf sich grundsätzlich einen Pkw gleichen Typs mieten.[141] Wenn ein typengleicher Pkw nur zu einem besonders hohen Mietzins zu haben ist, muss der Geschädigte sich mit einem **weniger aufwendigen Fahrzeug** begnügen.[142] 140

Bei einem **älteren Pkw** mit geringem Gebrauchswert sind nur die Kosten für einen **wertgleichen Mietwagen** zu ersetzen.[143] 141

XI. Vollkaskoversicherung

Die Kosten für Haftungsfreistellung/Vollkaskoversicherung sind grundsätzlich als **adäquate Schadenfolge** anzusehen und ersatzpflichtig, da der Geschädigte während der Mietzeit einem **erhöhten wirtschaftlichen Risiko** ausgesetzt ist;[144] dies gilt auch **dann**, 142

138 *Hentschel/König/Dauer*, § 12 StVG, Rn 33.
139 LG Stendal, NZV 2006, 42.
140 LG Stendal, NZV 2006, 42.
141 BGH, NJW 1982, 1519; OLG Düsseldorf, VersR 1996, 988.
142 BGH, VI ZR 35/80, zfs 1982, 238 = NJW 1982, 1519.
143 OLG Karlsruhe, VersR 1989, 1277; LG Heilbronn, VersR 1982, 784.
144 BGH, VI ZR 74/04, VersR 2005, 568; BGH, VI ZR 9/05, DAR 2006, 83/84.

wenn für das **eigene** Fahrzeug **keine** Vollkaskoversicherung besteht. Im Einzelfall kommen Abzüge unter dem Gesichtspunkt des Vorteilsausgleichs in Betracht.[145]

XII. Abzüge für Eigenersparnis

143 Bei längerer Inanspruchnahme eines Mietwagens muss sich der Geschädigte im Wege des Vorteilsausgleichs ersparte eigene Aufwendungen anrechnen lassen. Diese Aufwendungen werden mit **15 % bis 20 % der Mietwagenkosten** veranschlagt.[146]

Bei **kurzer Mietzeit** und geringer Fahrleistung kann eine solche Ersparnis **entfallen.**[147]

144 Das OLG Stuttgart[148] und das OLG Nürnberg[149] haben unter Hinweis auf einen Aufsatz von *Meinig*[150] die Auffassung vertreten, dass nur Abzüge i.H.v. **3 %** oder **3,5 %** gerechtfertigt seien. Diese Auffassung hat sich nicht durchgesetzt, zumal die Berechnungsmethoden von Meinung angreifbar sind.

145 Der BGH[151] hält einen Abzug von **10 %** für gerechtfertigt.

146 Bei **gewerblicher Nutzung** des Mietfahrzeuges ist wegen der stärkeren Abnutzung ein Abzug von **25 %** gerechtfertigt.[152]

147 Der Abzug für Eigenersparnis konnte nach einer **Empfehlung** des früheren HUK-Verbandes dadurch umgangen werden, dass der Geschädigte ein Fahrzeug einer niedrigeren Wagenklasse in Anspruch nimmt. Diese Empfehlung, an die sich die Haftpflichtversicherer ohnehin nicht zu halten brauchten, besteht **nicht** mehr.

148 Auch der Geschädigte, der sich mit einem Fahrzeug einer niedrigeren Modellgruppe begnügt, muss daher mit einem entsprechenden Abzug rechnen. **Kein Abzug für Eigenersparnis** ist vorzunehmen, wenn die Differenz (hier: zwei Klassen tiefer) den ersparten Eigenkosten für das eigene Fahrzeug entspricht.[153]

149 Viele Haftpflichtversicherer haben mit – meist größeren – Mietwagenunternehmen **bilaterale Vereinbarungen** getroffen, nach denen vereinbarte Mietwagenpreise dem Geschädigten ungekürzt ersetzt werden.

145 BGH, VI ZR 9/05, DAR 2006, 83/84; Palandt/*Grüneberg*, § 249 BGB Rn 38 m.w.N.

146 Palandt/*Grüneberg*, § 249 BGB Rn 36 m. Rechtsprechungsübersicht; OLG Nürnberg, zfs 1994, 49; OLG Hamm, r+s 1996, 355 = SP 1997, 19; OLG Düsseldorf, VersR 1996, 988; Thüringer OLG, SP 1997, 76; 10 % – OLG Hamm, VersR 2001, 206; KG, NZV 2005, 46; LG Baden-Baden, zfs2003, 16.

147 Palandt/*Grüneberg*, § 249 BGB Rn 36; LG Aschaffenburg, zfs 1994, 167.

148 7 U 296/93, DAR 1994, 326 = zfs 1994, 206.

149 9 U 672/00 MDR 2000, 1245 = DAR 2000, 527 = VersR 2001, 208 = zfs 2001, 17 = NJW-RR 02, 428.

150 DAR 1993, 281.

151 BGH, VI ZR 245/11, NZV 2013, 383.

152 LG Berlin, SP 2000, 312.

153 OLG Hamm, r + s 1999, 194 = MDR 1999, 738 = VersR 1999, 769 = DAR 1999, 261 = NJW-RR 1999, 1119.

Es empfiehlt sich daher – wie auch sonst – den Kontakt zum **Sachbearbeiter** zu suchen und sich von diesem das oder die Mietwagenunternehmen nennen zu lassen, mit denen eine solche bilaterale Vereinbarung besteht. **150**

XIII. Beratungshinweis

Praxistipp **151**

Grundsätzlich sollte jedem Mandanten empfohlen werden, auf einen Mietwagen zu verzichten und stattdessen – risikolos – **Nutzungsausfallentschädigung** in Anspruch zu nehmen. Wenn jedoch die Inanspruchnahme eines Mietwagens erforderlich ist, so muss der Mandant darauf hingewiesen werden,

- dass er **Preisvergleiche** anstellen und von günstigen Langzeittarifen/**Pauschaltarifen** Gebrauch machen muss,
- dass er mit einem Abzug für **Eigenersparnis** rechnen muss,
- dass er bei verzögerlicher Schadenregulierung mit den Mietwagenkosten in **Vorlage** treten muss,
- dass die Mietwagenkosten **nicht unverhältnismäßig** höher als die Reparaturkosten sein sollen,
- dass er mit dem Mietwagen insgesamt keine unverhältnismäßig weiten oder kurzen Fahrten (Alternative: **Taxi**) zurücklegen sollte.

XIV. Rechtsprechungsübersicht

1. Rechtsprechung zugunsten des Geschädigten

Bei einem täglichen Mindestbedarf von **20 km** liegt **kein** Verstoß gegen die Schadenminderungspflicht vor, wenn ein Mietwagen in Anspruch genommen wird.[154] **152**

Die Kosten einer **Vollkaskoversicherung** sind als adäquate Schadenfolge auch dann zu **ersetzen**, wenn der Geschädigte für sein eigenes Fahrzeug keine solche Versicherung unterhalten hat, da er während der Mietzeit einem erhöhten wirtschaftlichen Risiko ausgesetzt ist.[155] **153**

154 LG Gera, SP 2000, 314; LG Stendal, NZV 2006, 42; LG Baden-Baden, zfs 2003, 16; **a.A.** AG Berlin, SP 2003, 383.

155 BGH, VI ZR 74/04, zfs 2005, 301 = NZV 2005, 301.

154 Es ist grundsätzlich zulässig, den „Normaltarif" auf der Grundlage von Listen oder Tabellen zu erstellen, es sei denn, dass der Schädiger mit konkreten Tatsachen die Unrichtigkeit dieser Tabellen aufzeigt.[156]

155 Bei einer Mietdauer von **fünf Tagen** ist der Geschädigte **nicht** verpflichtet, auf ein günstigeres Mietwagenangebot des Haftpflichtversicherers einzugehen und den Vermieter zu **wechseln**.[157]

2. Rechtsprechung zugunsten des Schädigers

156 Es besteht kein Anspruch auf Ersatz von Mietwagenkosten, wenn das beschädigte Fahrzeug aufgrund eines gegen den Fahrer eingeleiteten Ermittlungsverfahrens **beschlagnahmt** war.[158]

157 Die Anmietung eines Fahrzeugs für **neun Tage**, in denen **309 km** zurückgelegt werden, ist ein Verstoß gegen die Schadenminderungspflicht.[159]

158 Bei einem Fahrbedürfnis von **20 km täglich** ist die Inanspruchnahme eines Mietwagens ein Verstoß gegen die Schadenminderungspflicht, da die Benutzung eines **Taxis** erheblich kostengünstiger wäre.[160]

159 Der Geschädigte ist jedoch berechtigt, **Nutzungsausfallentschädigung** zu verlangen.[161]

160 Bei fiktiver Abrechnung der Reparaturkosten auf der Basis eines Sachverständigengutachtens können nur die Mietwagenkosten für die **kalkulierte Reparaturdauer** geltend gemacht werden; dies gilt auch dann, wenn ein kostengünstigerer Weg gewählt wird, der länger dauert.[162]

161 Ein Mietwagenunternehmen ist aus positiver Vertragsverletzung **schadenersatzpflichtig**, wenn es nicht auf Pauschaltarife hinweist.[163]

156 BGH, VI ZR 293/08, NZV 2010, 499; BGH, VI ZR 300/09, zfs 2011, 441 = VersR 2011, 769, *Wellner*, BGH-Rechtsprechung zum Kfz-Sachschaden, § 5 Rn 141; BGH, VI ZR 142/10, zfs 2011, 497 = MDR 2011, 845 = VersR 2011, 1026, *Wellner*, BGH-Rechtsprechung zum Kfz-Sachschaden, § 5 Rn 160.

157 BGH, VI ZR 134/08, DAR 2009, 324.

158 LG Erfurt, NZV 2006, 44.

159 AG Dresden, 109 C 1524/09, SP 2010, 224.

160 OLG München, zfs 1993, 120; OLG Hamm, zfs 1995, 217 = r+s 1995, 417; LG Darmstadt, zfs 1995, 332; AG Kassel, zfs 1995, 373; AG Nürnberg, SP 1996, 138; AG Dortmund, SP 1996, 284; AG Berlin, SP 2003, 383; AG Berlin, SP 2003, 383.

161 BGH, VI ZR 290/11, zfs 2013, 322 = DAR 2013, 194 = VersR 2013, 515; *Wellner*, BGH-Rechtsprechung zum Kfz-Sachschaden, § 5 Rn 237.

162 BGH, VI ZR 361/02, zfs 2003, 591; r+s 2003, 522 = DAR 2003, 554 = SP 2003, 410 = NZV 2003, 569.

163 BGH, r+s 1996, 266 = DAR 1996, 314 = SP 1996, 244; BGH, r+s 2006, 391; OLG Karlsruhe, DAR 1993, 228; OLG Schleswig, r+s 1993, 216; OLG Hamm, r+s 1996, 355 = SP 1997, 19; AG Kempten, DAR 1993, 231; OLG Nürnberg, VersR 1994, 235; LG Gießen, r+s 1994, 175 = zfs 1994, 287; LG Ravensburg, NJW-RR 1994, 746; LG Aschaffenburg, zfs 1994, 167; LG Hildesheim, SP 1995, 405; LG München, NZV 2003, 240; LG Duisburg, SP 2004, 162; AG Kassel, zfs 1995, 373; AG Frankfurt, zfs 1999, 194; LG Erfurt, NZV 2006, 213 = DAR 2006, 459.

Zustellkosten (Abholung und Verbringung) des Mietwagens sind keine erforderlichen Kosten im Sinne von § 249 BGB.[164] 162

Der Geschädigte verstößt bei Anmietung eines Ersatzfahrzeuges gegen seine Schadenminderungspflicht, wenn er ein **Angebot** des gegnerischen Versicherers nicht annimmt, ihm einen Mietwagen zu **günstigeren Konditionen** zu vermitteln.[165] 163

Ein **Unfallersatztarif** ist nur dann „erforderlich", wenn ein gegenüber dem **Normaltarif** höherer Preis aus betriebswirtschaftlicher Sicht gerechtfertigt ist. Mietwagenkosten sind nur insoweit zu ersetzen, als ein verständiger, wirtschaftlich denkender Mensch in der Lage des Geschädigten diese für zweckmäßig und notwendig halten durfte. Der Geschädigte ist unter dem Gesichtspunkt der Schadenminderungspflicht gehalten, im Rahmen des ihm Zumutbaren von mehreren möglichen den **wirtschaftlicheren Weg** der Schadenbeseitigung zu wählen. Soweit der Normaltarif überschritten wird, muss der Geschädigte den Nachweis führen, dass die Erhöhung des Tarifs wirtschaftlich gerechtfertigt ist.[166] 164

Einen ungerechtfertigt überhöhten Unfallersatztarif kann der Geschädigte nur ersetzt verlangen, wenn er darlegt und beweist, dass ihm unter Berücksichtigung seiner persönlichen Erkenntnismöglichkeiten **unter zumutbaren Anstrengungen** auf dem örtlich relevanten Markt kein wesentlich günstigerer Tarif zugänglich war.[167] 165

Ein Unfallersatztarif ist nur erforderlich im Sinne von § 249 BGB, wenn gegenüber dem Normaltarif unfallbedingte Mehrleistungen aus betriebswirtschaftlicher Sicht gerechtfertigt sind. Der Tatrichter kann eine Schätzung nach § 287 ZPO vornehmen, wobei auch ein **pauschaler Aufschlag** auf den Normaltarif in Betracht kommt.[168] 166

Bei der Frage nach der **Erforderlichkeit** eines Unfallersatztarifs ist der Tatrichter im Rahmen von § 287 ZPO **nicht** verpflichtet, die **Kalkulationsgrundlagen** des konkreten Anbieters betriebswirtschaftlich nachzuvollziehen. Es kommt allein darauf an, ob etwaige Mehrleistungen und Risiken des Vermieters einen pauschalen Aufschlag rechtfertigen. Gegebenenfalls kann der Tatrichter nach Beratung durch einen Sachverständigen den zulässigen **pauschalen Aufschlag** auf den Normaltarif bestimmen. Wenn der Unfallersatztarif – erkennbar – deutlich über dem Normaltarif liegt, liegt für einen ver- 167

164 OLG Dresden, SP 2006, 63.

165 AG Aschaffenburg, NZV 2007, 147.

166 BGH, VersR 2005, 239; BGH, VersR 2005, 241; BGH, NZV 2005, 361 = zfs 2005, 390; BGH, NZV 2005, 302 = zfs 2005, 388 = VersR 2005, 569; BGH, VI ZR 300/09, zfs 2011, 441 = VersR 2011, 762, *Wellner*, BGH-Rechtsprechung zum Kfz-Sachschaden, § 5 Rn 198; BGH, VI ZR 142/10, zfs 2011, 497 = VersR 2011, 1026 = MDR 2011, 845, *Wellner*, BGH-Rechtsprechung zum Kfz-Sachschaden, § 5 Rn 160.

167 BGH, VI ZR 37/04, VersR 2005, 850, *Wellner*, BGH-Rechtsprechung zum Kfz-Sachschaden, § 5 Rn 1; BGH, VI ZR 245/11, NZV 2013, 383; OLG Köln, 15 U 145/07, SP 2008, 220; OLG Karlsruhe, 1 U 17/08, SP 2008, 218.

168 BGH, VI ZR 9/05, VersR 2006, 133 = NJW 2006, 360; BGH, VI ZR 32/05, zfs 2006, 384 = VersR 2006, 564 = SP 2006, 168 = NZV 2006, 364.

nünftig und wirtschaftlich denkenden Geschädigten die Frage nach **günstigeren Tarifen** nahe. Dies gilt insbesondere dann, wenn das Ersatzfahrzeug für einen **längeren Zeitraum** (14 Tage) angemietet wird.[169]

168 Dass ein Mietwagenunternehmen dem Geschädigten nur **einen** Tarif angeboten hat, reicht grundsätzlich **nicht für die Annahme** aus, dem Geschädigten sei kein wesentlich günstigerer Tarif **zugänglich** gewesen.[170] Der Geschädigte ist je nach Lage des Einzelfalles verpflichtet, sich anderweitig nach günstigeren Tarifen zu **erkundigen**, wenn ihm der überteuerte Unfallersatztarif angeboten wird. Der Begriff „Unfallersatztarif" erweckt zwar den Eindruck, der Tarif sei auf die speziellen Bedürfnisse des Geschädigten zugeschnitten, allein das allgemeine Vertrauen darauf rechtfertigt es jedoch nicht, einen Unfallersatztarif „unbesehen" zu akzeptieren.[171]

169 Im Einzelfall kann es erforderlich sein, ein oder zwei **Konkurrenzangebote** einzuholen, insbesondere dann, wenn eine besondere Eilbedürftigkeit für die Inanspruchnahme eines Mietwagens nicht gegeben ist.[172]

170 Der Autovermieter ist verpflichtet, den Geschädigten auf die **Gefahr** hinzuweisen, dass die Haftpflichtversicherung den angebotenen Tarif möglicherweise **nicht** in vollem Umfang **erstattet**.[173]

171 Der Geschädigte verstößt gegen seine **Schadenminderungspflicht**, wenn er den Normaltarif nur deshalb nicht in Anspruch nimmt, weil er trotz Zumutbarkeit es ablehnt, eine **Kaution** zu leisten, in Vorkasse zu treten oder seine **Kreditkarte** einzusetzen. Gegebenenfalls ist eine Rücksprache mit dem eintrittspflichtigen Haftpflichtversicherer erforderlich.[174]

XV. Miettaxi

172 Es gibt mehrere Miettaxi-Unternehmen, die **bundesweit** bei der Beschädigung einer Taxe für die Ausfallzeit ein Miettaxi anbieten.

169 BGH, VI ZR 32/05, VersR 2006, 669 = zfs 2006, 385 = NJW 2006, 1506; BGH, VI ZR 338/04, NZV 2006, 410 = SP 2006, 243 = r+s 2006, 346 = zfs 2006, 505.

170 BGH, VI ZR 161/05, zfs 2006, 686 = r+s 2006, 434 = MDR 2007, 29 = NZV 2006, 526 = NJW 2006, 2621.

171 BGH, VI ZR 237/05, zfs 2006, 682 = MDR 2007, 27; BGH, VI ZR 18/06, zfs 2007, 333 = SP 2007, 144 = NJW 2007, 1123.

172 BGH, VI ZR 99/06, zfs 2007, 330 = NZV 2007, 179 = NJW 2007, 1124; BGH, VI ZR 105/06, VersR 2007, 661.

173 BGH, XII ZR 50/04, NJW 2006, 2618 = NZV 2006, 528 = VersR 2006, 1274 = r+s 2006, 391 = zfs 2006, 621; BGH, XII ZR 117/07, SP 2009, 254 = MDR 2009, 799 = DAR 2009, 399.

174 BGH, VI ZR 36/06, zfs 2007, 505 = NJW 2007, 1676 = NZV 2007, 290 = DAR 2007, 328 = VersR 2007, 706, *Wellner*, BGH-Rechtsprechung zum Kfz-Sachschaden, § 5 Rn 14.

Die Kosten für ein derartiges Miettaxi liegen je nach Kilometerleistung zwischen **300 EUR und 500 EUR** pro Tag.

1. Schadenminderungspflicht

Wenn die Mietwagenkosten den hypothetisch entgangenen Gewinn um mehr als 100 % überschreiten, sind diese Kosten in der Regel nicht zu ersetzen;[175] bei einem besonders **krassen Missverhältnis** ist von der Nichtigkeit des Vertrages wegen Verstoßes gegen § 138 BGB auszugehen.[176] **173**

Wenn der geschädigte Taxiunternehmer nur über **ein einziges Taxi** verfügt, so muss ihm auch in Anlehnung an die vorgenannte Rechtsprechung gestattet werden, für die Ausfallzeit ein Ersatztaxi anzumieten, auch wenn die Kosten höher sind als der erzielte Umsatz.[177] **174**

Unterhält aber der Geschädigte insgesamt zehn Taxis, dann ist es ihm in der Regel zuzumuten, den Ausfall eines Fahrzeuges durch Rückgriff auf seine **Restkapazität auszugleichen**.[178] **175**

Bei unfallbedingtem Ausfall eines Taxifahrzeuges ist es zumutbar, ein Ersatzfahrzeug zum günstigeren Tarif von einem **anderen Taxiunternehmer** anzumieten.[179] **176**

2. Beratungshinweis

Praxistipp **177**

Einem geschädigten Taxiunternehmer sollte daher empfohlen werden,

- nach Möglichkeit auf die **Restkapazitäten** seines Fuhrparks zurückgreifen,
- bei Inanspruchnahme eines Miettaxis **Preisvergleiche** vorzunehmen und von Pauschaltarifen Gebrauch zu machen,
- die Dauer der Inanspruchnahme des Miettaxis auf ein **Minimum** zu beschränken,
- das Miettaxi **nicht unverhältnismäßig** stärker einzusetzen als die übrigen Taxis,
- zu bedenken, dass auch bei einem Miettaxi **Abzüge für Eigenersparnisse** gemacht werden.

175 LG Stuttgart, r+s 1991, 197 = VersR 1992, 711; LG Coburg, zfs 1993, 192; LG Bonn, NJW-RR 1999, 464; LG Nürnberg-Fürth, NJW-RR 1999, 464; LG Essen, 15 S 293/11, SP 2013, 149.

176 LG Bonn, NJW-RR 1999, 464.

177 LG Wiesbaden, 8 S 30/10, r+s 2011, 258.

178 BGH, VI ZR 225/82, NJW 1985, 793/794; OLG Hamm, r+s 1995, 18; OLG Köln, SP 1996, 415; OLG Frankfurt, SP 2007, 104.

179 LG Essen, SP 2006, 138.

D. Nutzungsausfallentschädigung

178 Ein Geschädigter, der während des unfallbedingten Ausfalls auf die Inanspruchnahme eines Mietwagens verzichtet, kann wegen der entgangenen Gebrauchsvorteile Geldentschädigung verlangen.[180]

179 Der Geschädigte ist verpflichtet, zur Vermeidung längerer Ausfallzeiten für eine **zügige Reparatur** zu sorgen.[181]

180 Die Nutzungsausfallentschädigung liegt bei 35 % bis 40 % der üblichen **Miete** und 200 % bis 400 % der **Vorhaltekosten**.[182]

181 Nutzungsausfallentschädigung kann auch bei Ausfall eines **Motorrades**[183] oder eines **Wohnmobils**[184] verlangt werden. An den Nachweis des Nutzungswillens für ein Motorrad während des Reparaturzeitraums sind jedoch strenge Anforderungen zu stellen.[185]

182 Bei unfallbedingtem Ausfall eines **Fahrrades** kommt ein Tagessatz von 5 EUR[186] bzw. 10 EUR[187] in Betracht.

183 Der Kommerzialisierungsgedanke rechtfertigt es, in der ständigen Gebrauchsmöglichkeit eines Kraftfahrzeuges einen **geldwerten Vermögensbestandteil** zu sehen, durch dessen Wegfall ein ersatzpflichtiger Schaden entsteht.[188]

184 Nutzungsausfallentschädigung kann nur dann verlangt werden, wenn auch der **Nachweis** erbracht wird, dass das Fahrzeug repariert worden ist, da sonst eine unzulässige Vermischung von konkreter und abstrakter Schadenberechnung vorgenommen würde.[189]

185 Seit mehr als 2 Jahrzehnten wird dieser Gebrauchsvorteil nach Tabellen von *Sanden/Danner/Küppersbusch* ermittelt. Zurzeit liegen die Tabellensätze zwischen 23 EUR und 175 EUR.[190]

180 BGH, VI ZR 211/08, MDR 2009, 625 = r+s 2009, 263 = NZV 2009, 334 = VersR 2009, 697.
181 Brandenburgisches OLG, 12 U 59/06, SP 2007, 361.
182 BGH, VI ZR 357/03, zfs 2005, 126 = NZV 2005, 82 = SP 2005, 91, *Wellner*, BGH-Rechtsprechung zum Kfz-Sachschaden, § 6 Rn 1.
183 OLG Saarbrücken, NZV 1990, 312.
184 OLG Celle, SP 2004, 128; LG Fulda, SP 2002, 22.
185 OLG Saarbrücken a.a.O.
186 AG Lörrach, DAR 1994, 501.
187 AG Paderborn, zfs 1999, 195.
188 Palandt/*Grüneberg*, vor § 249 BGB, Rn 40 ff. mit umfassender Rechtsprechungsübersicht.
189 OLG Zweibrücken, SP 2001, 204; AG Berlin-Mitte, SP 1999, 168; AG Weimar, SP 2000, 167 u. AG Erkelenz, SP 2000, 167.
190 Palandt/*Grüneberg*, § 249 BGB Rn 44.

I. Ausfall gewerblich genutzter Fahrzeuge

Die vorgenannten Tabellen sind **nicht** anwendbar auf **gewerblich genutzte Fahrzeuge**[191] und **Behördenfahrzeuge**,[192] wohl aber für **Polizeifahrzeuge**.[193] 186

Beim Ausfall eines gewerblich genutzten Fahrzeuges bemisst sich der Schaden in der Regel nach dem entgangenen Gewinn (§ 252 BGB), den **Vorhaltekosten** eines Reservefahrzeuges oder der **Miete** eines Ersatzfahrzeuges.[194] 187

Diese Rechtsprechung gilt nur für ein Fahrzeug, das unmittelbar zur **Erbringung gewerblicher Leistungen** dient, wie etwa bei einem Taxi oder Lkw.[195] Wenn kein konkret bezifferter Verdienstentgang vorliegt, ist es dem Geschädigten grundsätzlich nicht verwehrt, anstelle des Verdienstentgangs Nutzungsausfallentschädigung zu verlangen.[196] 188

Nutzungsausfallentschädigung ist daher auch dann zu zahlen, wenn ein Fahrzeug **teils privat** und teils gewerblich genutzt wird.[197] 189

Die entgangene **erwerbswirtschaftliche** Nutzung kann nicht durch eine abstrakte Nutzungsausfallentschädigung ermittelt werden, der Geschädigte muss darlegen und beweisen, welchen **Gewinn** er nach dem gewöhnlichen Verlauf der Dinge mit Wahrscheinlichkeit erzielt hätte.[198] Hierzu reicht es nicht aus, auf die mit dem geschädigten Fahrzeug getätigten Umsätze in den vergangenen Monaten zu verweisen; es muss spezifiziert vorgetragen werden, welche Umsätze gerade im **Ausfallzeitraum** mit dem konkreten Fahrzeug erzielt worden wären und welche im einzelnen darzulegenden Kosten diesen Umsätzen gegenüberstanden.[199] 190

Auch ein Taxiunternehmer muss **konkret** die Unterlagen über die Gewinnermittlung vorlegen, ein Pauschalbetrag von 40,00 EUR kann nicht ohne weiteres geltend gemacht werden.[200] 191

191 OLG Hamm, r+s 1999, 458; OLG Düsseldorf, SP 2000, 93; OLG Hamm, SP 2000, 237 = NJW-RR 2001, 165; BGH, VI ZR 241/06, NZV 2008, 192 = r+s 2008, 127 = MDR 2008, 315 = SP 2008, 110.

192 OLG Hamm, NZV 2004, 472 = NJW-RR 2004, 1095.

193 OLG Stuttgart, 10 U 186/04, NZV 2005, 309.

194 BGH, VI ZR 241/06, zfs 2008, 267 = NZV 2008, 192 = r+s 2008, 127 = MDR 2008, 315 = SP 2008, 110, *Wellner*, BGH-Rechtsprechung zum Kfz-Sachschaden, § 6 Rn 18; OLG Köln, VersR 1997, 506; OLG Hamm, SP 2000, 237 = MDR 2000, 1246 = NJW-RR 2001, 165.

195 BGH, a.a.O.

196 BGH, a.a.O.

197 OLG Naumburg, 1 U 44/07, MDR 2008, 912 = NZV 2008, 464; OLG Düsseldorf, 5 U 147/07, SP 2009, 365.

198 OLG Köln, VersR 1997, 506; OLG Hamm, SP 2000, 237.

199 OLG Köln a.a.O.; OLG Brandenburg, OLGR 1996, 105.

200 OLG Köln, SP 2004, 128; KG, NZV 2007, 244.

Die Nutzungsausfallentschädigung kann abstrakt nach der Tabelle *Sander/Danner/Küppersbusch* ermittelt werden, wenn der **Geschäftsführer** einer Gesellschaft ein für gewerbliche Zwecke angeschafftes Fahrzeug auch **privat** nutzt.[201]

II. Wohnmobile

192 Auch für ein **Wohnmobil** kann Nutzungsausfallentschädigung verlangt werden;[202] dies gilt aber nur, wenn es statt eines Pkw genutzt wird.[203]

III. Oldtimer

193 Bei Oldtimern ist eine richterliche **Schätzung** gem. § 287 Abs. 2 ZPO vorzunehmen. Der Nutzungsentgang für einen Oldtimer Mercedes 190 SL, Baujahr 1960, ist mit 500 EUR zutreffend berechnet.[204]

IV. Motorräder

194 Auch für Motorräder kann nach der Tabelle *Sanden/Danner/Küppersbusch* während der Reparaturzeit Nutzungsausfallentschädigung verlangt werde, selbst wenn es sich um ein Luxus-Motorrad handelt, das neben einem Pkw einen besonderen „**Spaßfaktor**" hat.[205]

V. Schadenminderungspflicht

195 Für die Schadenminderungspflicht bei der Geltendmachung von Nutzungsausfallentschädigung gelten die gleichen Grundsätze wie für die Mietwagenkosten: Der Geschädigte muss,

- für eine **zügige** Reparatur sorgen,
- gegebenenfalls eine **Notreparatur** oder ein Interimsfahrzeug in Anspruch nehmen,
- seine **Vollkaskoversicherung** in Anspruch nehmen, um eine lange Ausfallzeit zu verhindern.[206]

201 OLG Düsseldorf, zfs 2001, 545; AG München, 334 C 17787/09, SP 2011, 22.
202 OLG Düsseldorf, VersR 2001, 208 = zfs 2001, 66 = SP 2001, 168; OLG Celle, SP 2004, 128; LG Fulda, SP 2002, 22.
203 OLG Celle, 10 U 100/03, NZV 2004, 471.
204 OLG München, NZV 2007, 210.
205 OLG Düsseldorf, 1 U 198/07, DAR 2008, 521; OLG Düsseldorf, 5 U 147/07, SP 2009, 365, 367 = MDR 2008, 1209; **a.A.** LG Wuppertal, SP 2008, 331; LG Gießen, SP 2007, 293; LG Dortmund, SP 2006, 213.
206 OLG Naumburg, SP 2004, 235.

Wenn der Geschädigte über die gewöhnliche Reparatur- oder Wiederbeschaffungsdauer hinaus Nutzungsausfallentschädigung verlangt, muss er nachweisen, dass er die erforderlichen Mittel weder als Kredit noch aus seiner **Vollkaskoversicherung** beschaffen konnte.[207] 196

VI. Nutzungsmöglichkeit

Der Anspruch auf Zahlung von Nutzungsausfallentschädigung setzt weiterhin voraus, dass der Geschädigte auch den Nutzungswillen und die Nutzungsmöglichkeit hatte;[208] dies ist beispielsweise dann nicht der Fall, wenn der Geschädigte sich auf einer **Flugreise** befindet oder so **erkrankt** ist, dass er ein Fahrzeug gar nicht führen kann.[209] 197

Nutzungsausfallentschädigung ist jedoch gleichwohl zu erstatten, wenn der Geschädigte nachweist, dass sein Fahrzeug von einem **Verwandten** oder einem anderen Dritten regelmäßig mitbenutzt wird;[210] dies gilt nicht, wenn der nahe Verwandte über ein eigenes Fahrzeug verfügt.[211] 198

Neben der Nutzungsmöglichkeit muss auch ein **Nutzungswille** vorhanden sein. Dieser Nutzungswille ist nicht nachgewiesen, wenn gar **kein Ersatzfahrzeug**[212] oder erst **10 Wochen** nach dem Unfallereignis angeschafft wird.[213] 199

VII. Selbstreparatur

Ob bei Selbstreparatur Nutzungsausfallentschädigung zu zahlen ist, ist in der Rechtsprechung weiterhin **sehr streitig**. 200

Überwiegend wird bei Selbstreparatur der Anspruch auf Nutzungsausfallentschädigung **bejaht**.[214]

Das OLG Düsseldorf[215] geht davon aus, dass der **hypothetische Nutzungswille** des Geschädigten grundsätzlich zu **vermuten** ist, ohne dass es insoweit einer besonderen Darlegung bedarf. Die Entschädigungsdauer sei allerdings auf die notwendige Ausfallzeit 201

207 OLG Naumburg, DAR 2005, 158; KG, 12 U 23/08, MDR 2010, 80 = NZV 2010, 209.
208 BGH, VI ZR 211/08, zfs 2009, 625 = MDR 2009, 625, *Wellner*, BGH-Rechtsprechung zum Kfz-Sachschaden, § 6 Rn 39.
209 OLG München, VersR 1991, 324; OLG Stuttgart, SP 1996, 350; LG Saarbrücken, SP 1996, 319.
210 OLG Frankfurt, DAR 1995, 23; OLG Koblenz, NZV 2004, 258 = NJW-RR 2004, 747.
211 OLG Köln, SP 2001, 239; OLG Düsseldorf, 1 U 52/07, SP 2008, 298.
212 OLG Hamm, zfs 2002, 132; **a.A.** KG, DAR 2004, 352.
213 OLG Köln, SP 2004, 235 = DAR 2005, 32; LG Bad Kreuznach, SP 2000, 277.
214 OLG Düsseldorf, DAR 200, 269; LG Frankfurt/Oder, DAR 2004, 453.
215 DAR 2006, 269.

beschränkt, so dass **Verzögerungen**, die durch eine Reparatur in **Eigenregie** entstehen, zu Lasten des Geschädigten gehen.[216]

202 Mietwagen sind in der Regel **neuwertig**, so dass ihr Nutzungswert oft höher ist als der eines älteren unzuverlässigeren Fahrzeuges, selbst wenn dieses einige Klassen höher einzustufen ist.

203 Bei älteren Fahrzeugen ist daher nicht die volle Nutzungspauschale zu erstatten, die sich an neuwertigen Fahrzeugen orientiert, sondern ein **Mittelwert** zwischen den Vorhaltekosten und dieser vollen Pauschale;[217] bei einem **9 Jahre** alten Fahrzeug ist die **volle** Nutzungspauschale zu ersetzen.[218]

204 In der Regel ist dann die Nutzungspauschale aus der nächst **niedrigeren Gruppe** zu entnehmen.

205 Wenn die Gebrauchsfähigkeit des beschädigten Fahrzeuges bereits erheblich **gemindert** war, kann der Geschädigte nur **50 %** der vollen Nutzungspauschale geltend machen.

VIII. Beratungshinweis

206 *Praxistipp*

Der Geschädigte muss darauf hingewiesen werden,

- dass bei **Selbstreparatur** Nutzungsausfallentschädigung in der Regel nicht durchgesetzt werden kann,
- dass Nutzungsausfallentschädigung nur bei **tatsächlicher** Nutzungsmöglichkeit und Nutzungswillen durchgesetzt werden kann,
- dass die Dauer des Nutzungsausfalls in der Regel nicht **zwei bis drei Wochen** überschreiten darf,
- dass gegebenenfalls eine **Notreparatur** durchgeführt werden muss, um den Nutzungsausfall gering zu halten,
- dass der **Reparaturtermin** abgesprochen und auf eine zügige Durchführung der Reparatur gedrängt werden muss.

216 OLG Düsseldorf, DAR 2006, 269/270.
217 BGH, X ZR 49/86, zfs 1988, 134 = DAR 1988, 93; OLG Düsseldorf, zfs 1991, 15.
218 OLG Hamm, SP 2000, 167.

IX. Rechtsprechungsübersicht

1. Rechtsprechung zugunsten des Geschädigten

Nutzungsausfall gemäß Sachverständigengutachten kann auch bei Reparatur in **Eigenregie** geltend gemacht werden.[219] 207

Bei einem 9,5 Jahre alten Fahrzeug kommt nur eine **Herabstufung** um eine Gruppe in Betracht.[220] 208

Nutzungsausfallentschädigung ist auch bei fehlender Nutzungsmöglichkeit des Geschädigten dann zu ersetzen, wenn dieser nachweist, dass sein Fahrzeug von einem **Verwandten** oder einem anderen Dritten mitbenutzt wird.[221] 209

Der Anspruch auf Nutzungsentschädigung besteht auch dann, wenn dem Geschädigten während der Ausfallzeit ein **Angehöriger** sein Kraftfahrzeug **kostenfrei** überlassen hat.[222] 210

In derartigen Fällen kann der Geschädigte allerdings darauf hinweisen, dass sein Fahrzeug von einem **Angehörigen** hätte genutzt werden können.[223] 211

Nutzungsausfall kann auch dann verlangt werden, wenn bei Totalschaden **kein Ersatzfahrzeug** erworben wird[224] oder 6 Monate später.[225] 212

Nutzungsausfall ist auch für **zwei Monate** zu zahlen, wenn vor dem Unfall bereits ein Neufahrzeug bestellt war.[226] 213

Nutzungsentgang kommt auch bei **gewerblich genutzten Fahrzeugen** und Behördenfahrzeugen in Betracht, wenn kein unmittelbarer Verdienstentgang eintritt. Nur wenn das Fahrzeug **unmittelbar** zur Erbringung gewerblicher Leistungen dient, wie etwa bei einem Taxi oder Lkw muss der Ertragsentgang konkret berechnet werden.[227] 214

Der Geschädigte kann auch für **103 Tage** Nutzungsausfallentschädigung verlangen, wenn er den Schädiger darauf hingewiesen hat, dass er zur Vorfinanzierung der Reparatur nicht in der Lage ist.[228] 215

Nutzungsausfallentschädigung ist auch **ohne Nachweis** der Reparatur zu erstatten,[229] da auf den hypothetischen Nutzungswillen des Geschädigten abzustellen ist; auch wenn die 216

219 LG Frankfurt/Oder, DAR 2004, 453.
220 BGH, VI ZR 112/04, zfs 2005, 437.
221 OLG Frankfurt, DAR 1995, 23; OLG Hamm, SP 1996, 400 = VersR 1997, 506.
222 BGH, VI ZR 363/11, zfs 2013, 383 = r+s 2013, 203.
223 OLG Frankfurt, DAR 1995, 23; OLG Hamm, VersR 1997, 506.
224 KG, NZV 2004, 471; AG Hanau, zfs 1995, 415.
225 OLG Oldenburg, zfs 1999, 288.
226 BGH, VI ZR 62/07, DAR 2008, 139 = NZV 2008, 137 = MDR 2008, 259 = r+s 2008, 82 = zfs 2008, 201, *Wellner*, BGH-Rechtsprechung zum Kfz-Sachschaden, § 6 Rn 27.
227 BGH, IV ZR 241/06, MDR 2008, 315 = r+s 2008, 127; OLG München, 10 U 5690/08, DAR 2009, 703.
228 BGH, r+s 2005, 263; sogar für 565 Tage: LG Aachen, 11 O 189/12, NZV 2013, 452.
229 OLG Düsseldorf, DAR 2006, 269; LG Kaiserslautern, 3 O 837/12, DAR 2013, 517.

Reparatur nach **13 Monaten** durchgeführt wird, besteht ein Anspruch auf Nutzungsausfallentschädigung.[230]

217 Verzögert sich die Schadenregulierung durch ein gerichtliches **Beweisverfahren**, kommt auch eine Nutzungsausfallentschädigung für insgesamt **98 Tage** in Betracht.[231]

2. Rechtsprechung zugunsten des Schädigers

218 Nutzungsausfallentschädigung ist nicht zu zahlen, wenn ein **Zweitfahrzeug** zur Verfügung steht.[232]

219 Bei Beschädigung eines Motorrades ist keine Nutzungsentschädigung zu zahlen, wenn gleichzeitig ein Pkw zur Verfügung steht.[233]

220 Wenn der **Erhaltungszustand** eines Fahrzeuges mit demjenigen eines neueren Fahrzeuges gleichen Typs nicht mehr vergleichbar ist, kann der Entschädigungsanspruch auf einen in etwa den **Vorhaltekosten** entsprechenden Betrag beschränkt werden.[234]

221 Bei einem älteren Fahrzeug, dessen Erhaltungszustand nicht mit demjenigen eines neueren Fahrzeuges vergleichbar ist, ist eine **Herabstufung** um zwei Gruppen in der Tabelle *Sanden/Danner/Küppersbusch* angebracht.[235]

222 Bei luxuriösen **Zweitwagen** sind nur die Vorhaltekosten zu ersetzen.[236]

223 Bei Beschädigung eines **Oldtimers** ist keine Nutzungsentschädigung zu zahlen, wenn ein weiteres Fahrzeug zur Aufrechterhaltung der Mobilität zur Verfügung steht.[237]

224 Ist das beschädigte Kraftfahrzeug älter als 5 Jahre, ergibt sich die Nutzungsausfallentschädigung aus der **nächst niedrigeren** Tabellengruppe.[238]

225 Wenn der Geschädigte erst **zwei Monate** nach einem Verkehrsunfall Reparaturauftrag erteilt, spricht eine tatsächliche Vermutung **gegen** einen Nutzungswillen, so dass der Anspruch auf Nutzungsausfallentschädigung entfällt.[239]

230 AG Berlin-Mitte, SP 2007, 105.
231 OLG Düsseldorf, 1 U 212/07, NJW-RR 2008, 1711.
232 OLG Brandenburg, XII U 160/06, SP 2008, 52.
233 BGH, VI ZR 92/12, SP 2012, 438.
234 OLG Koblenz, NZV 2004, 258; AG Velbert, SP 1998, 322; AG Berlin-Mitte, VersR 2008, 1275 m.w.N.
235 BGH, VI ZR 357/03, zfs 2005, 126 = NZV 2005, 82 = VersR 2005, 284; BGH, VI ZR 112/04, zfs 2005, 437 = VersR 2005, 570; OLG Saarbrücken, IV U 470/06, SP 2008, 51.
236 OLG Koblenz, NJW-RR 2004, 747.
237 OLG Düsseldorf, I-1 U 50/11 = DAR 2012, 254 = SP 2012, 15 = NJW-RR 2012, 545; OLG Karlsruhe, 9 U 29/11, NJW-RR 2012, 548 = DAR 2013, 28.
238 OLG Hamm, DAR 1996, 400 = VersR 1997, 506.
239 OLG Köln, DAR 2005, 32.

Demgegenüber vertritt das LG Braunschweig[240] die Auffassung, dass ein Anspruch auf Nutzungsausfallentschädigung auch dann besteht, wenn ein Ersatzfahrzeug erst **5 Monate** nach dem Unfallereignis angeschafft wird. Der Schädiger habe allenfalls darzulegen und zu beweisen, dass dem Geschädigten im Einzelfall der Nutzungswille fehlte. 226

Es besteht **kein** Anspruch auf Nutzungsausfallentschädigung, wenn dem Geschädigten durch die beauftragte Werkstatt **kostenfrei** ein Mietwagen zur Verfügung gestellt wird.[241] 227

Nutzungsausfall wird nur für den errechneten **Wiederbeschaffungszeitraum** erstattet, auch wenn ein Neufahrzeug bereits bestellt wurde, das drei Monate später geliefert wird.[242] 228

Der Geschädigte ist im Wege der Schadenminderungspflicht gemäß § 254 BGB gehalten, die Nutzungsausfallentschädigung durch eine **Kreditaufnahme** oder Inanspruchnahme der **Vollkaskoversicherung** gering zu halten.[243] 229

X. Feststellungsklage

Bei einer nicht durchgeführten Reparatur kann Nutzungsausfallentschädigung mit einer Feststellungsklage begehrt werden, da der Anspruch erst nach Durchführung der Reparatur beziffert werden kann und es auf die **tatsächliche** Reparaturdauer ankommt. Die Dauer des Nutzungsausfalls bestimmt sich nach der im **Sachverständigengutachten** angegebenen Reparaturdauer.[244] 230

E. Sachverständigenkosten

Die Sachverständigenkosten gehören zu dem vom Schädiger zu ersetzenden **Sachfolgeschaden**.[245] 231

Die Sachverständigenkosten sind Teil des **Herstellungsaufwandes**.[246] Die Sachverständigenkosten sind daher Bestandteil des **Sachschadens** und damit auch Bestandteil der Hauptforderung; haftet der Schädiger nur mit einer Quote, so sind auch die Sachverstän- 232

240 NZV 2006, 41.
241 OLG Jena, 1 U 761/08, NZV 2009, 388.
242 BGH, VI ZR 211/08, zfs 2009, 564 = NZV 2009, 334, *Wellner*, BGH-Rechtsprechung zum Kfz-Sachschaden, § 6 Rn 39.
243 OLG Naumburg, NZV 2005, 198.
244 AG Wiesbaden, NZV 2008, 466.
245 Palandt/*Grüneberg*, § 249 BGB Rn 58 m.w.N.; *Hentschel/König/Dauer*, § 12 StVG Rn 6 m.w.N.
246 *Van Bühren/Lemcke/Jahke*, Teil 3 Rn 299; BGH, VI ZR 67/06, r+s 2007, 169 = NZV 2007, 455 = VersR 2007, 560.

digenkosten nur quotal zu ersetzen.[247] Die gegenteilige Auffassung[248] übersieht, dass es sich nicht, wie bei den voll zu ersetzenden Anwaltskosten, um eine Nebenforderung handelt, vielmehr um einen Teil der **Hauptforderung**.

233 Die Einholung eines Sachverständigengutachtens dient einerseits der **Beweissicherung**, andererseits der Feststellung der **Schadenhöhe**. Wenn zweifelhaft ist, ob die Schadenersatzansprüche mit Erfolg geltend gemacht werden können, kann von der Einholung eines Sachverständigengutachtens abgesehen werden, um dem Mandanten diese Kosten zu ersparen.

I. Auswahl des Sachverständigen

234 Der vom Geschädigten beauftragte Sachverständige ist – ebenso wie die beauftragte Werkstatt – **Erfüllungsgehilfe des Schädigers**.[249] Gleichwohl hat der Geschädigte auch hier aufgrund seiner eigenen Sachnähe für ein Auswahlverschulden einzustehen. Da der Beruf des Sachverständigen nicht geschützt ist,[250] empfiehlt es sich, einen **öffentlich bestellten und vereidigten Sachverständigen** zu beauftragen, dessen Qualifikation und Zuverlässigkeit in der Regel auch von Versicherern nicht in Zweifel gezogen wird.

235 Es liegt ein **Auswahlverschulden**, wenn der beauftragte Sachverständige weder öffentlich bestellt ist noch anderweitige Fachkunde (Ingenieur für Kfz-Technik) nachweist.[251]

236 Alternativ genügt es in der Regel auch, zur Feststellung der Schadenhöhe den verbindlichen **Kostenvoranschlag** einer Fachwerkstatt einzuholen und die Unfallschäden fotografisch festzuhalten.

237 Der Geschädigte sollte einen Sachverständigen **seines** Vertrauens und **seiner** Wahl beauftragen und nicht den Sachverständigen, den die Werkstatt oder die gegnerische Haftpflichtversicherung empfehlen. Sachverständige nutzen ihren erheblichen Ermessensspielraum zugunsten ihres Auftraggebers.

238 Auch wenn der gegnerische Haftpflichtversicherer ein Sachverständigengutachten eingeholt hat, darf der **Geschädigte** noch einen Gutachter **seines Vertrauens** beauftragen, dessen Kosten auch der Haftpflichtversicherer zu ersetzen hat.[252] Ein Preisvergleich ist nicht erforderlich.[253]

247 OLG Düsseldorf, 1 U 152/10, r+s 2011, 268 = SP 2011, 220 = MDR 2011, 655;

248 OLG Rostock, 5 U 144/10, r+s 2011, 269; OLG Frankfurt, 22 U 173/10, r+s 2011, 255; AG Siegburg, 111 C 10/10, DAR 2010, 389 = NZV 2010, 626.

249 OLG Schleswig, 7 U 146/11, SP 2013, 194.

250 BGH, I ZR 234/94, SP 1997, 446.

251 LG Paderborn, zfs 2003, 75.

252 LG Fulda, SP 2002, 22/23.

253 AG Nürnberg, NJW-RR 2010, 947.

II. Bagatellgrenze

Es kann einen Verstoß gegen die Schadenminderungspflicht darstellen, wenn der Geschädigte bei einem Bagatellschaden ein Sachverständigengutachten in Auftrag gibt, dessen Kosten in einem **krassen Missverhältnis** zum Fahrzeugschaden stehen. 239

Die seit 30 Jahren existierende „Bagatellgrenze" von 1.000 DM ist nicht mehr angemessen und dürfte nunmehr bei **etwa 1.000 EUR** liegen. 240

Der BGH[254] stellt darauf ab, „ob ein verständig und wirtschaftlich denkender Geschädigter nach seinen Erkenntnissen und Möglichkeiten die Einschaltung eines Sachverständigen für geboten erachten dürfte". Ein Betrag in Höhe von 1.400 DM = **715,81 EUR** liege in dem Bereich, in dem die Bagatellschadengrenze anzusiedeln sei.[255] 241

Die ursprüngliche Wertgrenze von 1.000 DM ist durch die um ein Vielfaches gestiegenen Reparaturkosten **überholt**. Folgerichtig hat eine Vielzahl von Amtsgerichten die Sachverständigenkosten nicht als erstattungsfähig angesehen, wenn die bisherige Bagatellgrenze von 1.000 DM überschritten war.[256] 242

Das AG Nürnberg[257] sieht die Bagatellgrenze bei **700 EUR**. 243

Das LG Nürnberg-Fürth[258] führt aus, dass von einem Bagatellschaden auszugehen ist, wenn lediglich Lackschäden vorhanden sind, deren Beseitigung ein Kostenaufwand von **771,82 EUR** netto erfordert. 244

> *Hinweis*
> Die Bagatellgrenze gilt **nicht**, wenn die Werkstatt einen Kostenvoranschlag ablehnt und ein Sachverständiger ein **Kurzgutachten** mit minimalem Aufwand erstellt.[259]

III. Kostenvoranschlag

Zum Nachweis des Schadens und der Kosten der Schadenbeseitigung genügt es in der Regel, den verbindlichen Kostenvoranschlag einer Fachwerkstatt einzuholen und die Unfallschäden fotografisch festzuhalten. Von dieser Möglichkeit sollte jedenfalls dann Gebrauch gemacht werden, wenn nur ein **oberflächlicher Blechschaden** vorhanden ist, bei dem verborgene Schäden nicht zu befürchten sind. Die Einholung eines solchen Kosten- 245

254 BGH, VI ZR 365/03, DAR 2005, 148, 150 = VersR 2005, 139.
255 AG Stuttgart, SP 2007, 158.
256 1.400,– DM, AG Berlin-Mitte, VersR 1995, 1322; 1.708,– DM, AG Bensheim, SP 1996, 29; 1.240,– DM, AG Kassel, SP 1996, 29; 2.000,– DM, AG Hildesheim, SP 1996, 295; 1.500,– DM, AG Frankfurt, SP 1996, 295; AG Mainz, zfs 2002, 74.
257 22 C 2591/08, zfs 2009, 150.
258 8 S 6091/08, NZV 2009, 244.
259 AG Dortmund, zfs 2002, 178.

voranschlages empfiehlt sich auch dann, wenn die Erfolgsaussichten für die Durchsetzung der Schadenersatzansprüche gering sind.

246 Die für den Kostenvoranschlag zu zahlende „**Schutzgebühr**" wird von den meisten Haftpflichtversicherern nicht ersetzt, weil diese Gebühren von der Werkstatt in der Regel verrechnet werden, wenn dort die Reparatur auch tatsächlich durchgeführt wird.[260]

247 Diese unterschiedliche Behandlung von Sachverständigenkosten und Kosten der Erstellung eines Kostenvoranschlages ist **nicht gerechtfertigt**, da der Geschädigte, der im Wege der Schadenminderungspflicht sich mit einem Kostenvoranschlag begnügt, nicht schlechter gestellt werden darf als derjenige, der ein Gutachten erstellen lässt. In beiden Fällen muss dem Geschädigten die Möglichkeit eröffnet werden, den Schaden **fiktiv**, also auf der Basis des Gutachtens/Kostenvoranschlages **abzurechnen**.[261]

IV. Unbrauchbares Gutachten

248 Ein Sachverständigengutachten muss geeignet sein, gegenüber Dritten als **neutrale Abrechnungsgrundlage** zu dienen. Wenn ein Gutachten gravierende Fehler enthält, ist es für die Schadenregulierung unbrauchbar.[262] Von gravierenden Mängeln ist dann auszugehen, wenn die **kalkulierten Reparaturkosten** nicht mit dem tatsächlichen Unfallschaden übereinstimmen oder wenn der Sachverständige den **Restwert** erheblich zu niedrig ansetzt.

249 Wenn ein Sachverständiger ein unbrauchbares Gutachten erstellt hat, hat er **keinen Vergütungsanspruch** und ist zur Rückzahlung der vom Versicherer an ihn direkt bezahlten Kosten seines Gutachtens verpflichtet.

250 Beruht das Gutachten auf **unrichtigen Angaben** des Geschädigten zum Unfallhergang oder zu Vorschäden, besteht zwar ein Vergütungsanspruch des Sachverständigen gegenüber seinem Auftraggeber, der Geschädigte hat jedoch keinen Anspruch auf Ersatz der Gutachterkosten.[263]

Hinweis

Grundsätzlich ist der Schädiger verpflichtet, auch die Kosten eines unrichtigen Sachverständigengutachtens zu erstatten.[264] Wenn die Sachverständigenkosten noch nicht bezahlt sind, kann der Geschädigte nicht Zahlung, sondern nur **Freistellung** verlangen.

260 *Van Bühren/Lemcke/Jahnke*, Teil 3 Rn 307 m.w.N.; AG Prüm, zfs 1993, 336.

261 LG Berlin, VersR 2002, 333; AG Bochum, SP 2000, 236; AG Dortmund, zfs 2002, 178; AG Weilheim, SP 2008, 333.

262 OLG Düsseldorf, SP 2007, 366.

263 KG, 12 U 96/03, DAR 2004, 352 = NZV 2004, 470 = VersR 2004, 1620; OLG Köln, 7 U 134/11, DAR 2012, 638; AG Köln, SP 2006, 363.

264 KG, 12 U 18/04, MDR 2005 = 443 = SP 2005, 209; OLG Düsseldorf, 1 U 148/05, DAR 2006, 324; OLG Düsseldorf, 1 W 19/12, r+s 2013, 46.

V. Honorarhöhe

Für die Bemessung der Vergütung des Sachverständigen ist der Inhalt der zwischen den Parteien getroffenen **Vereinbarung** maßgeblich; nach § 632 BGB kommt es zunächst auf die tatsächliche **Absprache**, dann auf eine evtl. vorliegende **Taxe** oder die **übliche Vergütung** an. Nur wenn sich auf diese Weise eine vertraglich festgelegte Vergütung nicht ermitteln lässt, kann zur Ergänzung des Vertrages auf die Vorschriften der §§ 315, 316 BGB zurückgegriffen werden.[265] 251

Innerhalb des Ermessensspielraums, den der Sachverständige hat, ist es auch zulässig, ein **Pauschalhonorar** zu berechnen, das sich an der Schadenhöhe orientiert.[266] Gemäß § 315 BGB hat der Sachverständige sein Honorar „nach billigem Ermessen" zu bestimmen. 252

VI. Vertrag mit Schutzwirkung zugunsten Dritter

Das Sachverständigengutachten soll Berechnungsgrundlage für die Schadenregulierung des Haftpflichtversicherers sein. Der Haftpflichtversicherer ist zwar nicht Auftraggeber des Gutachtens, gleichwohl wirken sich Fehler des Gutachtens **zu Lasten** des eintrittspflichtigen Haftpflichtversicherers aus. Folgerichtig geht die Rechtsprechung einhellig davon aus, dass es sich bei dem Vertrag zwischen dem Geschädigten und dem Sachverständigen um einen Vertrag mit Schutzwirkung zugunsten Dritter handelt.[267] 253

Wenn daher der Haftpflichtversicherer aufgrund eines fehlerhaften Gutachtens zu überhöhten Zahlungen veranlasst wird, ist der Sachverständige gegenüber dem Haftpflichtversicherer **unmittelbar** zum Schadenersatz verpflichtet. 254

Der Haftpflichtversicherer ist **nicht** berechtigt, die in einem Sachverständigengutachten enthaltenen **Lichtbilder** ohne Einwilligung des Sachverständigen in eine **Restwertbörse** im Internet einzustellen.[268] 255

265 *Van Bühren/Lemcke/Jahnke*, Teil 3 Rn 331 ff. m.w.N.

266 BGH, X ZR 122/05, NZV 2006, 522 = zfs 2006, 574 = r+s 2007, 169 = SP 2007, 156 = VersR 2007, 560 = DAR 2007, 263 = MDR 2007, 650, *Wellner*, BGH-Rechtsprechung zum Kfz-Sachschaden, § 8 Rn 1; OLG Naumburg, NZV 2006, 546; BGH, VI ZR 67/06, NZV 2007, 455 = zfs 2007, 507, *Wellner*, BGH-Rechtsprechung zum Kfz-Sachschaden, § 8 Rn 2.

267 BGH, VI ZR 205/08, zfs 2009, 327 = MDR 2009, 44 = r+s 2009, 215 = VersR 2009, 413, *Wellner*, BGH-Rechtsprechung zum Kfz-Sachschaden, § 3 Rn 31; OLG Köln, 22 U 190/03, MDR 2005, 882 = NZV 2005, 442 = VersR 2004, 1145; LG Gießen, VersR 2002, 328; LG Koblenz, VersR 2003, 1050.

268 BGH, I ZR 68/07, DAR 2010, 575 = zfs 2010, 554.

VII. Beratungshinweis

256 *Praxistipp*

Dem Geschädigten soll empfohlen werden,

- einen Sachverständigen **seiner Wahl** und seines Vertrauens zu beauftragen,
- nur **öffentlich bestellte und vereidigte Sachverständige** oder solche zu beauftragen, deren Fachkunde und Seriosität allgemein bekannt ist,
- bei Bagatellschäden sich mit einem **Kostenvoranschlag** zu begnügen.

VIII. Rechtsprechungsübersicht

1. Rechtsprechung zugunsten des Geschädigten

257 Der beauftragte Kfz-Sachverständige muss **nicht öffentlich bestellt und vereidigt** sein, zumal auch die von den Gerichten auszuwählenden Sachverständigen nicht öffentlich bestellt und vereidigt sein müssen; § 404 Abs. 2 ZPO ist lediglich eine Ordnungsvorschrift.[269]

258 Wenn die Bagatellgrenze von **500 EUR bis 700 EUR** überschritten worden ist, besteht grundsätzlich eine Verpflichtung des Haftpflichtversicherers, die Sachverständigenkosten zu erstatten.[270]

259 Die Sachverständigenkosten für die **Bescheinigung**, dass die Reparatur tatsächlich erfolgt ist, sind ersatzfähig, wenn der Geschädigte das Kraftfahrzeug in **Eigenregie** repariert hat.[271]

260 Der Sachverständige ist **nicht** verpflichtet, Angebote aus einem den Geschädigten nicht ohne weiteres zugänglichen **Sondermarkt** der Verwertungsbetriebe und Restwertehändler oder von Anbietern der elektronischen Restwertebörsen einzuholen.[272]

261 Haftpflichtversicherern ist es **nicht** gestattet, die **Lichtbilder** eines Sachverständigengutachtens in der **Restwertbörse** zu veröffentlichen, um Preisangebote zu erhalten.[273]

2. Rechtsprechung zugunsten des Schädigers

262 Die Kosten eines **unbrauchbaren** und einseitigen **Parteigutachtens** sind nicht zu ersetzen, insbesondere dann nicht, wenn im Gutachten Schäden aufgeführt sind, die nicht vorhanden oder nicht auf das behauptete Unfallereignis zurückzuführen sind.[274]

269 BGH, I ZR 234/94, zfs 1997, 416 = DAR 1997, 400 = SP 1997, 446.
270 OLG Naumburg, NZV 2006, 546.
271 AG Aachen, NZV 2006, 45.
272 OLG Köln, DAR 2004, 703; BGH, VI ZR 132/04, zfs 2005, 600; OLG Köln, DAR 2004, 703.
273 BGH, I ZR 68/08, zfs 2010, 554, *Wellner*, BGH-Rechtsprechung zum Kfz-Sachschaden, § 3 Rn 75.
274 KG, NZV 2004, 470; OLG Brandenburg, SP 2005, 413; OLG Düsseldorf, SP 2007, 366.

Die Kosten eines **Ergänzungsgutachtens** sind nicht zu ersetzen, wenn damit zu rechnen ist, dass eine gerichtliche Klärung notwendig ist. Insoweit sind die Äußerungen eines Privatgutachters lediglich als substanziierter Parteivortrag zu werten.[275] 263

Wenn der Sachverständige ein „**Grundhonorar**" berechnet, kann er nicht zusätzliche Kosten für „EDV-Bewertung" und „EDV-Kalkulation" berechnen, da diese Bewertung und Kalkulation ein originärer Bestandteil der eigentlichen Sachverständigentätigkeit sind.[276] 264

Die Sachverständigenkosten sind nicht zu ersetzen, wenn der Geschädigte eine **Nachbesichtigung** durch den Haftpflichtversicherer bewusst **verhindert** hat; dies gilt insbesondere dann, wenn im Parteigutachten der Schaden durch Lichtbilder oder Beschreibungen nicht ausreichend dokumentiert ist.[277] 265

Sachverständigenkosten sind nicht zu ersetzen, wenn der Sachverständige seine **Qualifikation** nicht nachweisen kann.[278] 266

Die pauschale **Abtretung** der Schadenersatzansprüche nach einem Verkehrsunfall in Höhe der Gutachterkosten ist mangels hinreichender Bestimmbarkeit unwirksam.[279] 267

F. Abschleppkosten

Die Abschleppkosten für ein unfallbedingt nicht mehr fahrfähiges Fahrzeug sind als adäquater Folgeschaden zu ersetzen. Oft ist streitig, über welche Entfernung Abschleppkosten zu ersetzen sind, zumal Haftpflichtversicherer in der Regel nur bereit sind, die Abschleppkosten zur **nächsten Werkstatt** zu ersetzen. Andererseits ist der Geschädigte oft daran interessiert, die notwendigen Reparaturarbeiten in der Werkstatt seines Vertrauens, die er üblicherweise in Anspruch nimmt, durchführen zu lassen. 268

Allgemein gültige Regeln lassen sich nicht aufstellen, im Einzelfall ist unter Berücksichtigung der allgemeinen Schadenminderungspflicht zu entscheiden, ob es dem Geschädigten **zumutbar** ist, sein Fahrzeug in einer Fachwerkstatt reparieren zu lassen, die sich in der Nähe der Unfallstelle befindet.[280] 269

Nicht zu ersetzen sind unverhältnismäßig hohe Abschleppkosten jedenfalls dann, wenn der Geschädigte sein Fahrzeug nur deshalb nicht vor Ort reparieren lässt, weil er die Reparaturarbeiten in **eigener Regie** durchführen will. 270

275 LG Saarbrücken, 13 S 37/12, zfs 2013, 25.
276 LG Saarbrücken, 13 S 37/12, zfs 2013, 25.
277 OLG Düsseldorf, 1 U 122/92, VersR 1995, 107.
278 LG Paderborn, zfs 2003, 75; AG Bochum, SP 2002, 180.
279 BGH, VI ZR 260/10, MDR 2011, 845 = r+s 2011, 357.
280 *Hentschel/König/Dauer*, § 12 Rd. 28 m.w.N.

G. Merkantiler Minderwert

271 Der Geschädigte hat Anspruch darauf, dass sein Fahrzeug wieder in einen einwandfreien Zustand versetzt wird. Gelingt das der Werkstatt nicht, ist dieses keine Frage des merkantilen Minderwertes, sondern der **Gewährleistungsansprüche** gegen die Werkstatt.[281]

I. Berechnung

272 Da auch bei ordnungsgemäß durchgeführter Reparatur die Unfalleigenschaft einem potentiellen Käufer mitgeteilt werden muss, erhält der Geschädigte eine Wertminderung dafür, dass **versteckte Mängel** befürchtet werden, die bei der Durchführung der Reparatur nicht bemerkt und daher nicht beseitigt worden sind. Die Höhe dieser Wertminderung wird meist bereits vom Sachverständigen im Gutachten ermittelt. Hierzu gibt es eine Vielzahl von Berechnungsmethoden.[282]

273 Eine allgemein anerkannte Berechnungsmethode für die Ermittlung des merkantilen Minderwertes hat sich noch nicht durchgesetzt. Die Rechtsprechung greift allerdings überwiegend auf die Tabelle von *Ruhkopf/Sahm* zurück. Nach dieser Tabelle wird der merkantile Minderwert je nach Alter und Schadenhöhe mit einem bestimmten Prozentsatz aus der Summe von Zeitwert und Reparaturkosten ermittelt.[283]

274 Die Besonderheiten des **jeweiligen Marktes** sind neben den tabellarischen Berechnungsmethoden zu berücksichtigen, so dass in der Regel auf die Berechnung durch einen **Sachverständigen** nicht verzichtet werden kann.[284]

II. Ältere Fahrzeuge

275 Bei Kraftfahrzeugen, die älter als **5 Jahre** sind und mehr als 100.000 km Fahrleistung haben, wird eine eventuelle Wertminderung durch die Unfalleigenschaft dadurch ausgeglichen, dass durch den Einbau von neuen Ersatzteilen und Lackierarbeiten eine **Wertverbesserung** eintritt. Bei derartigen Fahrzeugen tritt daher in der Regel eine Wertminderung nicht ein.[285]

281 *Von Gerlach*, DAR 2003, 49; *Jäger*, zfs 2009, 602 ff.; *Koch*, SP 2010, 76 ff.

282 Palandt/*Grüneberg*, § 251 BGB, Rn 14 ff. m.w.N.; *Hentschel/König/Dauer*, § 12 StVG, Rn 25 m.w.N; *Splitter*, DAR 2000, 49 ff.

283 Vgl. Palandt/*Grüneberg*, § 251 BGB, Rn 17 m.w.N.; LG München I, 19 S 1883/12, zfs 2013, 261.

284 *Van Bühren/Lemcke/Jahnke*, Teil 3 Rn 64.

285 Palandt/*Grüneberg*, § 251 BGB Rn 16; BGH, VI ZR 357/03, MDR 2005, 268, 270 = r+s 2005, 86 = NZV 2005, 82 = VersR 2005, 284; KG, NZV 2005, 46.

Bei **„reinen" Blechschäden**, bei denen nicht in das Gefüge des Fahrzeuges eingegriffen worden ist, ist eine Wertminderung ebenso wenig zu zahlen wie bei erheblichen **Vorschäden**, durch die das Fahrzeug bereits die „Unfallfreiheit" verloren hat.[286] 276

III. Rechtsprechungsübersicht

1. Rechtsprechung zugunsten des Geschädigten

Auch **ältere Fahrzeuge** erleiden durch Unfallschäden einen merkantilen Minderwert.[287] 277

Bei einem **drei Jahre** alten Fahrzeug, das mehr als 195.000 km gelaufen ist, kommt durchaus eine merkantile Wertminderung in Betracht, die im konkreten Fall mit 250 EUR ermittelt worden ist.[288] 278

2. Rechtsprechung zugunsten des Schädigers

Wird ein Fahrzeug in einer **Waschanlage** beschädigt, besteht kein Anspruch auf Wertminderung, selbst wenn die Reparaturkosten 5.600 EUR betragen.[289] 279

H. Kreditkosten

Besonders bei den Finanzierungskosten gilt der Grundsatz, dass nur die Kosten ersetzt werden, die der Geschädigte bei einem Eigenschaden auf sich genommen hätte. 280

Der Geschädigte trägt die Beweislast dafür, dass die von ihm veranlasste Kreditaufnahme in der angegebenen Höhe tatsächlich erfolgt ist und dass die Aufwendungen hierfür **objektiv erforderlich** und wirtschaftlich vernünftig waren. 281

Die Kosten der Kreditaufnahme sind in der Regel **keine** erforderlichen Aufwendungen i.S.v. § 249 BGB.[290] 282

286 OLG Frankfurt, DAR 2006, 23; Palandt/*Grüneberg*, § 251 BGB, Rn 16.

287 BGH, VI ZR 357/03, NZV 2005, 82 = VersR 2005, 284 = SP 2005, 91 = zfs 2005, 126, *Wellner*, BGH-Rechtsprechung zum Kfz-Sachschaden, § 6 Rn 1; OLG Düsseldorf, 1 U 149/11, SP 2012, 407.

288 OLG Oldenburg, VIII U 246/06, SP 2007, 292 = MDR 2007, 1370 = NJW-RR 2007, 1250.

289 OLG Frankfurt, DAR 2006, 23.

290 *Van Bühren/Lemcke/Jahnke*, Teil 3 Rn 289.

I. Vorlagepflicht

283 Grundsätzlich ist dem Geschädigten der Einsatz **eigener Geldmittel** zuzumuten, er muss mit den Reparaturkosten in Vorlage treten.[291]

284 Der Geschädigte braucht sich jedoch in seiner Lebensführung nicht etwa einzuschränken, allerdings ist es meist möglich und zumutbar, ein laufendes **Girokonto** im entsprechenden mit dem Kreditinstitut vereinbarten Kreditrahmen zu **überziehen**.

285 Verfügt der Geschädigte über keine freien Geldmittel, so muss er den ersatzpflichtigen **Haftpflichtversicherer** unverzüglich dahingehend **unterrichten**, dass bei Nichtzahlung eines Vorschusses eine **Fremdfinanzierung** erforderlich ist.[292]

II. Inanspruchnahme der Vollkaskoversicherung

286 Wenn der Haftpflichtversicherer aufgrund der unklaren Sach- und Rechtslage nicht unverzüglich den Schaden regulieren kann, ist der Geschädigte gehalten, zur **Vermeidung von Kreditkosten** seine Vollkaskoversicherung in Anspruch zu nehmen.

287 Der ersatzpflichtige Haftpflichtversicherer muss dann den **Rückstufungsschaden** ersetzen, allerdings dann nicht oder nur quotenmäßig, wenn die Vollkaskoversicherung in Anspruch genommen wird, weil ohnehin der Geschädigte sich eine **Mithaftungsquote** anrechnen muss oder die Leistungserhöhungen der Vollkaskoversicherung (Neuwertersatz gemäß A.2.6.2 AKB 2008) in Anspruch nehmen möchte.

288 Bei **anteiliger Haftung** muss der Geschädigte vor Inanspruchnahme seiner Vollkaskoversicherung grundsätzlich **nicht** die Mitteilung über die Regulierungsbereitschaft des gegnerischen Haftpflichtversicherers **abwarten**.[293]

III. Sonstige Finanzierungsmöglichkeiten

289 Fremdfinanzierung ist nicht der Regelfall, sondern nur bei größeren Schäden erforderlich, wenn ein verständiger und wirtschaftlich denkender Anspruchsteller diese Kreditkosten für erforderlich halten durfte. Dem Geschädigten ist es auch zuzumuten, ein **Arbeitgeberdarlehen** oder einen Gehaltsvorschuss in Anspruch zu nehmen.[294]

291 OLG Nürnberg, zfs 2000, 12; OLG Naumburg, NZV 2005, 198, 199.

292 LG Konstanz, SP 2005, 18.

293 BGH, VI ZR 247/05, MDR 2007, 268 = DAR 2007, 21 = VersR 2007, 81 = zfs 2007, 87, *Wellner*, BGH-Rechtsprechung zum Kfz-Sachschaden, § 9 Rn 11.

294 *Hentschel/König/Dauer*, StVG, § 12 Rn 32 m.w.N.

Diese Möglichkeit besteht insbesondere dann, wenn das Kraftfahrzeug auch im **dienstlichen Interesse** gehalten wird, also auch der Arbeitgeber ein Interesse daran hat, dass ein Mitarbeiter kurzfristig wieder über sein beschädigtes Fahrzeug verfügen kann. 290

Schließlich ist der Geschädigte gehalten, gegebenenfalls eine kurzfristige Stundung des Rechnungsbetrages gegen **Abtretung** seiner Schadenersatzansprüche zu vereinbaren. 291

Die Versicherer machen immer noch selten davon Gebrauch, einem Geschädigten unter dem Vorbehalt der Rückforderung einen Vorschuss bzw. ein **zinsloses Darlehen** zu zahlen, offensichtlich in der – nicht unbegründeten – Befürchtung, dass bei der endgültigen Schadenregulierung ein zuviel gezahlter Betrag freiwillig nicht zurückgezahlt wird. 292

IV. Kostenvergleich

Bei der Inanspruchnahme von Bankkredit muss der Geschädigte zwar nicht „Marktanalyse“ betreiben, er darf jedoch keine vermeidbaren Kosten anfallen lassen, indem er beispielsweise eine **Kreditvermittlung**, durch die der Kredit verteuert wird, einschaltet. Auch hier gilt der Grundsatz, dass der Geschädigte sich „wirtschaftlich vernünftig“ verhalten muss und nicht etwa im Vertrauen darauf, dass die gegnerische Haftpflichtversicherung alles zahlt, „blind“ jedes Kreditangebot annimmt. Der Geschädigte genügt seiner Schadenminderungspflicht am ehesten dadurch, dass er entweder sein **laufendes Girokonto** überzieht oder den Kredit bei seinem eigenen Kreditinstitut in Anspruch nimmt. Im Zeitalter des sich immer mehr verbreitenden bargeldlosen Zahlungsverkehrs dürfte zumindest jeder Autofahrer über eine Verbindung zu einer Bank oder Sparkasse verfügen. 293

V. Beratungshinweis

Praxistipp 294

Der Geschädigte muss darauf hingewiesen werden,

- dass er grundsätzlich mit eigenen Geldmitteln in **Vorlage** treten muss,
- dass er vor Kreditaufnahme der gegnerischen Haftpflichtversicherung Gelegenheit geben muss, die Finanzierungskosten durch eine **Vorschusszahlung** oder eine Reparaturkostenübernahmeerklärung abzuwenden,
- dass er die **günstigste Finanzierungsart** wählen muss,
- dass er bei zu erwartender Regulierungsverzögerung seine **Vollkaskoversicherung** in Anspruch nehmen muss.

I. Regulierungskosten

295 Die Unfallregulierung ist persönliche Sache des Geschädigten und gehört zu seinem eigenen Pflichtenkreis, so dass er Zeitverluste **nicht nach Arbeitsstunden** berechnen darf.[295]

296 Diese Grundsätze gelten auch für Unternehmen mit einem **größeren Fuhrpark**, insbesondere für Verkehrsbetriebe und die Bundesbahn. Soweit in derartigen Unternehmungen eine „Unfallabteilung" unterhalten wird, können keine gesonderten Kosten berechnet werden, es sei denn, durch einen konkreten Schadenfall sind konkrete Mehrkosten entstanden.[296]

297 Auch der Geschädigte, der einen **Urlaubstag** in Anspruch nimmt, um die mit der Schadenregulierung verbundenen Besuche bei der Werkstatt, dem Mietwagenunternehmen, dem Anwalt usw. durchzuführen, erhält hierfür keine Entschädigung, da er diese Unternehmungen in seiner Freizeit durchführen kann und muss.

298 Derartige Aufwendungen des Geschädigten werden durch die allgemeine **Kostenpauschale** von 25 EUR bis 30 EUR abgegolten.[297]

Praxistipp

Der Geschädigte muss darauf hingewiesen werden,

- dass er die mit der Unfallregulierung notwendigen Zeitverluste in die **Freizeit** legen muss,
- dass er für Zeitverluste, Telefonate usw. in der Regel lediglich **eine Pauschale** von 25,00 EUR bis 30,00 EUR erhält.

J. Rückstufungsschaden

299 Wenn ein Geschädigter aufgrund eines Unfallereignisses seine Vollkaskoversicherung in Anspruch nimmt, tritt in der Regel ein Rabattverlust mit der Maßgabe ein, dass über mehrere Jahre hinaus höhere Versicherungsprämien zu zahlen sind. Dieser Rückstufungsschaden ist als **adäquate Folge** des Unfallgeschehens anzusehen und muss daher vom Schädiger bzw. dessen Haftpflichtversicherung ersetzt werden.[298]

295 Palandt/*Grüneberg*, § 249 BGB, Rn 59 m.w.N.
296 BGH, VI ZR 241/79, VersR 1983, 755.
297 AG Oldenburg, zfs 2002, 288.
298 BGH, VI ZR 36/05, NZV 2006, 476 = zfs 2006, 680, *Wellner*, BGH-Rechtsprechung zum Kfz-Sachschaden, § 9 Rn 1.

I. Feststellungsklage

Die **künftigen Beitragserhöhungen** können nicht im Voraus geltend gemacht werden, da nicht mit Sicherheit festgestellt werden kann, ob und in welcher Höhe durch die Rückstufung in Zukunft tatsächlich ein Schaden entsteht. Es ist möglich, dass der Geschädigte in Zukunft gar keinen weiteren Prämienschaden erleidet, weil er beispielsweise auf eine Vollkaskoversicherung oder ganz auf ein Kraftfahrzeug verzichtet. Auch kann sich die weitere Entwicklung der Prämien durch künftige schadenabhängige oder schadenunabhängige Umstände **verändern**. 300

Eine zuverlässige Prognose für den **Zukunftsschaden** ist daher nicht möglich, so dass der Rückstufungsschaden nur im Wege der Feststellungsklage geltend gemacht werden kann.[299] 301

II. Schadenminderungspflicht

Die Inanspruchnahme der Vollkaskoversicherung mit der Folge eines Rückstufungsschadens kann eine Verletzung der Schadenminderungspflicht darstellen, wenn der Rückstufungsschaden in keinem **wirtschaftlich vernünftigen Verhältnis** zum eingetretenen Sachschaden steht. 302

III. Haftpflichtversicherung

Demgegenüber ist der Verlust des Schadenfreiheitsrabattes in der Kfz-Haftpflichtversicherung **kein ersatzfähiger Sachschaden**; hier handelt es sich lediglich um einen allgemeinen Vermögensnachteil in der Form des Sachfolgeschadens.[300] 303

K. Wiederbeschaffungskosten

Bei einem Totalschaden können dem Geschädigten dadurch zusätzliche Aufwendungen entstehen, dass er bei der Beschaffung eines Ersatzfahrzeuges zusätzliche Aufwendungen hat, beispielsweise durch Einschaltung eines **Sachverständigen**, der den zu erwerbenden Gebrauchtwagen überprüft. 304

Als tatsächlich entstandener Schaden sind diejenigen Kosten zu ersetzen, die zur Beschaffung einer wirtschaftlich gleichwertigen Sache erforderlich sind. 305

299 BGH, VI ZR 36/05, NZV 2006, 476 = zfs 2006, 680, *Wellner*, BGH-Rechtsprechung zum Kfz-Sachschaden, § 9 Rn 1.

300 BGH, VI ZR 36/05, NZV 2006, 476 = zfs 2006, 680, *Wellner*, BGH-Rechtsprechung zum Kfz-Sachschaden, § 9 Rn 1.

306 In dem Schadenfeststellungsgutachten wird in der Regel der „**Wiederbeschaffungspreis**“ ermittelt, also der Betrag, der – im Gegensatz zum bloßen Zeitwert – auf dem Gebrauchtwagenmarkt unter Berücksichtigung aller Wert bildenden Faktoren beim Erwerb eines gleichwertigen Fahrzeuges gezahlt werden muss. Üblicherweise ist daher mit der Erstattung dieses Wiederbeschaffungspreises der tatsächliche Sachschaden **ausgeglichen**; der Geschädigte ist in die Lage versetzt, ein wirtschaftlich gleichwertiges Ersatzfahrzeug zu erwerben.

307 Eine **Kombination** von fiktiver und konkreter Abrechnung ist unzulässig. Wenn der Fahrzeugschaden fiktiv auf Ersatzbeschaffungsbasis abgerechnet wird, können **nicht** zusätzlich die tatsächlichen Kosten der Ersatzbeschaffung verlangt werden.[301]

L. Ummeldekosten

308 Bei einem **Totalschaden** sind auch die Kosten der Abmeldung des alten Fahrzeuges und der Anmeldung des Ersatzfahrzeuges, soweit diese konkret nachgewiesen werden, zu ersetzen.

309 Die Ummeldekosten sind **nicht fiktiv** zu ersetzen, es muss auch tatsächlich eine Ummeldung erfolgen.[302]

310 Die Versicherer zahlen in der Regel **Pauschalbeträge** von ca. 50 EUR für Ummeldekosten einschließlich der Kosten für neue amtliche Kennzeichen.

311 Soweit ein höherer Schaden geltend gemacht wird, muss dieser konkret unter Beweis gestellt werden.

M. Weitere Nebenkosten

312 Auch andere Aufwendungen des Geschädigten (z.B. Attestkosten, Entsorgungskosten u.Ä.) oder andere Aufwendungen zum Beweis von Schadenpositionen sind erstattungsfähig.

313 Die Einholung einer **Deckungszusage** beim **Rechtsschutzversicherer** ist zwar eine gesonderte Tätigkeit, die auch gesondert zu vergüten ist. Diese Kosten fallen aber nicht in den Schutzbereich der Haftungsnorm und sind daher vom Haftpflichtversicherer auch nicht zu ersetzen.[303]

301 BGH, r+s 2006, 473 = zfs 2006, 568.

302 KG, DAR 2004, 352 = NZV 2004, 470; KG, SP 2007, 437.

303 LG Berlin, DAR 2010, 361; LG Erfurt, zfs 2010, 345; LG Münster, 3 S 12/10, VersR 2011, 411; LG Nürnberg-Fürth, 2 S 11178/09, MDR 2010, 1451; **a.A.** LG Osnabrück, 2 S 93/10, NZV 2011, 353; sehr streitig, *Schmitt*, r+s 2011, 148 ff. mit Rechtsprechungsübersicht; umfassende Rechtsprechungsübersicht in zfs 2010, 520 ff.

N. Kostenpauschale

In der Rechtsprechung wurde bislang eine Kostenpauschale in Höhe von 25 EUR für Nebenkosten, Telefonate, Porto usw. als angemessen erachtet. Mit Rücksicht auf die eingetretenen Preissteigerungen und die Währungsumstellung ist ein glatter Betrag von **30 EUR** angemessen.[304] 314

Die Kostenpauschale ist **keine Nebenforderung**, sie wirkt sich daher **Streitwert erhöhend** aus.[305] 315

304 AG Kehlheim, DAR 2003, 178; AG Bad Neustadt, zfs 2005, 310; AG Landau, SP 2008, 263; AG Frankfurt, DAR 2009, 468.

305 BGH, VI ZB 9/06, NJW-RR 2008, 892.

§ 8 Personenschäden

A. Allgemeines

1 Bei Verletzung einer Person sind die Kosten der Heilbehandlung und der während der Behandlung entstehende Verdienstausfall zu ersetzen (§ 11 StVG)[1] Seit dem 1.8.2002 besteht ein Schmerzensgeldanspruch auch dann, wenn lediglich eine Haftung aus dem Gesichtspunkt der Betriebsgefahr besteht. Der **Verschuldensnachweis** ist **nicht** mehr erforderlich.

B. Behandlungspflicht

2 Der Verletzte muss im Rahmen des Zumutbaren sich in ärztliche Behandlung begeben und auch die ärztlichen Verordnungen **befolgen**.[2]

Demgegenüber besteht keine Duldungspflicht bei einer **risikoreichen** Operation oder zweifelhafter Erfolgsaussicht.[3]

C. Erwerbsobliegenheit

3 Der Geschädigte ist im Rahmen der Zumutbarkeit verpflichtet, die ihm **verbliebene Arbeitskraft** zur Abwendung oder Minderung des Erwerbschadens zu verwenden.[4]

4 Der Verletzte muss alles **Zumutbare** unternehmen, um einen geeigneten Arbeitsplatz zu finden. Die Meldung beim Arbeitsamt reicht nicht aus.

5 In besonderen Fällen ist einem Verletzten auch ein **Berufswechsel** und ein Umzug zuzumuten.[5]

6 Wenn eine zumutbare Tätigkeit **unterlassen** wird, sind die erzielbaren (**fiktiven**) Einkünfte auf den Schaden anzurechnen.[6]

7 Es widerspricht dem Normzweck von § 823 BGB, wenn der Schädiger für Schadenfolgen eintreten muss, die zwar adäquat kausal auf dem Unfallgeschehen beruhen, bei de-

1 *Küppersbusch*, r+s 2002, 221 ff.
2 Palandt/*Grüneberg*, § 254 BGB Rn 38 m.w.N.
3 OLG Oldenburg, NJW 1987, 1200.
4 Palandt/*Grüneberg*, § 254 BGB Rn 39 m.w.N.
5 Palandt/*Grüneberg*, § 254 BGB Rn 40 m.w.N.
6 BGH, VI ZR 124/05, r+s 2007, 39 = zfs 2007, 83 = SP 2007, 8.

nen aber ein neurotisches Streben nach Versorgung und Sicherheit prägend im Vordergrund steht („**Begehrensneurose**“).[7]

D. Heilungskosten

8 Die **notwendigen** Heilungskosten sind zu ersetzen, hierzu gehören auch Kuraufenthalte, verordnete Stärkungsmittel oder aufwendige Kosten für notwendige Narbenkorrekturen.[8]

Erforderlich sind die Heilmaßnahmen, die bei der gegebenen Situation **objektiv** zweckmäßig erscheinen; ein tatsächlicher **Heilerfolg** ist **nicht** erforderlich.

9 Selbst die Kosten für ein **Fernsehgerät** im Krankenhaus können als Heilungskosten, wenn hierdurch der Heilungsprozess gefördert wird, ersatzfähig sein.[9]

10 Die Behandlungskosten müssen sich im Rahmen des Angemessenen halten; der Verletzte muss sich an dem Leistungsstandard orientieren, den er **üblicherweise** in Anspruch nimmt.[10]

11 Wer als **Kassenpatient** verletzt worden ist, muss die Heilbehandlung auch im Rahmen der **kassenärztlichen Versorgung** durchführen lassen.[11]

12 Nur in **Ausnahmefällen** kann ein Kassenpatient Kosten von Heilbehandlungsmaßnahmen verlangen, die von der gesetzlichen Krankenversicherung nicht übernommen werden;[12] so können ausnahmsweise die Kosten einer **Akupunktur** als ersatzfähig angesehen werden[13] oder **Zahnersatz**[14] oder die Kosten eines **Zahnimplantats**.[15]

13 Kosten für **Besuche** naher Angehöriger bei stationärem Krankenhausaufenthalt sind nur dann den zu ersetzenden Heilungskosten zuzuordnen, wenn die Besuche **medizinisch notwendig** und die Aufwendungen unvermeidbar sind.[16] Verdienstausfall oder der Ausfall im Haushalt des Verletzten ist nur dann zu ersetzen, wenn der Ausfall nicht durch Vor- oder Nacharbeit aufgefangen werden kann.

14 Der Anspruch auf Ersatz von **Besuchskosten** besteht nur in Ausnahmefällen und ist **restriktiv** zu bewerten. Diese Aufwendungen sind grundsätzlich als Vermögensschaden zu

7 BGH, VI ZR 127/11, MDR 2012, 965 = r+s 2012, 456 = zfs 2012, 562 = SP 2012, 357 = DAR 2013, 137 = NZV 2012, 527.
8 *Hentschel/König/Dauer*, § 11 StVG, Rn 4 m.w.N.
9 *Hentschel/König/Dauer*, § 11 StVG, Rn 4 m.w.N.
10 Palandt/*Grüneberg*, § 249 BGB, Rn 8 m.w.N.
11 Palandt/*Grüneberg*, § 249 BGB, Rn 8; OLG Hamm, NZV 2002, 370; OLG München, DAR 2004, 651.
12 Palandt/*Grüneberg*, § 249 BGB Rn 8; OLG Hamm, NZV 2002, 370; LG Fulda, NJW-RR 2003, 1030.
13 KG, NZV 2004, 42.
14 BGH, VI ZR 266/03, zfs 2005, 15 = NJW 2004, 3324.
15 LG Fulda, NJW-RR 2003, 1030.
16 Palandt/*Grüneberg*, § 249 BGB Rn 9 m.w.N.

bewerten, der außerhalb der §§ 844, 845 BGB grundsätzlich nicht zu ersetzen ist.[17] Diese Kosten sind daher nur dann zu erstatten, wenn sie als Heilbehandlungskosten dem Verletzten zuzurechnen sind.[18]

Bei kleineren **Kindern** gehören die regelmäßigen Besuche der Eltern zu den erstattungspflichtigen Heilungskosten.[19] Besuche bei **Erwachsenen** gehören grundsätzlich **nicht** zu den erstattungspflichtigen Heilungskosten.[20] 15

Ersetzt werden bei den Fahrtkosten die **Betriebskosten**, die im Regelfall mit 0,25 EUR/km angesetzt werden.[21] 16

Ersparte Aufwendungen – beispielsweise **Verpflegungskosten** während einer stationären Behandlung – sind mit 5,00 EUR bis 10,00 EUR pro Tag in Abzug zu bringen.[22] 17

E. Vermehrte Bedürfnisse

Gemäß § 843 Abs. 1 BGB sind alle unfallbedingten, ständig wiederkehrenden Aufwendungen des Geschädigten zu ersetzen, die den Zweck haben, die schadenbedingten Beeinträchtigungen auszugleichen. Hierbei kann es sich um Aufwendungen für **besondere** Kleidung handeln oder für **Prothesen**, **Umbaukosten** für ein Fahrzeug oder den behindertengerechten Umbau einer Wohnung.[23] 18

F. Verdienstausfall

Der Verdienstausfall ist gem. § 252 BGB zu ersetzen. Der entgangene Verdienst aus abhängiger Arbeit wird nach Ende der Entgeltfortzahlung nach der modifizierten **Bruttomethode** ermittelt.[24] Ersparnisse an Steuern und Sozialversicherungsbeiträgen sind nach den Grundsätzen des Vorteilsausgleichs zu berücksichtigen. 19

Bei entgangenem Verdienst aus **selbstständiger Arbeit** muss der entgangene Gewinn **konkret** anhand des Betriebsergebnisses ermittelt werden.[25] Bei der Schätzung des 20

17 *Van Bühren/Lemcke/Jahnke*, Handbuch Verkehrsrecht, Teil 4. Rn 89 m.w.N.
18 BGH, VI ZR 171/90, zfs 1991, 230 = VersR 1991, 559 = MDR 1991, 729; KG, SP 2000, 378; OLG Bremen, VersR 2001, 595.
19 *Hentschel/König/Dauer*, § 11 StVG Rn 5 m.w.N.
20 KG, SP 2000, 378; **a.A.** OLG Naumburg, 2 U 7/10, NZV 2011, 342 (psychische Belastung).
21 Palandt/*Grüneberg*, § 249 BGB Rn 9 m.w.N.
22 OLG Hamm, NJW-RR 2001, 456; AG Cottbus, SP 2008, 327; Palandt/*Grüneberg*, § 249 BGB Rn 9 m.w.N.
23 Palandt/*Grüneberg*, § 249 BGB Rn 10 m.w.N.
24 Palandt/*Grüneberg*, § 252 BGB Rn 8; BGH, zfs 2000, 14.
25 Palandt/*Grüneberg*, § 252 BGB Rn 14 m.w.N.

Gewinnausfalls ist von dem Betriebsergebnis in den letzten Jahren vor dem Schadenereignis auszugehen.[26]

21 Während der Arbeitsunfähigkeit erspart der Geschädigte **berufsbedingte Aufwendungen**, die im Wege des Vorteilsausgleichs zu berücksichtigen sind. Hierzu gehören Ausgaben für Kleidung, Fahrtkosten, Fachliteratur usw.[27] Anhaltspunkt können die **familienrechtlichen Leitlinien** des Unterhaltrechtes sein, die den Aufwand für die Berufsausübung pauschal mit 5 % des Nettoeinkommens berücksichtigen.[28] Einige Gerichte kürzen den Verdienstausfall pauschal um 10 % des Nettoeinkommens.[29]

G. Schmerzensgeld

22 Die bisherige Regelung über das Schmerzensgeld in § 847 BGB ist entfallen. Die systematische Einordnung des Schmerzensgeldes in den allgemeinen Teil des BGB bewirkt, dass Schmerzensgeld **verschuldensunabhängig** zu zahlen ist, also auch im Rahmen der **Gefährdungshaftung**.[30]

23 Bei Verkehrsunfällen steht die **Ausgleichsfunktion** im Vordergrund, die Genugtuungsfunktion tritt hinter dieser Ausgleichsfunktion zurück.[31]

24 Das Schmerzensgeld ist **nicht niedriger** zu bemessen, wenn der Schädiger lediglich aus **Betriebsgefahr** haftet.[32]

I. Bemessungsgrundlage

25 Bemessungsgrundlage sind das Ausmaß und die Schwere der Verletzungen, die Dauer der Behandlung und das Maß der **Lebensbeeinträchtigung**.

26 Das **Hinauszögern** der Schadenregulierung und die Belastung mit einem langwierigen Rechtsstreit können zu einem höheren Schmerzensgeldanspruch führen.[33]

27 In der Praxis werden die Schmerzensgeldbeträge in der Regel nach der sog. Hacks-Tabelle (*Hacks/Wellner/Häcker*, SchmerzensgeldBeträge) ermittelt, welche nunmehr in der 32. Auflage beim Deutschen Anwaltverlag erschienen ist und über 3.000 Entscheidungen für die Bemessung von Schmerzensgeld abdruckt.

26 BGH, NJW 2001, 1640; Palandt/*Grüneberg*, § 252 BGB Rn 14 m.w.N.
27 *Van Bühren/Lemcke/Jahnke*, Teil 4 Rn 899 m.w.N.
28 BGH, VI ZR 300/08, MDR 2011, 29 = NJW 2011, 1146 = VersR 2011, 229.
29 OLG Celle, 14 U 58/05, SP 2006, 96; OLG Frankfurt, 16 U 146/08, SP 2010, 220; OLG Naumburg, 12 U 31/98, SP 1999, 90.
30 *Böhm*, zfs 2011, 423 ff.
31 OLG Celle, DAR 2004, 225.
32 OLG Celle, DAR 2004, 225 = NZV 2004, 251 = SP 2004, 119.
33 Palandt/*Grüneberg*, § 253 BGB Rn 17; OLG Karlsruhe, VersR 2004, 1423; KG, NZV 2007, 301.

Regelmäßig wird Schmerzensgeld in einer einmaligen Zahlung (Kapital) geleistet. **Rentenzahlungen** kommen nur **ausnahmsweise** in Betracht, wenn dauernde ärztliche Behandlungen zu erwarten sind oder die unfallbedingten Beeinträchtigungen im täglichen Leben stets als neu und belastend empfunden werden.[34] 28

II. Übertragbarkeit

Der Schmerzensgeldanspruch ist **vererblich** und **übertragbar**. 29

Wenn ein Verletzter einen Unfall nur **kurzfristig überlebt**, können die Erben den Schmerzensgeldanspruch auch dann durchsetzen, wenn der Verletzte diesen Anspruch nicht mehr artikulieren konnte.[35]

III. Beweislast

Die häufigste – oft nicht objektiv feststellbare – Unfallverletzung ist das HWS-Schleudertrauma.[36] 30

Der Verletzte muss den **Vollbeweis** für die erlittene **Verletzung** und die **Ursächlichkeit** mit dem Unfallgeschehen führen.[37] Die nach § 286 ZPO erforderliche Überzeugung erfordert keine absolute Gewissheit, sondern nur einen für das praktische Leben brauchbaren Grad von Gewissheit, der Zweifeln Schweigen gebietet.[38]

Bei einem **leichten Auffahrunfall** gibt es keine Beweiserleichterungen, der Geschädigte muss vielmehr den **Vollbeweis** (§ 286 ZPO) führen.[39] 31

Die Regeln des Anscheinsbeweises für das Vorliegen einer unfallbedingten Verletzung der HWS kommen nur dann zur Anwendung, wenn eine kollisionsbedingte **Geschwindigkeitsänderung von über 15 km/h** bewiesen ist.[40] 32

34 Palandt/*Grüneberg*, § 253 BGB Rn 21 m.w.N.
35 Palandt/*Grüneberg*, § 253 BGB Rn 22.
36 *Wessels/Castro*, VersR 2000, 284 ff.; *Dannert*, zfs 2001, 2 ff.; *Müller*, VersR 2003, 137; *Jaeger*; VersR 2006, 1611 m. umfassender Rechtsprechungsübersicht; *Castro*, NZV 2008, 113 ff.
37 BGH, VI ZR 139/02, zfs 2003, 287 = r+s 2003, 172; BGH, VI ZR 28/03, zfs 2004, 27 = NZV 2004, 27; OLG Dresden, SP 2003, 269; KG, 12 U 161/09, SP 2010, 392; OLG Bamberg, 5 U 66/12, SP 2013, 141; LG Bochum, SP 2003, 270; *Lemcke*, r+s 2003, 177 ff.
38 BGH, VI ZR 139/02, zfs 2003, 287 = r+s 2003, 172, 173.
39 OLG Düsseldorf, r+s 1997, 457; KG, NZV 2004, 460; AG Göttingen, SP 2000, 338; AG München, SP 2000, 340; *Bachmeier/Großer/Krumbholz/Oppel/Wedig*, DAR 2004, 421 ff. mit umfassender Rechtsprechungsübersicht.
40 KG, NJW 2004, 460.

33 Erleidet ein Unfallbeteiligter mit degenerativ vorgeschädigter Halswirbelsäule einen Unfall, sind die daraufhin eintretenden Beschwerden nicht unfallbedingt, wenn sie ohne den Unfall alsbald durch ein **beliebiges Alltagsereignis** ausgelöst worden wären.[41]

IV. Arbeitsunfälle

34 Bei Verkehrsunfällen unter **Arbeitskollegen** auf dem Firmenparkplatz oder **Mitschülern** auf dem Schulparkplatz bzw. Studenten auf dem Universitätsparkplatz kann Schmerzensgeld gem. § 105 SGB VII (früher §§ 636, 637 RVO) nur bei **Vorsatz** geltend gemacht werden;[42] dies gilt auch für Schadenfälle, die sich in einem **Kindergarten** ereignen;[43] ebenso bei einem **Schulunfall**[44] oder bei **Pannenhilfe.**[45]

35 Der Haftungsausschluss gem. § 105 Abs. 1 SGB VII erfasst nicht Schockschäden von **Angehörigen**.[46]

V. Rechtsprechungsübersicht

1. Rechtsprechung zugunsten des Geschädigten

36 Unangemessene Verzögerungen bei der Schadenregulierung und unsachgemäße Rechtsverteidigung in einem Rechtsstreit („**Zermürbungstaktik**") durch den Haftpflichtversicherer können ein höheres Schmerzensgeld begründen;[47] es kann dem Versicherer jedoch nicht ein Vorwurf gemacht werden, wenn er von seinen prozessualen Rechten Gebrauch macht.[48]

37 Eine zögerliche Schadenregulierung und der unbegründete Vorwurf der **Schwarzarbeit** können bei der Bemessung des Schmerzensgeldes zugunsten des Geschädigten berücksichtigt werden.[49]

38 Bestreitet der Unfallverursacher **wider besseres Wissen** seine Verantwortlichkeit, steht dem Geschädigten ein erhöhtes Schmerzensgeld zu.[50]

41 OLG Hamm, zfs 2002, 177.
42 OLG Celle, MDR 2000, 521; *Jahnke*, VersR 2000, 155 mit Rechtsprechungsübersicht.
43 BGH, III ZR 229/07, r+s 2009, 347 = MDR 2009, 924.
44 BGH, III ZR 191/11, SP 2012, 254 = zfs 2012, 506.
45 OLG Düsseldorf, 1 W 12/12, r+s 2012, 462 = SP 2012, 432 = DAR 2013, 25.
46 BGH, VI ZR 55/06, NZV 2007, 453.
47 OLG Naumburg, VersR 2002, 1295; OLG Hamm, VersR 2003, 780; OLG Nürnberg, SP 2007, 102; OLG Naumburg, 1 U 46/07, NJW-RR 2008, 693.
48 OLG Frankfurt, DAR 2003, 557.
49 OLG Naumburg, VersR 2004, 1423.
50 OLG Schleswig, 7 U 15/12, SP 2013, 72.

Allein der Umstand, dass sich ein Unfall mit einer geringen kollisionsbedingten Geschwindigkeitsänderung (**Harmlosigkeitsgrenze**) ereignet hat, schließt die tatsächliche Überzeugungsbildung nach § 286 ZPO nicht aus.[51] 39

Fahrtkosten zu Ärzten, Attestkosten und Massagebehandlungen sind auch dann zu **ersetzen**, wenn der Geschädigte im Rechtsstreit nach § 286 ZPO nicht beweisen kann, dass er unfallbedingte Verletzungen erlitten hat.[52] 40

2. Rechtsprechung zugunsten des Schädigers

Einem Unfall sind psychisch vermittelte gesundheitliche Primärschäden dann nicht mehr zuzurechnen, wenn bereits der Unfall selbst als **Bagatelle** einzustufen ist.[53] 41

Bei **geringer Aufprallgeschwindigkeit** (7–10 km/h) ist ein HWS-Schleudertrauma ausgeschlossen;[54] diese Grundsätze sind **nicht** bei einem **seitlichen Aufprall** heranzuziehen.[55] 42

Zum Beweis einer Körperverletzung reicht die nicht näher bestimmte Diagnose eines **ärztlichen Attestes nicht** aus, wenn nur eine geringe Aufprallgeschwindigkeit vorlag.[56] 43

Der **Geschädigte** muss eine HWS-Verletzung nach dem strengen Beweismaßstab von § 286 ZPO **beweisen**. Eine **Steilstellung** der HWS besteht nach dem Stand der Wissenschaft **bei 42 % der Normalbevölkerung**.[57] 44

Es besteht kein haftungsrechtlicher Zusammenhang zwischen **Erst- und Zweitunfall** bei bloßer Verstärkung der allgemeinen Anfälligkeit für neurotische Fehlentwicklungen durch den Erstunfall.[58] 45

Wenn eine unfallbedingte Verletzung nicht nachgewiesen werden kann, sind auch **Attestkosten nicht** zu ersetzen.[59] 46

Schmerzensgeld kommt **nicht** bei Bagatellverletzungen in Betracht.[60] 47

Das Schmerzensgeld ist zu **kürzen**, wenn bereits eine **Vorschädigung** vorliegt.[61] 48

51 OLG Schleswig, NJW-RR 2007, 171 = NZV 2007, 203 = r+s 2003, 172 = VersR 2003, 474 = SP 2003, 162; BGH VI ZR 274/07, SP 2008, 321 = NZV 2008, 501 = DAR 2008, 587 = MDR 2008, 1093; BGH, VI ZR 235/07, DAR 2008, 590 = SP 2008, 323.

52 KG, NZV 2003, 281.

53 OLG Hamm, SP 2002, 11.

54 OLG Hamm, zfs 2001, 160 = r+s 2001, 66.

55 LG Landau, NJW-RR 2000, 1474; **a.A.** BGH, VI ZR 139/02, zfs 2003, 287 = r+s 2003, 172 = VersR 2003, 474 = SP 2003, 162.

56 OLG Frankfurt, r+s 2001, 65; OLG Hamm, SP 2002, 11; LG Coburg, SP 2008, 325; **a.A.** OLG Bamberg, DAR 2001, 121.

57 KG, NZV 2004, 252; KG, NZV 2007, 146.

58 BGH, VI ZR 138/03, zfs 2004, 349.

59 KG, SP 2007, 355.

60 LG Frankfurt/Oder, 13 O 154/07, SP 2011, 183.

61 OLG Celle, 14 W 47/10, r+s 2011, 250.

49 Allein der **zeitliche Zusammenhang** zwischen Unfallereignis und dem Auftreten von Beschwerden reicht zum Nachweis der Kausalität **nicht** aus.[62]

VI. Beratungshinweis

50 *Praxistipp*

Der Verletzte muss darauf hingewiesen werden,

- dass die ärztliche Behandlung dem Leistungsstandard entsprechen muss, den er **üblicherweise** in Anspruch nimmt,
- dass eine **Mitwirkungspflicht** besteht, zum schnellen und positiven Heilungsverlauf beizutragen,
- dass bei einem Dauerschaden die **verbliebene Arbeitskraft** zur Abwendung oder Minderung des Erwerbsschadens eingesetzt werden muss.

62 OLG Brandenburg, 12 U 17/08, NJW Spezial 2008, 682; OLG Hamm, r+s 2000, 153; OLG Saarbrücken, 4 U 236/04, SP 2006, 134.

§ 9 Haushaltsführungsschaden

A. Anspruch im Verletzungsfall

I. Anspruchsberechtigte Personen

Wird eine Person, die den Haushalt führt, infolge eines vom Unfallgegner zu verantwortenden Unfalls so verletzt, dass sie vorübergehend oder aber mit bleibenden Folgen ganz oder teilweise den Haushalt nicht mehr führen kann, so steht dieser verletzten Person gem. § 843 Abs. 1 Alt. 2 BGB ein Anspruch auf den sog. Haushaltsführungsschaden zu.[1] 1

Dieser Schadensersatz wegen vermehrter Bedürfnisse wird Frauen ebenso wie Männern, die den Haushalt führen, gewährt.[2] Auch erfolgt die Zuerkennung unabhängig davon, ob es sich bei der geschädigten Person um (Nur-)Hausfrauen oder (Nur-)Hausmänner[3] oder um Berufstätige handelt, wenn sie auch in ihrer Haushaltsführung beeinträchtigt sind.[4]

Jugendliche können mangels eigenen Hausstandes regelmäßig keinen Haushaltsführungsschaden geltend machen. Dies gilt auch dann, wenn sie vor dem Verletzungsfall im elterlichen Haushalt geringfügig mitgeholfen haben.[5] 2

Anspruchsberechtigt kann der Geschädigte aber nicht nur in Hinblick auf seine eingeschränkte Eigenversorgung sein, sondern auch soweit es um die Versorgung anderer geht. Dies gilt nach der Rechtsprechung aber nur dann, wenn deren Versorgung rechtlich geschuldet ist.[6] In dem Fall handelt es sich um einen Erwerbsschaden gem. §§ 842, 843 Abs. 1 Alt. 1 BGB. 3

In einer nichtehelichen Lebensgemeinschaft wird vor diesem Hintergrund von der überwiegenden Meinung kein Anspruch auf Ersatz eines Haushaltsführungsschadens zugebilligt.[7] Der Verlust der Fähigkeit, Haushaltstätigkeiten zu verrichten, wird ausdrücklich nur unter der Voraussetzung als Erwerbsschaden gem. § 843 Abs. 1 Alt. 1 BGB angesehen, 4

1 Vgl. *Jahnke*, Der Verdienstausfall im Schadensersatzrecht, Kap. 7 Rn 1 ff.; *Pardey*, Berechnung von Personenschäden, S. 429 ff.; *Burmann*, zfs 1995, 201; *Hillmann*, zfs 1999, 229; *Wessel*, zfs 2010, 183 ff., 242 ff.

2 *Küppersbusch/Höher*, Ersatzansprüche bei Personenschäden, Rn 181, 362; BGH v. 3.2.2009 – VI ZR 183/08, VersR 2009, 515.

3 BGH v. 4.12.1984 – VI ZR 117/83, VersR 1985, 356.

4 *Pardey*, DAR 2006, 671.

5 BGH v 8.2.1983 – VI ZR 201/81, NJW 1983, 1425.

6 BGH v. 25.9.1973 – VI ZR 49/72, VersR 1974, 162.

7 OLG Düsseldorf v. 12.6.2006 – 1 U 241/05, NZV 2007, 40; OLG Düsseldorf v. 27.4.2009 – 1 U 95/08, n.v.; OLG Celle v. 12.2.2009 – 5 U 138/08, NZV 2009, 400; OLG Köln v. 11.3.1982 – 3 W 18/82, zfs 1984, 132; *Küppersbusch/Höher*, Ersatzansprüche bei Personenschäden, Rn 183; *Jahnke*, Der Verdienstausfall im Schadensersatzrecht, Kap. 7 Rn 53; *Schirmer*, DAR 2007, 2; a.A. LG Zweibrücken v. 29.6.1993 – 3 S 94/93, NJW 1993, 3207; *Huber*, NZV 2007, 1.

dass die Arbeiten der Erfüllung einer gesetzlichen Unterhaltspflicht dienen.[8] Haben die nicht-ehelichen Partner vertraglich geregelt, dass die Haushaltsleistungen als Gegenleistung zur Unterhalts- und Versorgungsleistung erfolgen, ist bei unfallkausaler Beeinträchtigung des Haushaltsführenden ein entsprechender Verdienstausfallschaden gem. § 842 BGB anzunehmen.[9] Werden diese Haushaltsleistungen aber freiwillig und ohne wechselseitige Verpflichtung erbracht, können sie also jederzeit wieder eingestellt werden, liegt kein Schaden vor.[10]

Insoweit besteht ein Unterschied zu den eingetragenen gleichgeschlechtlichen Lebenspartnerschaften, bei denen das LPartG seit dem 1.1.2005 einen Anspruch des Partners auf Naturalunterhalt ausdrücklich regelt.[11] Hier kann ein Haushaltsführungsschaden geltend gemacht werden.

5 Eine feste Altersgrenze, bis zu der einer Person ein Haushaltsführungsschaden zugebilligt werden kann, existiert nicht. Zwar ist anzunehmen, dass mit zunehmendem Alter die Aktivitäten im Haushalt nachlassen,[12] am Renteneintrittsalter oder einem anderen bestimmten Alter kann und sollte dies jedoch nicht festgemacht werden.

6 *Praxistipp*

Einen gewöhnlichen Verlauf der Dinge, was das Ausmaß einer altersmäßig reduzierten Fähigkeit zur Tätigkeit im Haushalt angeht, gibt es nicht. Im Prozess ist deshalb bei der **Formulierung des Klageantrags** die Begrenzung auf ein bestimmtes Alter (z.B. 75. Lebensjahr,[13] 70. Lebensjahr[14]) in Verbindung mit einem Feststellungsantrag zum Schutz vor Verjährung zu empfehlen.

Der **Feststellungsantrag** wegen weiterer Unfallschäden ist zulässig, wenn aus der Sicht des Verletzten bei verständiger Würdigung Grund besteht, auch im hohen Lebensalter noch unter Spätfolgen zu leiden.[15] Begründet ist die Klage auf Feststellung, wenn eine gewisse Wahrscheinlichkeit des Schadenseintritts anzunehmen ist.[16] In diesem Zusammenhang hat der Verletzte konkrete Tatsachen vorzutragen und zu beweisen, nach denen spätere Schadensfolgen möglich sind. Der bloße Hinweis auf fortdau-

8 OLG Nürnberg v. 10.6.2005 – 5 U 195/05, SP 2006, 132.
9 LG Essen v. 5.5.2004 – 11 O 10/02, juris.
10 BGH v. 18.2.2009 – XII ZR 163/07, MDR 2009, 693.
11 *Küppersbusch/Höher*, Ersatzansprüche bei Personenschäden, Rn 183.
12 *Wessel*, zfs 2010, 183, 187.
13 OLG Celle v. 23.6.1983 – 5 U 247/82, zfs 1983, 291; OLG Hamm v. 21.2.1994 – 6 U 225/92, NJW-RR 1995, 599.
14 OLG Köln v. 14.1.1981 – 16 U 63/80, VersR 1981, 690; OLG Schleswig v. 13.1.2005 – 7 U 78/02, VersR 2006, 938.
15 BGH v. 16.1.2001 – VI ZR 381/99, VersR 2001, 874; BGH v. 15.7.1997 – VI ZR 184/96, NJW 1998, 160.
16 BGH v. 16.1.2001 – VI ZR 381/99, VersR 2001, 874; LG Flensburg v. 10.9.1999 – 7 S 41/99, SP 2000, 159; offen gelassen in BGH v. 9.1.2007 – VI ZR 133/06, VersR 2007, 708.

ernde schwere gesundheitliche Beeinträchtigungen reicht nicht aus, damit das Gericht von einer hinreichenden Wahrscheinlichkeit für den Eintritt künftiger Schäden ausgehen kann.[17]

II. Anforderungen an die Darlegungspflicht

Die Darlegungslast für den behaupteten Haushaltsführungsschaden trägt nach den all- 7
gemeinen Beweislastregeln der Geschädigte. Er muss die konkreten Gegebenheiten substantiiert vortragen, vor allem also den Zuschnitt, die Größe des Haushaltes, des Gartens, die Anzahl der Familienangehörigen sowie die Tätigkeiten, die er vor dem Unfall wahrgenommen hat und nun nicht mehr durchführen kann.[18]

1. Bezugnahme auf Tabellenwerke

Die reine Bezugnahme auf Tabellenwerke wie z.B. von *Pardey*[19] reicht nicht aus.[20] *Wes-* 8
sel weist in diesem Zusammenhang zu Recht darauf hin, dass im Prozess die Bedeutung der Tabellenwerke häufig überschätzt oder fehlinterpretiert wird.[21] Konkreter Vortrag wird hierdurch nämlich nicht entbehrlich; die Tabellenwerke bieten lediglich Anhaltspunkte für die Schätzung und bedürfen in jedem Fall einer Plausibilitätsprüfung im Hinblick auf den konkret zu beurteilenden Sachverhalt.[22] Gegebenenfalls kann korrigierend die Vornahme von Zu- oder Abschlägen erfolgen.

Unabhängig von der dargelegten sekundären Bedeutung der Tabellenwerke trifft man in 9
Rechtsprechung und Literatur jedoch immer wieder auf den Streit, ob zur Ermittlung der zu entschädigenden Stunden Tabelle 1 oder Tabelle 8 in *Pardey* anzuwenden sei.[23] Beide Tabellen sind nach unterschiedlichen Gesichtspunkten aufgebaut. Während Tabelle 8 vorwiegend von statistischen Durchschnittswerten über den Arbeitszeitaufwand in einem

17 LG Flensburg v. 10.9.1999 – 7 S 41/99, SP 2000, 159.

18 OLG Brandenburg v. 25.10.2007 – 12 U 38/07, SP 2008, 46; LG Köln v. 15.4.2008 – 8 O 270/06, DAR 2008, 288.

19 *Pardey*, Der Haushaltsführungsschaden – Schadenersatz bei Beeinträchtigung oder Ausfall unentgeltlicher Arbeit in Privathaushalten.

20 Vgl. z.B. OLG Celle v. 20.1.2010 – 14 U 126/09; OLG München v. 1.7.2005 – 10 U 2544, SVR 2006, 180; OLG Celle v. 17.1.2007 – 14 U 101/06, SP 2008, 7.

21 *Wessel*, zfs 2010, 183, 187.

22 *Wessel*, zfs 2010, 183, 187.

23 Für Tabelle 1: u.a. OLG Celle v. 6.10.2010 – 14 U 55/10, SP 2011, 215; OLG Celle v. 17.1.2007 – 14 U 101/06, SP 2008, 7; OLG München v. 21.7.2006 – 10 U 2638/06, n.v.; OLG Düsseldorf v. 5.10.2010 – 1 U 244/09, SP 2011, 181; für Tabelle 8 z.B.: OLG Düsseldorf v. 29.8.2003 – 8 U 190/01, VersR 2004, 120; OLG Rostock v. 14.6.2002 – 8 U 79/00, zfs 2003, 233; OLG Köln v. 18.2.2000 – 19 U 87/99, SP 2000, 306; KG v. 5.6.2008 – 12 U 188/04, KGR 2008, 860.

bestimmten Haushaltstyp ausgeht, beruht Tabelle 1 auf Arbeitszeitbedarfsberechnungen. Der BGH hat bislang keine eindeutige Präferenz für eine der beiden Tabellen erkennen lassen.[24] Insbesondere in der untergerichtlichen Praxis wird oftmals von den Gerichten eine Art „Mischkalkulation" zwischen den Tabellen 1 und 8 angewendet.[25] In Hinblick darauf, dass – wie erwähnt – ohnehin für die Bemessung des Haushaltsführungsschadens kein Tabellenwert, sondern nur eine substantiierte Darlegung der Anknüpfungstatsachen erforderlich ist, ist dem beizupflichten.

2. Haushaltsspezifische Behinderung im Einzelfall

10 Voraussetzung des Anspruchs ist, dass die Fähigkeit zur Arbeit im Haushalt konkret und spürbar beeinträchtigt ist (sog. haushaltsspezifische Behinderung im Einzelfall). Abstrakte Grade der Erwerbsminderung (MdE) genügen zur Begründung nicht.[26] Denn die abstrakte MdE bezieht sich auf den allgemeinen Arbeitsmarkt und hat keine Aussagekraft für eine Einschränkung bei der Hausarbeit. Falls bei Geltendmachung des Anspruchs (noch) keine speziellen Erkenntnisse vorliegen, muss die Beeinträchtigung in Form der Minderung der Haushaltsführungsfähigkeit (MdH) gegebenenfalls noch bei einem ärztlichen Gutachter erfragt werden.

Ein Rückschluss von der MdE auf die MdH wird regelmäßig nur in einer Konstellation von der Rechtsprechung vorgenommen, nämlich dann, wenn eine MdE von unter 20 % vorliegt. Hier wird überwiegend davon ausgegangen, dass ein Haushaltsführungsschaden komplett ausscheidet. Bei einer derart geringen Beeinträchtigung der MdE wird angenommen, dass – gegebenenfalls unter Einsatz technischer Hilfen und Möglichkeiten – eine eventuell verbliebene Einschränkung bei der Haushaltsführung stets kompensiert werden kann.[27]

11 Ein bloß allgemeiner Verweis auf eine bestimmte prozentuale Minderung der Erwerbstätigkeit oder der Fähigkeit zur Haushaltsführung genügt nicht.[28] Darzulegen und nachzuweisen ist vielmehr im Einzelnen, welche Tätigkeiten, die von dem Geschädigten vor dem Unfall im Haushalt verrichtet wurden, unfallbedingt nicht mehr oder nicht mehr vollständig ausgeübt werden können.

24 Vgl. auch *Lang*, juris PR-VerkehrsR 1/2011, Anm. 2; *Heß/Burmann*, NJW-Spezial 2011, 457, 458.

25 Z.B. OLG München v. 21.7.2006 – 10 U 2638/06, n.v.

26 Z.B. OLG München v. 1.7.2005 – 10 U 2544/05, SVR 2006, 180; OLG Celle v. 14.12.2006 – 14 U 73/06, SVR 2007, 147; OLG Celle v. 17.1.2007 – 14 U 101/06, SP 2008, 7; KG v. 4.5.2006 – 12 U 42/05, NZV 2007, 43; LG Köln v. 15.4.2008 – 8 O 270/06, DAR 2008, 388.

27 10 % MdE: OLG Rostock v. 14.6.2002 – 8 U 79/00, zfs 2003, 233; 20 % MdE: KG v. 26.2.2004 – 12 U 276/02, VersR 2005, 237; LG Aachen v. 30.10.2002 – 4 O 69/01, NZV 2003, 137; LG Itzehoe v. 10.2.1997 – 3 (9) O 172/94, SP 1997, 248.

28 OLG Celle v. 14.12.2006 – 14 U 73/06, SP 2007, 428.

Deshalb können folgende Entscheidungen auch nur als grobe Anhaltspunkte für die Höhe der zu begründenden MdH gewertet werden. Eine andere Bewertung ist möglich und im Einzelfall sogar wahrscheinlich.

- 50 % MdH bei einer Hausfrau, bei der eine HWS-Distorsion, verschiedene Prellungen und eine offene Wunde an einem Finger vorlagen (die MdE hatte hier 100 % betragen).[29]
- 45 % MdH bei Vorliegen einer Kniegelenksverletzung, wegen der 6 Wochen eine Beinschiene getragen werden musste.[30]
- 25 % MdH bei Auftreten einer Ellenbogengelenksschädigung mit Bewegungseinschränkung sowie Verletzung von Ferse/Zehen.[31]
- 10 % MdH bei unfallbedingt verbliebenen Rücken-, Nacken- und Kopfschmerzen, die lediglich bei schweren körperlichen Arbeiten beeinträchtigten;[32] alternativ war kein Arbeiten über dem Kopf mehr möglich.[33]

Soweit es um reine psychische Beeinträchtigungen geht, wird die Möglichkeit einer haushaltsspezifischen Behinderung regelmäßig in Frage gestellt. Das OLG Saarbrücken hat hier Folgendes entschieden: Solange die tägliche Arbeit sich in Grenzen hält, stellt die bloße Tatsache, dass die Arbeiten weiterhin möglich sind, aber nunmehr länger dauern, im Zweifel keinen ersatzfähigen Haushaltsführungsschaden dar. Es handelt sich nach Auffassung des Gerichts um eine hinnehmbare Beeinträchtigung, ohne dass die Zumutbarkeitsgrenze überschritten wird.[34] Anders ist natürlich der Fall zu betrachten, wenn neben dieser geistigen Beeinträchtigung zusätzlich eine körperliche Beeinträchtigung – etwa in Form einer das Bewegungsspektrum beeinträchtigenden Schonhaltung – eintritt. Hier dürfte auch nach der Auffassung des OLG Celle ein erstattungsfähiger Haushaltsführungsschaden wieder möglich sein.[35] 12

Praxistipp 13

Zur Geltendmachung eines Haushaltsführungsschadens ist es nicht ausreichend, unter Bezugnahme auf die ärztlich attestierte Minderung der Erwerbsfähigkeit auf Tabellenwerke zu verweisen. Auch das alleinige Beweisangebot auf Einholung eines Sachverständigengutachtens genügt nicht. Zur Ermittlung, welche Auswirkungen der Unfall tatsächlich auf die häuslichen Arbeiten hat, ist die konkrete Wohn- und Lebenssituation des Geschädigten vor und nach dem Unfall darzustellen. Erst dann ist die haushaltsspezifische Basis vorhanden, um im Rahmen des § 287 ZPO, gegebenenfalls

29 LG Aachen v. 30.10.2002 – 4 O 69/01, NZV 2003, 137.
30 OLG Celle v. 29.9.2010 – 14 U 9/10, juris.
31 OLG München v. 21.5.2010 – 10 U 1748/07, n.v.
32 OLG Celle v. 6.10.2010 – 14 U 55/10, juris.
33 LG Kaiserslautern v. 19.5.2006 – 2 O 333/01, SVR 2007, 343.
34 OLG Saarbrücken v. 21.10.2008 – 4 U 454/07, SP 2009, 126.
35 OLG Celle, Urt. v. 10.6.2004 – 14 U 37/01, NZV 2005, 313.

unter Heranziehung gängiger Tabellenwerke, den unfallbedingten Haushaltsführungsschaden im Einzelfall sachgerecht zu ermitteln.

III. Umfang des Anspruchs

14 Die Höhe des Haushaltsführungsschadens orientiert sich an der Größe und den Anforderungen des Haushalts sowie der hierfür konkret benötigten Qualifikation der Hilfskraft. Sie hängt davon ab, welche Tätigkeiten der Verletzte unfallbedingt nicht mehr selbst im Haushalt durchführen kann.[36] Verbleibt etwa die Fähigkeit zur Leitung des Haushalts, ist dies zu berücksichtigen.[37]

Zu unterscheiden ist zwischen konkreter und normativer Schadenberechnung.

1. Konkrete Schadenberechnung

15 Wird eine Ersatzkraft eingestellt, sind die Kosten – soweit sie als erforderlich anzusehen sind – einschließlich der abzuführenden Steuern und Sozialversicherungsbeträge brutto auszugleichen.[38]

Maßgeblich für die Berechnung ist eigentlich der Tarifvertrag für den öffentlichen Dienst (TVÖD),[39] viele Gerichte arbeiten jedoch immer noch mit dem Vergütungstarif für Angestellte (BAT).[40] Hierauf stützend haben sich die gerichtlich akzeptierten sog. „ortsüblichen Stundensätze“[41] entwickelt, die üblicherweise zwischen 7,50 EUR und 10 EUR netto beziffert werden.[42]

16 Herauszurechnen bei der Berechnung des Haushaltsführungsschadens sind die Zeiten, in denen auch ohne Unfall keine Arbeiten im Haushalt angefallen wären, beispielsweise Urlaubs- und andere Abwesenheitszeiten.[43] Zu berücksichtigen ist darüber hinaus, dass be-

36 *Küppersbusch/Höher*, Ersatzansprüche bei Personenschäden, Rn 186.

37 OLG Oldenburg v. 28.7.1992 – 5 U 32/92, VersR 1993, 1491.

38 BGH v. 12.2.1974 – VI ZR 187/72, VersR 1974, 601; BGH v. 8.2.1983 – VI ZR 201/83, VersR 1983, 458.

39 Z.B. OLG Dresden v. 1.11.2007 – 7 U 3/07, SP 2008, 292.

40 Grundlegend BGH v. 18.2.1992 – VI ZR 367/90, VersR 1992, 618; BGH v. 8.2.1983 – VI ZR 201/81, VersR 1983, 458; *Wessel*, zfs 2010, 242.

41 BGH v. 8.6.1982 – VI ZR 314/80, VersR 1982, 951.

42 Übersicht bei *Nickel/Schwab*, SVR 2007, 17; z.B. OLG München v. 21.7.2006 – 10 U 2638/06, n.v.: 7,50 EUR; OLG Celle v. 17.1.2007 – 14 U 101/06, SP 2008, 7: 8 EUR;OLG München v. 4.10.2012 – 1 U 2363/10, n.v.: 8,50 EUR; OLG Düsseldorf v. 5.10.2010 – I-1 U 244/09, NJW 2011, 1152: 9 EUR; OLG Schleswig v. 24.4.2008 – 7 U 81/06, Spektrum für Versicherungsrecht des DAV 3/2008, S. 88: 10 EUR; OLG Frankfurt v. 29.10.2008 – 22 W 64/08, SP 2009, 217: 6,26 EUR für einfache Tätigkeiten.

43 OLG Celle v. 8.11.1979 – 5 U 236/78, VersR 1981, 81, OLG Schleswig v. 2.6.2005 – 7 U 124/01, OLGR 2006, 5; OLG Schleswig v. 13.1.2005 – 7 U 78/02, VersR 2006, 938.

stimmte Tätigkeiten, wie z.B. die Gartenarbeit, nur saisonal anfallen.[44] Oftmals wird deshalb der jährliche Haushaltsführungsschaden als 11facher Monatswert abgerechnet. Vor diesem Hintergrund ist es erforderlich, bei der nach § 287 ZPO zu treffenden Schätzung des Schadens von den konkreten Verhältnissen im Einzelfall auszugehen.

2. Normative Schadenberechnung

Ein Anspruch auf Ersatz des Haushaltsführungsschadens besteht auch, wenn – wie zumeist – eine Ersatzkraft nicht eingestellt wird, etwa weil Familienangehörige unentgeltlich die Haushaltsführung übernehmen. In diesem Fall ist nur der Nettolohn einer Ersatzkraft erstattungsfähig (also unter Herausrechnung insbesondere der Steuern sowie der Arbeitnehmer- und Arbeitgeber-Sozialversicherungsabgaben).[45] **17**

Die Praxis nimmt zur Ermittlung des Nettolohns oftmals eine pauschale Kürzung des Bruttolohns um 30 % vor.[46]

3. Schadenminderungspflicht

Gemäß § 254 Abs. 2 S. 1 Alt. 2 BGB ist die verletzte Person gehalten, den Schaden gering zu halten (sog. Schadenminderungspflicht). **18**

Der geschädigte Haushaltsführende muss demnach verbliebene Kräfte einsetzen, gegebenenfalls umdisponieren und umorganisieren (z.B. durch den vermehrten Einsatz von Haushaltsgeräten).[47] Auch eine andere Einteilung der Arbeit kann verlangt werden, um die Behinderung so weit wie möglich zu kompensieren (z.B. durch den Einschub von Pausen, wenn insgesamt über den Tag verteilt dafür genügend Zeit ist).[48]

In einer Ehe mit beiderseitiger Haushaltsführung müssen die Eheleute durch eine Umverteilung der Hausarbeit dafür sorgen, dass sich die Behinderung des Verletzten möglichst geringfügig auswirkt.[49] Hierdurch soll sich der Umfang der Mithilfe des nicht verletzten Ehepartners jedoch nicht vergrößern.[50] Verlangt werden darf einzig eine Umverteilung der im Haushalt anfallenden Arbeit, bei der am Ende weder der Geschädigte noch sein Ehegatte mehr arbeiten muss als vor dem Unfall.[51]

44 OLG Oldenburg v. 4.7.2005 – 11 U 4/05, n.v.
45 BGH v. 3.2.2009 – VI ZR 183/08, SP 2009, 143; KG v. 5.6.2008 – 12 U 188/04, OLGR 2008, 860.
46 BGH v. 8.2.1983 – VI ZR 201/81, VersR 1983, 458.
47 OLG Hamm v. 26.3.2002 – 27 U 185/01, NZV 2002, 570.
48 *Küppersbusch/Höher*, Ersatzansprüche bei Personenschäden, Rn 211.
49 AG Düren v. 7.6.2006 – 45 C 78/06, SP 2007, 209; *Küppersbusch/Höher*, Ersatzansprüche bei Personenschäden, Rn 199.
50 KG v. 26.2.2004 – 12 U 276/02, zfs 2005, 182.
51 OLG Köln v. 19.11.2012 – 19 U 125/12, juris.

19 *Praxistipp*

Wichtig ist, dass der Verletzte, soweit er unfallbedingt arbeitsunfähig ist, die verbliebene Arbeitskraft nach Möglichkeit im Haushalt einzusetzen hat, was insbesondere bei psychischen Schäden oder relativ geringen Primärverletzungen der Fall sein kann.[52] Aber auch bei hochgradigen Bewegungseinschränkungen ist es dem Verletzten zuzumuten, sich aller Hilfsmittel der modernen Technik zu bedienen und gegebenenfalls durch organisatorische Maßnahmen die Arbeit im Haushalt umzuverteilen; hierdurch kann der verbleibende Rest der Behinderung aufgefangen werden, ohne dass ein messbarer Haushaltsführungsschaden entsteht.[53]

4. Vorteilsausgleich

20 Nach den Grundsätzen der Vorteilsausgleichung muss sich ein Geschädigter diejenigen Vorteile anrechnen lassen, die ihm in einem adäquaten Zusammenhang mit dem Schadenereignis zufließen, da der Geschädigte nicht besser gestellt werden soll, als er ohne das schädigende Ereignis stünde.[54]

Hierunter sind beim Haushaltsführungsschaden Aufwendungen zu verstehen, die der Verletzte im Hinblick auf die (teilweise) verhinderte Ausübung der Hausarbeit erspart, zum Beispiel verminderte Ausgaben für Wasch- und Reinigungsmittel, geringere Wasser-, Strom-, Heizkosten oder ersparte Lebensmittelkosten. Für die Zeit eines stationären Aufenthalts (z.B. im Krankenhaus, in der Kur, im Pflegeheim) ist nur auf den Haushaltsführungsschaden abzustellen, den die verletzte Person anderen gegenüber zu erbringen hätte; die eigenen Bedürfnisse werden durch die stationäre Drittversorgung abgedeckt.[55]

21 Daneben ist (vgl. oben Rn 3) im Fall der Einordnung des Haushaltsführungsschadens als Erwerbsschaden (Erbringung der Haushaltsführung für andere Haushaltsangehörige) eine Anrechnung von Lohnersatzleistungen wie Kranken-, Verletzten-, Übergangs- und Arbeitslosengeld oder Verletztenrente möglich.

B. Anspruch im Todesfall

22 Wenn eine Person, die mit der (teilweisen) Haushaltsführung befasst war, im Rahmen eines Unfalls getötet wird, steht den unterhaltsberechtigten Personen ein Anspruch auf Ersatz des Schadens zu, der ihnen durch den Entzug des Unterhaltsrechts entsteht, § 844 Abs. 2 BGB.

52 *Jahnke*, Der Verdienstausfall im Schadensersatzrecht, Kap. 7 Rn 60, 76.
53 KG v. 26.2.2004 – 12 U 276/02, zfs 2005, 182; OLG Köln v. 17.3.2000 – 19 U 202/98, SP 2000, 336.
54 BGH v. 16.1.1990 – VI ZR 170/89, VersR 1990, 495.
55 OLG Düsseldorf v. 12.6.2006 – I-1 U 241/05, NZV 2007, 40.

I. Anspruchsberechtigte Personen

23 Zu den anspruchsberechtigten Personen zählen Ehegatten, Kinder, eingetragene Lebenspartner, nicht aber Verlobte oder in eheähnlicher Lebensgemeinschaft Lebende.[56] Ein Verlust vertraglich vereinbarter Unterhaltspflichten reicht im Rahmen des § 844 Abs. 2 BGB nicht aus.

Bei Kindern endet mit dem Eintritt der Volljährigkeit die elterliche Sorge im Rechtssinne und – als Teil hiervon – die insbesondere die Pflicht zur Pflege und Erziehung des Kindes umfassende Personensorge gemäß §§ 1626, 1631 BGB. Kinder haben also nur bis zum Eintritt der Volljährigkeit einen Unterhaltsanspruch auf Betreuung und Haushaltsführung.[57]

II. Umfang des Anspruchs

24 Die Höhe des Unterhalts bemisst sich – anders als im Verletzungsfall – allein nach dem gesetzlich geschuldeten, nicht nach dem tatsächlich gewährten Unterhalt.[58] Der Umfang der gesetzlichen Unterhaltspflicht hängt dabei von den sozialen Lebensumständen und den persönlichen Bedürfnissen ab (z.B. Beruf, Einkommen des Ehepartners, Größe und Ausstattung des Hauses). Der gesetzliche Unterhalt im Sinne von § 844 Abs. 2 BGB setzt sich zusammen aus Bar- und Naturalunterhalt.

1. Verhältnis von Bar- und Naturalunterhalt (Betreuungsunterhalt)

25 Hinsichtlich des Verhältnisses von Bar- und Naturalunterhalt gilt § 1612 Abs. 2 BGB. Es entspricht dabei ständiger Rechtsprechung, dass nach dem modernen Verständnis einer Ehe die Ehegatten frei vereinbaren können, wer und in welchem Umfang durch eine Erwerbstätigkeit den materiellen Unterhalt der Familie sicherstellt, und wer und in welchem Umfang den Haushalt führt.[59] Dabei sind auch Mischformen möglich; regelmäßig trifft man heutzutage auf die Doppelverdienerehe.

Aus der tatsächlichen Aufteilung der Haushaltsführung kann regelmäßig auf eine entsprechende einvernehmliche Regelung der Ehepartner geschlossen werden.[60] Maßgeblich bei

56 BGH v. 13.2.1996 – VI ZR 318/94, VersR 1996, 649; BGH v. 13.2.1996 – VI ZR 318/94; OLG Frankfurt v. 29.6.1983 – 7 U 267/82, VersR 1984, 449; *Jahnke*, Unfalltod und Schadenersatz, § 6 Rn 332.

57 BGH v. 9.1.2002 – XII ZR 34/00, NJW 2002, 2026; OLG München v. 11.5.2005 – 20 U 5275/04; *Jahnke*, Der Verdienstausfall im Schadensersatzrecht, Kap. 7 Rn 88; *Jahnke*, Festschrift zum 25-jährigen Bestehen der Arbeitsgemeinschaft Verkehrsrecht im DAV, S. 213.

58 BGH v. 15.3.1983 – VI ZR 187/81, VersR 1983, 688; *Schah Sedi/Schah Sedi*, Das verkehrsrechtliche Mandat, Band 5: Personenschäden, § 4 Rn 90.

59 BGH v. 22.1.1985 – VI ZR 71/83, VersR 1985, 365.

60 BGH v. 29.3.1988 – VI ZR 87/87, VersR 1988, 490; OLG Köln v. 17.2.1989 – 20 U 37/87, zfs 1991, 11; *Küppersbusch/Höher*, Ersatzansprüche bei Personenschäden, Rn 364.

Geltendmachung des Anspruchs ist die vor dem Tod praktizierte Art des Unterhalts. Hat beispielsweise im Haushalt noch eine traditionelle Rollenverteilung stattgefunden, hat der Vater gegenüber Kindern seine gesetzliche Unterhaltsverpflichtung durch die Gewährung von Barunterhalt zu erfüllen, während die Mutter ihre gesetzliche Unterhaltspflicht durch die Gewährung des Betreuungsunterhalts erbringt.

2. Konkrete oder normative Abrechnung

26 Verstirbt die den Haushalt (teilweise) führende Person, kommt es mithin auf die Formulierung des Naturalunterhalts (Wegfall der Haushaltsführung) an, ist wie bei den Verletztenfällen danach zu unterscheiden, ob eine Ersatzkraft eingestellt wurde oder nicht.

27 Wird eine Ersatzkraft eingestellt, sind gem. § 844 Abs. 2 BGB der Bruttolohn und die Lohnnebenkosten zu ersetzen, soweit die Dienste der Ersatzkraft den gesetzlich geschuldeten Leistungen des getöteten Ehepartners entsprechen.[61] Auch wenn Verwandte die Haushaltsführung gegen Entgelt übernehmen, sind der Berechnung der Ansprüche nicht die Kosten einer fiktiven Ersatzkraft, sondern die tatsächlichen Kosten des Einsatzes der Verwandten zugrunde zu legen. In jedem Fall muss der Aufwand nach den konkreten Umständen des Einzelfalls und dem Familienzuschnitt angemessen sein.[62]

28 Wird hingegen keine Ersatzkraft eingestellt, sondern der Ausfall durch Mehrarbeit der Hinterbliebenen kompensiert, ist der Schaden fiktiv abzurechnen.[63] Entscheidend ist der Nettolohn einer vergleichbaren Ersatzkraft.

3. Berechnung des Betreuungsunterhalts

29 Bei Ausfall des Naturalunterhalts (Betreuungsunterhalts) ist der Unterhaltsberechtigte vom Schädiger finanziell in die Lage zu versetzen, sich in der im Leben üblichen Weise wirtschaftlich gleichwertige Dienste zu verschaffen. Die Berechnung dieser gleichwertigen Dienste erfordert ebenso wie im Verletzungsfall einen nachvollziehbaren, konkreten Vortrag zu den entgehenden Haushaltstätigkeiten, um den Schaden gem. § 287 ZPO feststellen zu können.

30 Liegt die Beschreibung des Haushalts und der von der verstorbenen Person vorgenommenen Tätigkeiten vor, ist zunächst in Anlehnung (nicht zur alleinigen Begründung, vgl. oben Rn 8) an das Tabellenwerk *Pardey* der wöchentliche Arbeitszeitbedarf zu ermitteln.[64]

61 BGH v. 12.2.1974 – VI ZR 187/72, VersR 1974, 604; OLG Köln v. 17.2.1989 – 20 U 37/87, VersR 1990, 1285.
62 BGH v. 20.3.1990 – VI ZR 127/89, NJW-RR 1990, 706; OLG Köln v. 17.2.1989 – 20 U 37/87, zfs 1991, 11.
63 BGH v. 8.4.1986 – VI ZR 59/85, VersR 1986, 790.
64 *Wessel*, zfs 2010, 242, 244.

Hierbei ist zu berücksichtigen, dass aufgrund des Todes nur noch von einem sog. „reduzierten Haushalt“ mit einer Person weniger ausgegangen werden kann. Der Anteil der wöchentlichen Haushaltstätigkeit, der auf die Eigenversorgung des getöteten Haushaltsführenden entfiel, ist abzusetzen.[65] Der Ersatzanspruch der hinterbliebenen Unterhaltsgeschädigten erstreckt sich nur auf die Teile der Haushaltsführung, die der Getötete für sie zu erbringen hatte.

In einem weiteren Schritt ist zu überprüfen, inwieweit die Hinterbliebenen zur Mithilfe im **31**
Haushalt verpflichtet waren. Bei Ehepartnern wird dies regelmäßig davon abhängen, ob und in welchem Unfang der Hinterbliebene berufstätig war. Bei Selbstständigen wird davon ausgegangen, dass neben der Sorge um das eigene Unternehmen für die Hausarbeit regelmäßig keine Zeit bleibt.[66]

Kinder sind nach § 1619 BGB zur Mithilfe im Haushalt verpflichtet. Die Mithilfepflicht beginnt etwa ab dem 12. Lebensjahr; in der Regel wird man – unabhängig von der Haushaltsgröße und der Anspruchsstufe – von diesem Zeitpunkt an eine Stunde täglich bzw. 7 Stunden wöchentlich je Kind ansetzen können.[67] Abweichungen werden beispielsweise dann angenommen, wenn das Kind anderweitig durch Schule oder besondere Freizeitaktivitäten (Sport, Musik) belastet ist.

Für die ermittelte Stundenanzahl ist nach den üblichen Grundsätzen der Stundensatz **32**
(TVÖD bzw. BAT) zu ermitteln und auf die Hinterbliebenen quotenmäßig zu verteilen, denn die Hinterbliebenen sind hinsichtlich des Haushaltsführungsschadens keine Gesamtgläubiger, sondern Teilgläubiger.[68] Der nach den vorstehend dargelegten Regeln ermittelte Haushaltsführungsschaden ist daher zwischen den einzelnen Hinterbliebenen aufzuteilen.

4. Vorteilsausgleich

Der hinterbliebene Ehepartner muss sich im Wege der Vorteilsausgleichung nach § 254 **33**
BGB den Wegfall der eigenen Barunterhaltsverpflichtung gegenüber dem getöteten Ehegatten anrechnen lassen.[69] Die Hinterbliebenen müssen sich darüber hinaus eine etwaige Hinterbliebenenversorgung (z.B. Waisenrente) im Wege der Vorteilsausgleichung abziehen lassen.[70]

65 *Jahnke*, Der Verdienstausfall im Schadensersatzrecht, Kap. 7 Rn 98.
66 *Schah Sedi/Schah Sedi*, Das verkehrsrechtliche Mandat, Band 5: Personenschäden, § 4 Rn 104.
67 BGH v. 12.6.1973 – VI ZR 26/72, VersR 1973, 939; OLG Stuttgart v. 11.11.1992 – 14 W 4/92, VersR 1993, 1536.
68 BGH v. 14.3.1972 – VI ZR 160/70, VersR 72, 743.
69 BGH v. 13.7.1971 – VI ZR 31/70, NJW 1971, 2066.
70 *Jahnke*, Unfalltod und Schadenersatz, § 6 Rn 366.

C. Forderungsübergang

34 Zur Prüfung eines etwaigen Forderungsübergangs bedarf es der Differenzierung danach, ob der Verletzte die Tätigkeiten, die er unfallbedingt nicht mehr im Haushalt ausüben kann, für seine Familie oder zur eigenen Versorgung erbracht hat. Bei der ersten Konstellation handelt es sich um eine Form des Erwerbsschadens, bei der zweiten geht es um vermehrte Bedürfnisse (vgl. Rn 1, 3).

35 Wichtig ist diese Unterscheidung im Rahmen der sachlichen Kongruenz vor allem dafür, ob und in welchem Umfang der Anspruch des Geschädigten auf Drittleistungsträger wie Sozialversicherer nach § 116 SGB X übergeht.[71] Zahlungen des Leistungsträgers können nur den Anspruch der verletzten Person wegen vermehrter Bedürfnisse nach § 843 Abs. 1 Alt. 2 BGB verringern, während ihr Anspruch auf Ersatz des Erwerbsschadens hiervon unberührt bleibt.

Grund hierfür ist, dass die sachliche Kongruenz, die der Anspruchsübergang auf den Leistungsträger nach § 116 SGB X voraussetzt, nur zwischen Rente wegen verminderter Erwerbsfähigkeit, Verletztenrente eines Unfallsversicherungsträgers, Krankengeld und dem Anspruch der verletzten Person wegen vermehrter Bedürfnisse besteht; zum Anspruch auf Ersatz ihres Erwerbsschadens besteht die sachliche Kongruenz nicht.

Daher bedarf es der Feststellung, in welchem Umfang dem Geschädigten wegen eines Erwerbsschadens einerseits und wegen vermehrter Bedürfnisse andererseits gegen den Beklagten Ansprüche zustehen.

71 *Wessel*, zfs 2010, 242; OLG Düsseldorf v. 12.6.2006 – 1 U 241/05, NZV 2007, 40.

§ 10 Mittelbar Geschädigte

A. Allgemeines

Grundsätzlich kann nur derjenige Schadenersatzansprüche aus einem Verkehrsunfall geltend machen, der **selbst**, also **unmittelbar** verletzt worden ist. Eine Ausnahmeregelung enthalten die §§ 844, 845 BGB. 1

B. Schmerzensgeld

Angehörige, die psychische Beeinträchtigungen beim **Unfalltod naher Angehöriger** erleiden, sind nicht mittelbar, sondern **unmittelbar** verletzt. Ein Schmerzensgeld für Verwandte kennt das deutsche Schadenersatzrecht – im Gegensatz zu anderen europäischen Ländern – nicht. 2

Auch das zweite Schadenänderungsgesetz hat die Einführung eines Schmerzensgeldes für Angehörige ausdrücklich abgelehnt. 3

Nur dann, wenn die Beeinträchtigungen pathologisch fassbar sind und echten **Krankheitscharakter** haben, wird auch Angehörigen ein Schmerzensgeld zugesprochen. Die durch den Tod eines nahen Angehörigen eintretenden Empfindungen und die Trauerbewältigung reichen zur Begründung einer Verletzung noch nicht aus, **depressive Verstimmungen** und andauernde Leistungsminderungen sind dem **allgemeinen Lebensrisiko** zuzuordnen.[1] Der Anspruch ist beschränkt auf **nahe Familienangehörige** (Ehegatten, Lebenspartner und Kinder). Im Einzelfall ist der Krankheitscharakter durch **ärztliches Attest** nachzuweisen. 4

Schockschäden naher Angehöriger werden vom **Risikoausschluss** des § 105 Abs. 1 SGB VII **nicht** erfasst, sie können also gegen den eintrittspflichtigen Haftpflichtversicherer geltend gemacht werden.[2] 5

C. Beerdigungskosten

Gemäß § 844 Abs. 1 BGB müssen bei einem tödlichen Verkehrsunfall die Beerdigungskosten demjenigen ersetzt werden, der diese Kosten zu tragen hat. In der Regel wird es sich um den oder die **Erben** des Verstorbenen handeln.[3] 6

1 BGH, VI ZR 17/06, NJW 2007, 2764 = VersR 2007, 1093; KG, VersR 1999, 504 = NZV 1999, 329; *van Bühren/Lemcke/Jahnke*, Handbuch Verkehrsrecht, Teil 4, Rn 1294.

2 BGH, VI ZR 55/06, SP 2007, 208 = VersR 2007, 803.

3 Palandt/*Sprau*, § 844 BGB Rn 4; *van Bühren/Lemcke/Jahnke*, Teil 4, Rn 1297 ff.

7 Zu berücksichtigen sind Herkunft, Lebensstellung und wirtschaftliche Verhältnisse des Verstorbenen und die in seinen Kreisen herrschenden **Gebräuche**.[4]

8 Ersatzpflichtig sind die Kosten einer **standesgemäßen** Beerdigung (§ 1968 BGB). Nicht ersatzpflichtig sind die Kosten für die Pflege und Instandsetzung des Grabes.[5] Zu den Beerdigungskosten gehören jedoch auch die sonstigen Kosten, also Kosten für Todesanzeigen, Zeitungsanzeigen, Trauerkleidung, Trauermahlzeiten.[6]

9 Der Begriff „Beerdigung" ist nicht im engen Wortsinn zu verstehen, auch die **Reisekosten** eines nahen Angehörigen sind erstattungsfähig.[7]

10 Ein **Sterbegeld** (§ 64 SGB VII, früher §§ 201 ff. RVO) ist auf die Beerdigungskosten **anzurechnen**.

D. Entgangene Unterhaltsleistungen

11 Gemäß § 844 Abs. 2 BGB können diejenigen, denen gegenüber der Getötete **unterhaltspflichtig** war, ihren Anspruch auf Ersatz des Unterhaltsschadens gegen den Schädiger geltend machen.

12 Das Maß des zu ersetzenden Unterhaltsschadens ergibt sich aus den gesetzlichen Vorschriften (§ 1602, 1361, 1569 BGB). Die gesetzliche Unterhaltspflicht umfasst den **Bar- und den Natural-Unterhalt**.

13 Zu ersetzen ist der **gesetzlich geschuldete Unterhalt**, es kommt nicht darauf an, ob und welchen Unterhalt der Getötete tatsächlich geleistet hat.[8]

14 Zum Naturalunterhalt gehört insbesondere der Betreuungsunterhalt, auch die unentgeltliche **Betreuung eines Körperbehinderten** durch seine nicht berufstätige Ehefrau.

15 Gemäß § 10 Abs. 2 S. 2 StVG tritt die Ersatzpflicht des Schädigers auch dann ein, wenn der Dritte zur Zeit der Verletzung **gezeugt**, aber noch nicht geboren war.

16 Der zu zahlende Unterhalt kann nach den Regeln der Unterhaltsverordnungen und den **Unterhaltstabellen** ermittelt werden.[9]

4 *Van Bühren/Lemcke/Jahnke*, Handbuch Verkehrsrecht, Teil 4, Rn 1238.
5 Palandt/*Sprau*, § 844 BGB, Rn 4.
6 *Van Bühren/Lemcke/Jahnke*, Handbuch Verkehrsrecht, Teil 4, Rn 1305 ff.
7 OLG Koblenz, NJW-RR 2001, 318, 321.
8 *Van Bühren/Lemcke/Jahnke*, Teil 4, Rn 1352 m.w.N.
9 *Wussow-Küppersbusch*, Ersatzansprüche bei Personenschäden, Rn 223 ff.; *van Bühren/Lemcke/Jahnke*, Teil 4, Rn 1258.

E. Entgangene Dienstleistung

Ansprüche wegen entgangener Dienstleistung kommen gem. **§ 845 BGB** in Betracht, „wenn der Verletzte kraft Gesetzes einem Dritten zur Leistung von Diensten in dessen Hauswesen oder Gewerbe verpflichtet war“. 17

Die Dienstleistungspflicht von **Kindern** ist nach § 1619 BGB zu beurteilen. 18

Wenn der oder die Verletzte im Haushalt oder im Geschäftsbetrieb des Ehepartners tätig war, kann der andere Ehegatte Schadenersatz für die gesetzlich geschuldeten und infolge der Verletzung nicht erbrachten Dienste verlangen.

F. Arbeitgeber

Der Arbeitgeber, der dem verletzten Arbeitnehmer das Gehalt oder den Arbeitslohn weiter bezahlt, ist nur **mittelbar Geschädigter**, so dass er keine unmittelbaren Ansprüche gegen den Schädiger geltend machen kann.[10] 19

Eine Rechtsgutverletzung, die Voraussetzung eines Schadenersatzanspruchs i.S.v. § 823 BGB sein könnte, scheidet aus, es fehlt an einem **betriebsbezogenen Eingriff** in den eingerichteten und ausgeübten Gewerbebetrieb.[11] 20

I. § 6 Entgeltfortzahlungsgesetz (EFZG)

§ 6 Entgeltfortzahlungsgesetz (EFZG), der inhaltlich dem früheren § 4 Lohnfortzahlungsgesetz (LFZG) entspricht, enthält insoweit einen gesetzlichen Forderungsübergang (**cessio legis**) der Ansprüche des verletzten Arbeitnehmers. Soweit das Arbeitsentgelt fortgezahlt wird, kann der Arbeitgeber Ansprüche gegen den Schädiger geltend machen, einschließlich folgender auf das Arbeitsentgelt entfallenden Nebenkosten: 21

- Beiträge zur Bundesanstalt für Arbeit,
- Arbeitgeberanteile an Beiträgen zur Sozialversicherung und zur Pflegeversicherung
- Beiträge zu Einrichtungen der zusätzlichen Alters und Hinterbliebenenversorgung.

Für weitergehende Leistungen ist eine **Abtretung** erforderlich.[12]

Arbeitnehmer im Sinne des Entgeltfortzahlungsgesetzes sind **Arbeiter** und **Angestellte** sowie die zu ihrer Berufsbildung Beschäftigten (§ 1 Abs. 2 EFZG). 22

10 *Förschner*, DAR 2001, 16; *Diehl*, zfs 2007, 543.
11 BGH, VI ZR 36/08, NZV 2009, 28 = SP 2009, 3.
12 OLG Köln, SP 2007, 427.

23 Wenn ein Arbeitgeber übergegangene Entgeltfortzahlungsansprüche nicht selbst geltend macht, sondern einen Rechtsanwalt einschaltet, sind die insoweit anfallenden **Anwaltskosten nicht zu ersetzen**, da der Arbeitgeber nur **mittelbar** Geschädigter ist.

24 Der Arbeitgeber darf sich auf die **Arbeitsunfähigkeitsbescheinigung** des behandelnden Arztes **verlassen.**[13]

II. § 108 SGB VII

25 § 108 SGB VII ist auch im Rechtsstreit des Arbeitgebers gegen den **Schädiger** anzuwenden.[14]

26 Das Zivilgericht ist an die Entscheidung über die Zuständigkeit des Unfallversicherungsträgers gebunden. Diese **Bindungswirkung** nach § 108 SGB VII setzt jedoch voraus, dass der Betroffene von dem sozialrechtlichen Verfahren Kenntnis und die Möglichkeit hat, daran teilzunehmen.[15]

13 BGH, VI ZR 408/00, r+s 2002, 63 = zfs 2002, 67.
14 BGH, VI ZR 70/06, SP 2007, 352.
15 BGH, VI ZR 70/06, SP 2007, 352; BGH, VI ZR 244/06, NZV 2008, 394; BGH, VI ZR 202/07, NZV 2008, 396.

§ 11 Mehrwertsteuer

Mehrwertsteuer ist gemäß § 249 Abs. 2 S. 2 BGB nur zu ersetzen, „wenn und soweit sie tatsächlich **angefallen** ist“. 1

Wenn der Geschädigte gem. § 15 UStG die Möglichkeit des **Vorsteuerabzugs** hat, ist er grundsätzlich verpflichtet, insoweit den Schädiger zu entlasten und nur die Nettobeträge zu verlangen (§ 254 BGB). 2

Diese Maßnahme ist dem Geschädigten auch durchaus **zuzumuten**, weil er selbst hierdurch keinen Nachteil erleidet und in Höhe der Vorsteuerbeträge seine eigene Steuerlast gegenüber dem Finanzamt verkürzen kann. 3

Bei einem kaufmännischen Unternehmen besteht eine **Vermutung**, dass die Möglichkeit des Vorsteuerabzugs gegeben ist. Behauptet ein Kaufmann, dass ausnahmsweise bei dem beschädigten Fahrzeug die Berechtigung zum Vorsteuerabzug fehlt, ist insoweit der Anspruchsteller darlegungs- und beweispflichtig. 4

Bei **Leasingfahrzeugen** ist auf die Verhältnisse des Leasinggebers abzustellen.[1] 5

Es liegt kein Verstoß gegen § 254 BGB vor, wenn trotz der Möglichkeit des Vorsteuerabzugs ein **differenzbesteuertes** Fahrzeug erworben wird.[2]

1 OLG Köln, SP 2003, 207 m.w.N.

2 BGH, VI ZR 245/07, zfs 2009, 326 = VersR 2009, 516, *Wellner*, BGH-Rechtsprechung zum Kfz-Sachschaden, § 2 Rn 23.

§ 12 Anwaltskosten

A. Allgemeines

Die bei der Schadenregulierung anfallenden Rechtsanwaltskosten sind als **adäquater Sachfolgeschaden** vom Schädiger zu ersetzen.[1] Diese Ersatzpflicht besteht auch dann, wenn der Rechtsanwalt sich selbst vertritt.[2] 1

Vorprozessuale Kosten sind im Regelfall zu erstatten, wenn nicht feststeht, dass der Versuch einer außergerichtlichen Regulierung keine Erfolgsaussicht hat; dies gilt auch dann, wenn die Deckungszusage einer Rechtsschutzversicherung vorliegt. 2

B. Erforderlichkeit

Rechtsanwaltskosten als adäquater Sachfolgeschaden sind grundsätzlich auch dann zu ersetzen, wenn die Sach- und Rechtslage eindeutig ist. Der Geschädigte darf sich eines sachkundigen Rechtsanwalts bedienen, um gegenüber dem sachkundigen Haftpflichtversicherer „**Waffengleichheit**" zu erreichen.[3] 3

Dieser Grundsatz gilt jedoch **nicht ausnahmslos**: Voraussetzung für die Ersatzfähigkeit von Anwaltskosten ist regelmäßig, dass der Geschädigte die Beauftragung des Rechtsanwalts für **erforderlich** halten durfte.[4] 4

Betriebe ab einer gewissen Größenordnung müssen in der Lage sein, mit ihrem kaufmännisch geschulten Personal Schadenersatzansprüche in **einfachen Fällen ohne anwaltliche Hilfe** durchzusetzen;[5] dies gilt insbesondere für **Leasing-Unternehmen**.[6] 5

Der Schädiger ist lediglich verpflichtet, die gesetzlichen Gebühren und auch diese nur insoweit zu ersetzen, als diese für die Durchsetzung der Schadensersatzansprüche **sinnvoll und erforderlich** waren. 6

1 Palandt/*Grüneberg*, § 249 BGB Rn 57 m.w.N.
2 LG Mainz NJW 1972, 161; LG Mannheim AnwBl 1975, 68; *Greißinger*, zfs 1999, 504 m.w.N.
3 AG Darmstadt, zfs 2002, 71.
4 Palandt/*Grüneberg*, § 259, Rn 57 m.w.N.
5 LG Bonn, zfs 2008, 18; Palandt/*Grüneberg*, § 249 BGB Rn 57 m.w.N.; *van Bühren/Lemcke/Jahnke*, Teil 3 Rn 340/341.
6 LG Traunstein, 8 S 4587/11, VersR 2013, 645.

C. Geschäftsgebühr

7 An die Stelle der früheren Geschäftsgebühr gem. § 118 Abs. 1 S. 1 BRAGO ist die Geschäftsgebühr gem. § 14 RVG i.V.m. Nr. 2300 VV RVG getreten. Der Gebührenrahmen liegt zwischen 0,5 bis 2,5. Allerdings heißt es in dieser Vorschrift, dass eine Gebühr von mehr als 1,3 nur gefordert werden kann, wenn die Tätigkeit umfangreich oder schwierig war. **Die „Normalgebühr“ (früher 7,5/10 nach BRAGO) ist somit die 1,3-Gebühr.** Eine **höhere** Vergütung kann nur gefordert werden, wenn die Tätigkeit umfangreich oder schwierig, immerhin **überdurchschnittlich** war.[7] Umgekehrt bedeutet die gesetzliche Regelung aber auch, dass bei **unterdurchschnittlichen** Fällen die Festsetzung einer Geschäftsgebühr von 1,3 unbillig sein kann und in derartigen Fällen auch mit **1,0** zu bewerten ist.[8]

8 Ein Rechtsanwalt, der einen die Regelgebühr **überschreitenden** Betrag geltend macht, muss dessen Begründetheit **darlegen** und **beweisen**.[9]

D. Gebührenempfehlung

9 Für die Abwicklung von Kfz-Schadensfällen haben sich einige Versicherer gegenüber dem Deutschen Anwaltverein (Arbeitsgemeinschaft Verkehrsrecht) bereit erklärt, Rechtsanwaltsgebühren nach bestimmten Grundsätzen abzurechnen. **Diese Verfahrensweise wird nur gegenüber solchen Rechtsanwälten angewendet, die sich mit ihnen in allen Fällen uneingeschränkt einverstanden erklären.**[10] Nach diesen Abrechnungsgrundsätzen wird bei Sachschäden eine Gebühr von **1,8** erstattet. Bei Personen- und Sachschäden mit einem Gesamterledigungswert von **10.000 EUR** oder mehr wird eine Gebührenhöhe von **2,1** zugrunde gelegt (zu den Arbeitsanweisungen siehe § 21 Rn 9 ff.).[11]

E. Einigungsgebühr

10 Eine Einigungsgebühr gem. Nr. 1000 VV RVG entsteht dann, wenn der Streit oder die Ungewissheit der Parteien durch Abschluss eines Vertrages durch Mitwirkung des Rechtsanwalts **beseitigt** wird. Während die Vergleichsgebühr des § 23 BRAGO durch Verweisung auf § 779 BGB ein gegenseitiges Nachgeben verlangte, wird durch die Einigungsgebühr **jegliche vertragliche Beilegung** eines Streits der Parteien honoriert.

7 BGH, VI ZR 261/05, NZV 2007, 181; 182 = SP 2007, 85; *Madert*, zfs 2004, 301 ff.; *Schneider*, zfs 2004, 396; *Madert*, zfs 2005, 305 ff. mit umfassender Rechtsprechungsübersicht.

8 BGH, VI ZR 261/05, zfs 2007, 102 = NZV 2007, 181, 182 = SP 2007, 85.

9 OLG Düsseldorf, 24 U 104/07, VersR 2008, 1347.

10 Siehe: *www.verkehrsanwaelte.de/fuer-verkehrsanwaelte/arbeitshilfen*.

11 Die aktuellen Abrechnungsgrundsätze können unter: *www.verkehrsanwaeite.de/uploads/media/Abrechnungsgrundsaetze.pdf* abgerufen werden.

Es kommt somit **nicht** auf einen **Vergleich** i.S.v. § 779 BGB an, sondern nur noch auf eine Einigung über die Erledigung eines Anspruchs.[12] 11

Auf der anderen Seite kann keine Einigung dadurch „erzwungen" werden, dass eine überhöhte Forderung geltend gemacht wird, die der Versicherer dann entsprechend reduziert. Wenn daher der Versicherer einen Schaden „**abrechnet**" zu einem Betrag, der unter der geltend gemachten Forderung liegt, kann darin bereits begrifflich **keine „Einigung"** gesehen werden, die eine Gebühr gem. Nr. 1000 VV RVG auslöst.[13] 12

In dem vom AG Düsseldorf entschiedenen Fall[14] hatte der Geschädigte zu **100 %** Schadenersatz geltend gemacht, der Versicherer jedoch wegen der Mithaftung des Anspruchsstellers lediglich mit einer Quote von **75 %** reguliert. Ebenso hat das AG Krefeld[15] die Einigungsgebühr als nicht angefallen angesehen, als der Haftpflichtversicherer ein **geringeres** Schmerzensgeld als gefordert „**reguliert**" hatte. 13

Die **Einigungsgebühr** fällt **nicht** an, wenn ohne gesonderte Vereinbarung nach Zahlung der Urteilssumme die Klage zurückgenommen wird.[16] 14

F. Erstattungspflicht

Zu differenzieren ist zwischen den **vertraglich geschuldeten** Anwaltskosten aufgrund des Anwaltsvertrages und den Kosten, die der Schädiger als **adäquate Schadenfolge** zu ersetzen hat. Hat der Geschädigte mit dem von ihm beauftragten Rechtsanwalt eine Gebührenvereinbarung getroffen, die über die gesetzlichen Gebühren hinausgeht, besteht insoweit kein Erstattungsanspruch gegen den Haftpflichtversicherer. 15

Wenn der Geschädigte sich auch bei der Geltendmachung seiner **Kaskoansprüche** anwaltlich vertreten lässt, muss der Haftpflichtversicherer diese Anwaltskosten ebenfalls als adäquate Schadenfolgekosten ersetzen.[17] 16

Nicht erstattungsfähig sind die Anwaltskosten des **Arbeitgebers**, der die Lohnnebenkosten gem. § 6 Entgeltfortzahlungsgesetz geltend macht. Bei diesen Anwaltskosten handelt es sich nicht um unmittelbare Sachfolgekosten, sondern um **mittelbare Schäden** des Arbeitgebers, bei deren Verfolgung Rechtsanwaltskosten nur dann zu ersetzen 17

12 BGH, VI ZR 261/05, zfs 2007, 102 = SP 2007, 86; *Hartmann*, Kostengesetze, 36. Aufl., Nr. 1000 VV RVG Rn 5 und 10.

13 BGH, VIII ZB 29/05, SP 2007, 29; BGH, BGH, VI ZR 261/05, zfs 2007, 102 = SP 2007, 86; AG Düsseldorf, SP 2007, 159.

14 48 C 5936/06, SP 2007, 159.

15 80 C 357/05, SP 2006, 151.

16 OLG München, 11 W 1636/10, SP 2011, 87.

17 OLG Karlsruhe r+s 1990, 303; LG Wuppertal, 8 S 92/09, zfs 2010, 519.

sind, wenn der Schädiger sich in Verzug befindet oder aus anderen Gründen berechtigte Ansprüche nicht reguliert hat.

G. Gegenstandswert

18 Als Gegenstandswert kann nur der Betrag zugrunde gelegt werden, der der **berechtigten Forderung** entspricht.[18]

H. Hebegebühren

19 Die Differenzierung zwischen den Anwaltsgebühren, die gegenüber dem Mandanten geltend gemacht werden können und den **erstattungsfähigen** Gebühren, die der Haftpflichtversicherer ersetzen muss, wird besonders deutlich bei der Hebegebühr gem. Nr. 1009 VV RVG.

20 Nach dieser Vorschrift erhält der Rechtsanwalt eine Hebegebühr, wenn er für seinen Mandanten Zahlungen **vereinnahmt** und diese an ihn **weiterleitet**. Diese Hebegebühr soll den Aufwand für die Abwicklung des Zahlungsverkehrs und die damit verbundene Tätigkeit und Verantwortung abgelten.

21 Es ist zunächst zu unterscheiden zwischen den **angefallenen** Gebühren und den **erstattungsfähigen** Gebühren. Erstattungsfähig sind nur solche Gebühren, die zur zweckentsprechenden Rechtsverfolgung i.S.v. § 91 Abs. 2 ZPO i.V.m. § 254 Abs. 2 BGB notwendig sind.

22 Hebegebühren werden daher grundsätzlich **nicht** als erstattungsfähige Rechtsanwaltskosten i.S.v. § 91 ZPO angesehen.[19] Erstattungsfähigkeit wird nur dann bejaht, wenn der Schuldner **unaufgefordert** an den beauftragten Rechtsanwalt zahlt oder sogar **entgegen** der Anweisung des Rechtsanwalts, keine Zahlungen an ihn zu leisten.[20]

23 Ein materiell-rechtlicher Kostenerstattungsanspruch im Rahmen der Schadenregulierung gem. § 249 BGB besteht nicht, da die Entgegennahme der Ersatzleistung keine anwaltlich Hilfe erforderlich macht. Ersatzfähig ist die Hebegebühr daher nur dann, wenn **ausnahmsweise** die Hinzuziehung eines Rechtsanwalts für die Entgegennahme von Zahlungen erforderlich ist. Dies ist beispielsweise dann der Fall, wenn der Mandant im **Ausland** wohnt, über kein eigenes Konto verfügt oder krankheits- oder verletzungsbedingt nicht in der Lage ist, über sein Konto zu verfügen.[21]

18 BGH, VIII ZR 341/08, MDR 2008, 351 = zfs 2008, 164; OLG Hamm, 6 U 48/08, zfs 2008, 587, 588.
19 Zöller/*Herget* § 91 Rn 13, Stichwort „Geld" m.w.N.
20 Zöller/*Herget* a.a.O.
21 *Schneider*, RVG, 2. Aufl., VV 1009, Rn 61, *Braun*, Praxis des Vergütungsrechts Teil V, Rn 206; AG Bruchsal, VersR 1986, 689.

Ein Rechtsanwalt, der beabsichtigt, für die Entgegennahme und Weiterleitung von Zahlungen eine Hebegebühr in Rechnung zu stellen, ist verpflichtet, seinen Mandanten darauf **hinzuweisen**, dass diese Hebegebühr anfällt. Wenn der beauftragte Rechtsanwalt den ersatzpflichtigen Haftpflichtversicherer darauf **hinweist**, dass bei Zahlungen an ihn eine Hebegebühr berechnet wird, ist der Versicherer auch verpflichtet, diese Hebegebühr zu erstatten. 24

I. Rechtsprechungsübersicht

Ein **Rechtsanwalt**, der sich bei der Geltendmachung von Schadenersatzansprüchen aus einem Verkehrsunfall selbst vertritt, kann im Regelfall nur dann Anwaltsgebühren geltend machen, wenn bei der Eigenvertretung **besondere rechtliche Kenntnisse** erforderlich sind. Ein ersatzfähiger Schaden resultiert nicht schon daraus, dass der Rechtsanwalt für die Verfolgung seiner Rechte Zeit aufwendet und seine Arbeitskraft einsetzt.[22] 25

Zu den ersatzpflichtigen Rechtsverfolgungskosten können auch die Rechtsanwaltskosten gehören, die durch die Geltendmachung von Ansprüchen gegen die **private Unfallversicherung** entstehen. Der Schädiger muss diese Kosten ersetzen, wenn der Geschädigte aus Mangel an geschäftlicher Gewandtheit oder aus sonstigen Gründen wie Krankheit oder Abwesenheit nicht in der Lage ist, den Schaden selbst bei seinem Versicherer anzumelden.[23] 26

Auch wenn der Geschädigte eine **eigene Rechtsabteilung** unterhält, sind die bei der Geltendmachung von Schadenersatzansprüchen anfallenden Kosten grundsätzlich ersatzfähig, es sei denn, dass die Abwicklung des konkreten Schadenfalles zu dem originären Aufgabenbereich dieser Rechtsabteilung gehört.[24] 27

22 OLG Oldenburg, 5 U 34/07, VersR 2009, 797; **a.A.** AG Halle, 2 C 876/09, NZV 2011, 354.

23 BGH, VI ZR 43/05, zfs 2006, 448 = NJW 2006, 1065, *Wellner*, BGH-Rechtsprechung zum Kfz-Sachschaden, § 11 Rn 116.

24 BGH, I ZR 83/06, NJW 2008, 2651.

§ 13 Verdienstausfall

Ist ein Verdienstausfall nicht auf einen Personenschaden, sondern auf Beschädigung eines Kraftfahrzeugs zurückzuführen, kann ein möglicher Verdienstausfall in der Regel durch Anmietung eines gleichwertigen **Ersatzfahrzeugs** vermieden werden. 1

Insoweit kann auf die Ausführungen zur Schadenminderungspflicht bei Inanspruchnahme eines Mietwagens verwiesen werden (siehe § 6 Rn 22).

Bei größeren Betrieben, öffentlichen Verkehrsbetrieben, Mietwagenunternehmen oder Unternehmen mit Spezialfahrzeugen kann der Ausfall eines Fahrzeugs in der Regel durch den Einsatz eines in der **Betriebsreserve** befindlichen Fahrzeugs ausgeglichen werden. Stehen solche Reservefahrzeuge nicht zur Verfügung und droht ein unverhältnismäßig hoher Schaden, kann der Geschädigte verpflichtet sein, ein entsprechendes **Ersatzfahrzeug anzumieten**, wenn dessen Kosten nicht unverhältnismäßig hoch zu dem zu befürchtenden Verdienstausfall sind. 2

Zur Schadenminderungspflicht des Geschädigten gehört es auch, Aufträge **nachzuholen** oder auf die Dienste eines **Fremdunternehmens** zurückzugreifen. 3

§ 14 Rechtsschutzversicherungen

A. Allgemeines

Rund 70 % aller Autofahrer sind rechtsschutzversichert. Die Rechtsschutzversicherung ist eine **Schadenversicherung** und unterliegt den für die gesamte Schadenversicherung geltenden Bestimmungen des VVG. Die meisten Rechtsschutzversicherer, insbesondere die Spezialversicherer (DAS und ARAG) verstehen sich gleichwohl als „Rechtsbesorger", die auf ihre Versicherungsnehmer bei Begründung und Abwicklung des Anwaltsvertrages Einfluss nehmen wollen. 1

In letzter Zeit schließen mehrere Rechtsschutzversicherer sog. Regulierungsabkommen mit bestimmten Anwälten. Diese **Regulierungsabkommen** sind nichts anderes als **Gebührenvereinbarungen**, nach denen Rechtsanwälte, die diesem Abkommen beitreten, im Regelfall Gebühren unterhalb der Mittelgebühr abrechnen. Als Gegenleistung bieten die Rechtsschutzversicherer an, sog. freie Mandate diesen Vertragsanwälten zu vermitteln. 2

Diese Vorgehensweise erscheint mehr als bedenklich, da einmal die Unabhängigkeit dieser Rechtsanwälte gefährdet sein kann, im Übrigen besteht auch die Gefahr einer **Interessenkollision**, wenn der beauftragte Rechtsanwalt für seinen Mandanten im Einzelfall einen risikoreichen Prozess führt, der zu einer großen Kostenbelastung des Rechtsschutzversicherers führt. 3

B. Anzeigepflicht

Im Gegensatz zu den ARB 2010 und den früheren ARB enthalten die ARB 2012 folgende Bestimmungen: 4

- 4.1.1.1 ARB 2012[1]

  Sie müssen uns den Versicherungsfall unverzüglich mitteilen, gegebenenfalls auch telefonisch.

- 4.1.1.3 ARB 2012[2]

  Kosten verursachende Maßnahmen müssen Sie nach Möglichkeit mit uns abstimmen, soweit dies für Sie zumutbar ist. (Beispiele für kostenverursachende Maßnah-

1 Quelle: GDV-Musterbedingungen „Allgemeine Bedingungen für die Rechtsschutzversicherung (ARB 2012)", Stand Juni 2013.

2 Quelle: GDV-Musterbedingungen „Allgemeine Bedingungen für die Rechtsschutzversicherung (ARB 2012)", Stand Juni 2013.

men: die Beauftragung eines Rechtsanwalts, Erhebung einer Klage oder Einlegung eines Rechtsmittels)

In beiden Bestimmungen handelt es sich um Obliegenheiten, die sich nur dann auswirken, wenn sie für die Feststellung des Versicherungsfalles oder den Umfang der Leistungspflicht ursächlich waren (§ 28 Abs. 3 S. 1 VVG). Der Kausalitätsgegenbeweis ist in der Rechtsschutzversicherung leicht zu führen, da die Leistungspflicht eines Rechtsschutzversicherers nicht davon abhängt, wann er vom Schadenfall Kenntnis erhalten hat. Dies gilt auch für die Bearuftragung eines Rechtanwalts, da auch Rechtsschutzversicherer die gesetzlich geregelte freie Anwaltswahl (§ 3 BRAO) zu wahren haben. Durch die Beauftragung eines Rechtsanwalts nach Wahl des Versicherungsnehmers entstehen keine zusätzlichen Kosten.

C. Wartezeit (§ 4 ARB 2010/3.1.1 ARB 2012)

5 Grundsätzlich besteht eine Wartezeit von 3 Monaten seit Abschluss des Versicherungsvertrages, **außer**

- für die **Geltendmachung** von Schadenersatzansprüchen aufgrund gesetzlicher Haftungsbestimmungen (2.2.1 ARB 2012)
- für die **Verteidigung** in Straf- und OWi-Sachen (2.2.9, 2.2.10 ARB 2012).

6 In **Unfallsachen** kommt somit eine Wartezeit nicht in Betracht, so dass ab Vertragsschluss Versicherungsschutz besteht.

D. Obliegenheiten (§ 17 ARB 2010/4.1 ARB 2012)

7 Zu den wichtigsten Obliegenheiten des Versicherungsnehmers gehört es,

- den Versicherer **unverzüglich** (4.1.1.1 ARB 2012) vollständig und wahrheitsgemäß (4.1.1.2 ARB 2012) über sämtliche Umstände des Versicherungsfalles zu **unterrichten**,
- Kosten auslösende Maßnahmen mit dem Rechtsschutzversicherer abzustimmen (4.1.1.3 ARB 2012).

E. Unfallflucht

8 Da Unfallflucht nur vorsätzlich begangen werden kann, besteht generell kein Versicherungsschutz im Bereich der Rechtsschutzversicherung. Der Rechtsschutzversicherer muss jedoch zunächst Versicherungsschutz gewähren, da er erst leistungsfrei wird, wenn eine rechtskräftige Verurteilung erfolgt. Es besteht somit **auflösend bedingt** Versicherungsschutz.

In derartigen Fällen empfiehlt es sich, den anwaltsüblichen Gebühren- und **Kostenvorschuss** beim Rechtsschutzversicherer anzufordern. Wenn dann gleichwohl eine Verurteilung erfolgt, kann der Rechtsschutzversicherer zwar seine Leistung zurückfordern, nicht jedoch vom beauftragten Rechtsanwalt, sondern vom **Versicherungsnehmer**, da dieser von seiner Zahlungspflicht befreit worden ist. 9

F. Kostenbeteiligung bei der Unfallregulierung

Bei den Rechtsanwaltsgebühren ist bekanntlich zu unterscheiden zwischen dem Entstehen der Gebühr und der Erstattungsfähigkeit der Gebühr. In einzelnen Fällen kann im Innenverhältnis gegenüber dem Mandanten ein höherer Gebührenanspruch entstehen als der Erstattungsanspruch gegenüber dem Versicherer besteht. In derartigen Fällen kann der **Differenzbetrag** gegenüber dem Rechtsschutzversicherer geltend gemacht werden. 10

G. Fremdgeld

Ein Rechtsanwalt, der vom Rechtsschutzversicherer Vorschüsse vereinnahmt hat, ist verpflichtet, über die Verwendung der Vorschüsse **Auskunft** zu erteilen und **Rechnung** zu legen. Soweit Kostenerstattungsansprüche bestehen, gehen diese in Höhe der Vorschusszahlungen auf den Rechtsschutzversicherer über (**§ 86 VVG**). Die vom Prozessgegner erstatteten Kosten sind daher **Fremdgeld**, das unverzüglich an den Rechtsschutzversicherer, soweit Vorschüsse gezahlt sind, weiterzuleiten ist.[3] Bezüglich des Selbstbehalts und der vom Versicherer nicht zu übernehmenden Kosten ist das **Quotenvorrecht** des Versicherungsnehmers zu berücksichtigen.[4] 11

3 *Van Bühren/Plote*, ARB-Kommentar, Anhang I m.w.N.; OLG Düsseldorf, 24 U 104/07, VersR 2008, 1347.
4 *Van Bühren/Plote*, § 5 ARB Rn 106.

§ 15 Klageerhebung

A. Allgemeines

Wenn die außergerichtlichen Regulierungsverhandlungen gescheitert sind, sollte unverzüglich Klage erhoben werden. Die Beantragung eines **Mahnbescheides** ist nicht nur umständlich, sie dient auch keineswegs der Beschleunigung, sondern allenfalls der **Verzögerung**: Haftpflichtversicherer legen immer Widerspruch gegen einen Mahnbescheid ein, auch dann, wenn sie regulierungsbereit sind. 1

Bei durchschnittlichen Verkehrsunfallsachen ist dem Haftpflichtversicherer im Regelfall ein **Prüfungszeitraum von 4–6 Wochen** zuzubilligen.[1] Wenn der Haftpflichtversicherer bei einer vorzeitig erhobenen Klage die Klageforderung sofort anerkennt, sind die Prozesskosten dem Kläger gem. § 91a ZPO aufzuerlegen.[2] 2

B. Prozessparteien

Auf der Klägerseite findet man in der Regel den unmittelbar Geschädigten, den **Eigentümer** des beschädigten Fahrzeuges. 3

Auf der Beklagtenseite befindet sich zunächst der **Pflichthaftpflichtversicherer**, gegen den aufgrund von § 115 VVG ein Direktanspruch besteht. Da der Pflichthaftpflichtversicherer ebenso wie Halter und Fahrer, also für Gefährdungshaftung und Verschuldenshaftung, einzutreten hat, genügt es in der Regel bei Streit über die Schadenhöhe, die Klage nur gegen den Haftpflichtversicherer zu richten. 4

Bei Streit über den Haftungsgrund sollte auch der **Fahrer** mitverklagt werden, damit er nicht im Haftpflichtprozess als Zeuge aussagen kann. 5

Demgegenüber ist es ebenso **überflüssig** wie häufig, die Klage auch gegen den **Halter** zu richten. 6

In der Regel ist es unnötig und sogar **schädlich**, die Klage gegen den **Halter** zu richten. Wird der Halter mitverklagt, kann er im Wege der **Drittwiderklage** seine eigenen Ansprüche geltend machen und dann diese Drittwiderklage auf den Fahrer des klägerischen Fahrzeuges ausdehnen, der oft der einzige Zeuge ist. 7

1 OLG Koblenz, 12 W 195/11, SP 2011, 337; OLG Köln, 24 W 69/11, NZV 2013, 42; KG, 22 W 12/09, VersR 2009, 1262; OLG Stuttgart, 3 W 15/10, DAR 2010, 387.
2 OLG Stuttgart, 3 W 15/10, DAR 2010, 387 = VersR 2010, 1306; OLG München, 10 W 1789/10, DAR 2010, 644 = zfs 2011, 150; LG Heilbronn, 4 T 22/07, DAR 2008, 90.

8 Die routinemäßig auf den Halter ausgedehnte Klage wird oft damit begründet, dass man befürchtet, der Haftpflichtversicherer sei im **Innenverhältnis** gegenüber dem Versicherungsnehmer **leistungsfrei**. Hierzu heißt es jedoch in § 117 Abs. 1 VVG:

> *„Ist der Versicherer von der Verpflichtung zur Leistung dem Versicherungsnehmer gegenüber ganz oder teilweise frei, so bleibt gleichwohl seine Verpflichtung in Ansehung des Dritten bestehen."*

9 Nur in ganz seltenen Ausnahmen ist die Klageerweiterung auf den Halter sinnvoll,

- wenn dieser **Beifahrer** war und somit als Zeuge in Betracht kommt,
- wenn der Versicherer wegen **vorsätzlicher** Herbeiführung des Unfalls (§ 103 VVG) leistungsfrei sein könnte,
- wenn der Versicherer nur im Rahmen der **Mindestversicherungssumme** haftet,
- wenn der Versicherer nur **subsidiär** (§ 117 Abs. 3 S. 2 VVG) haftet.

C. Gerichtsstand

10 Fahrer, Halter und Pflichtversicherer können gemeinsam am Gerichtsstand des Unfallortes direkt verklagt werden (§ 32 ZPO, § 20 StVG, § 115 VVG). Es besteht nur einfache Streitgenossenschaft, so dass auch jeweils eine gesonderte Klage gegen den Fahrer, Halter und Pflichtversicherer möglich ist. Es kommen somit **fünf Gerichtsstände** in Betracht:

- Gerichtsstand des **Unfallortes** (§ 32 ZPO),
- allgemeiner Gerichtsstand des **Halters** (§§ 12,13 ZPO),
- allgemeiner Gerichtsstand des **Fahrers** (§§ 12,13 ZPO),
- allgemeiner Gerichtsstand des **Pflichtversicherers** (§§ 12, 17 ZPO),
- Gerichtsstand der zuständigen **Niederlassung** des Haftpflichtversicherers (§ 21 ZPO).

11 Bei streitigem Unfallhergang bietet es sich an, den Gerichtsstand des **Unfallortes** (§ 32 ZPO) zu wählen, da hier Fahrer und Versicherer einen **gemeinsamen Gerichtsstand** haben.

12 Ist nur die **Schadenhöhe** streitig, kann einer der vorgenannten 5 Gerichtsstände nach **Zweckmäßigkeitsgesichtspunkten** ausgewählt werden. In allen Fällen empfiehlt es sich, den Pflichtversicherer, wenn die Klage nicht gegen ihn gerichtet ist, zu informieren.

D. Beweisführung

13 Im Unfallprozess gilt die allgemeine Regel der ZPO, dass jede Prozesspartei die für sie **günstigen** Umstände beweisen muss, der Kläger die rechtsbegründenden, der Beklagte die rechtshindernden Tatbestandsmerkmale.[3]

3 BGH, II ZR 190/89, NJW 1991, 1052.

Wenn der Beklagte sich auf ein **Mitverschulden** des Klägers beruft, ist der Beklagte beweispflichtig. 14

Soweit der Beweis für den **Haftungsgrund** zu führen ist, gilt der **Strengbeweis** gem. § 286 ZPO (haftungsbegründende Kausalität).[4] 15

Der Geschädigte hat den **objektiven Tatbestand** der Rechtsgutverletzung darzulegen und zu beweisen.[5] Wenn die Schäden mit der Unfallschilderung nicht in Einklang zu bringen sind, ist ein Schadenersatzanspruch nicht bewiesen.[6] 16

Für den Nachweis der **Schadenhöhe** reicht der Freibeweis gem. **§ 287 ZPO** (haftungsausfüllende Kausalität).Das Gericht entscheidet über die Schadenhöhe „unter Würdigung aller Umstände nach freier Überzeugung". Der Kläger ist lediglich verpflichtet, für diese Schadenschätzung die notwendigen **Anhaltspunkte** zu liefern. 17

Bei **erneutem Unfall** im vorgeschädigten Bereich muss der Geschädigte die **fachgerechte Reparatur** der Vorschäden darlegen und beweisen.[7] 18

Wenn keine unbeteiligten Zeugen vorhanden sind, sind nach dem **„Fair-trial-Prinzip"** beide Unfallbeteiligten nach § 141 ZPO anzuhören.[8] 19

> *Hinweis* 20
>
> Der Beweis über die Schadenhöhe kann auch durch die Beantragung der **eigenen Parteivernehmung des Klägers** geführt werden (§ 287 Abs. 1 S. 3 ZPO).

Oft versucht ein Unfallgeschädigter, **Altschäden** dem Unfallgeschehen zuzuordnen und in die Schadenberechnung einzubeziehen. In derartigen Fällen muss die Klage **insgesamt** der Abweisung unterliegen, da es nicht Aufgabe des Gerichts ist, durch Beweisaufnahme zu klären, welche Schäden dem Unfallgeschehen zuzuordnen sind.[9] 21

Dem Kläger können auch wegen **kompatibler** Schäden **keine** Zahlungsansprüche zugesprochen werden, da es möglich ist, dass auch die kompatiblen Schäden durch **Vorschäden** verursacht worden sein können.[10] 22

Das OLG Düsseldorf[11] billigt Schadenersatzansprüche zu, wenn die Vorschäden von den aktuellen Schäden technisch und rechnerisch eindeutig getrennt werden können. 23

4 BGH, VI ZR 28/03, zfs 2004, 159 = SP 2004, 40.
5 OLG Brandenburg, SP 2007, 145.
6 OLG Brandenburg, SP 2007, 145.
7 OLG Köln, 4U 11/10, SP 2011, 187; KG, 22 U 173/10, r+s 2011, 255.
8 OLG Saarbrücken, 4 U 355/10, NJW-RR 2011, 754.
9 KG, SP 2000, 311; OLG Hamburg, MDR 2001, 1111; OLG Frankfurt, VersR 2002, 476; OLG Hamburg, SP 2003, 100; OLG Nürnberg, DAR 2003, 559; LG Wiesbaden, SP 2003, 205.
10 OLG Köln, VersR 1999, 865; OLG Hamburg, r+s 2001, 455; OLG Frankfurt, zfs 2005, 69; OLG Brandenburg, SP 2005, 413; KG 12 U 37/06, zfs 2007, 564 = SP 2008, 21 = MDR 2008, 142 = NZV 2008, 356; OLG Köln, 22 U 199/10, SP 2012, 152; OLG Düsseldorf, 1 W 19/12, r+s 2013, 46.
11 1 U 181/07, NZV 2008, 225.

24 Der **Kläger** muss seinen Schadenersatzanspruch **voll** beweisen, der Beklagte muss nicht den Nachweis führen, dass Vorschäden vorhanden waren.[12]

25 Bei Vorschäden ist der Geschädigte gehalten, detailliert darzulegen und zu beweisen, in welcher Weise der Vorschaden fachgerecht repariert worden ist. Die Benennung von Zeugen, dass die Vorschäden ordnungsgemäß repariert worden sind, reicht nicht aus.[13]

E. Nebenintervention

26 Bei Verdacht einer **Unfallmanipulation** kann – und muss – der Haftpflichtversicherer dem Fahrer als Streithelfer beitreten, um ein auch den Haftpflichtversicherer bindendes Urteil zu verhindern. Der Fahrer darf sich gleichwohl gesondert anwaltlich vertreten lassen, da der vom Versicherer beauftragte Rechtsanwalt den Vorwurf der Unfallmanipulation vorträgt und damit genau das Gegenteil dessen, was der Fahrer vortragen will. Seine Verteidigung ist daher nicht mutwillig, so dass er **Prozesskostenhilfe** beanspruchen kann.[14]

27 Es kann jedoch an der **Bedürftigkeit** fehlen, wenn der Haftpflichtversicherer dem vermeintlichen Schädiger Rechtsschutzdeckung zu gewähren hat.[15]

28 Beim Vorwurf der Unfallmanipulation muss der Versicherer dem mitverklagten Versicherungsnehmer **Rechtsschutzdeckung** gewähren, da die Streitbeihilfe wegen Interessenkollision nicht ausreicht.[16]

F. Isolierte Drittwiderklage

29 Wenn dem Unfallgeschädigten keine Zeugen zur Verfügung stehen, geschieht es häufig, dass die Schadenersatzansprüche an Dritte, meistens an den Ehegatten, **abgetreten** werden, um dann „in eigener Sache" als **Zeuge** aussagen zu können. Im Regelfall besteht dann **kein Deckungsanspruch** gegenüber dem Rechtsschutzversicherer;[17] im Übrigen können Versicherer sich gegen diesen „Taschenspielertrick" erfolgreich zur Wehr setzen:

30 Eine isolierte Drittwiderklage gegen den **Zedenten** ist zulässig, auch wenn dieser versichert, dass er sich keiner weiteren Schadenersatzansprüche aus dem Unfallereignis

12 LG Frankfurt, VersR 2005, 1409; KG, 12 U 137/08, NZV 2009, 345; OLG Koblenz, 10 U 1163/08, r+s 2010, 234.

13 KG, 22 U 191/11, SP 2012, 439; LG Hagen, 2 O 93/12, NJW-RR 2013, 403; OLG Hamm, 9 U 172/12, SP 2013, 334.

14 BGH, VI ZB 31/07, MDR 2010, 1048 = r+s 2010, 411 = NZV 2010, 561 = VersR 2010, 1590; **a.A.** OLG Hamm, 9 W 57/08; VersR 2009, 947; OLG Brandenburg, 12 W 27/09, MDR 2010, 25.

15 OLG Karlsruhe, 1 U 19/11, NZV 2011, 200 = DAR 2011,

16 BGH, IV ZR 107/09, r+s 2010, 504 = MDR 2010, 1382.

17 OLG Köln, 20 U 106/08, VersR 2009, 825.

berühme.[18] Der BGH führt aus, es sei nicht auszuschließen, dass die **Abtretung** von vornherein **nichtig** war oder aufgrund einer späteren Anfechtung durch den Zedenten rückwirkend unwirksam wird. Es diene daher der **Rechtssicherheit**, wenn über einen einheitlichen Anspruch einheitlich entschieden werde.[19]

18 BGH, VI ZR 129/06, NJW 2007, 1753.
19 BGH, a.a.O.; BGH, V ZR 114/07, NJW 2008, 2852 = MDR 2008, 1296.

§ 16 Entschädigungsfonds (§ 12 PflVG)

Um den Schutz der Verkehrsunfallopfer möglichst lückenlos zu gestalten, ist gem. § 12 PflVG (Pflichtversicherungsgesetz) ein Entschädigungsfonds gebildet worden, der insbesondere dann eintritt, wenn 1

- das schädigende Fahrzeug **nicht ermittelt** werden kann (§ 12 Abs. 1 Nr. 1 PflVG),
- eine Haftpflichtversicherung überhaupt **nicht besteht** (§ 12 Abs. 1 Nr. 2 PflVG),
- die Haftpflichtversicherung wegen **Vorsatz** (§ 152 VVG) nicht einzutreten braucht (§ 12 Abs. 1 Nr. 3 PflVG).

Der Anspruch gegen den Entschädigungsfonds besteht nur **subsidiär**, wenn weder gegen den Halter, den Eigentümer oder den Fahrer noch aus dem Gesichtspunkt der Amtspflichtverletzung Schadenersatzansprüche durchgesetzt werden können. Bei Unfallflucht des Schädigers ist der Leistungsanspruch nochmals eingeschränkt: 2

- **Schmerzensgeld** wird nur bei **besonderer Schwere** der Verletzung zur Vermeidung grober Unbilligkeit gezahlt,
- **Sachschäden** am Fahrzeug werden überhaupt **nicht** ersetzt, während für weitere Schäden ein Selbstbehalt von 500 EUR gilt.

Der Entschädigungsfonds wird von **Beiträgen** aller Kraftfahrzeugversicherer gespeist. Der Entschädigungsfonds wird von einem eingetragenen Verein verwaltet, an den auch Ansprüche zu richten sind: „Verein Verkehrsopferhilfe e.V., Wilhelmstr. 43/43 G, 10117 Berlin“.[1] 3

1 Nähere Informationen über den Verein Verkehrsopferhilfe können unter: *www.verkehrsopferhilfe.de* abgerufen werden.

§ 17 Unfälle im Ausland

A. Allgemeines

Bei Unfällen im Ausland richten sich die Ersatzansprüche des Geschädigten nach den dort geltenden gesetzlichen Vorschriften (Tatortprinzip), wenn die Unfallbeteiligten keinen gemeinsamen gewöhnlichen Aufenthalt haben (Art. 40 Abs. 1 EGBGB). Die Parteien haben auch die Möglichkeit, sich auf das anzuwendende Recht zu einigen (Art. 42 EGBGB).[1] 1

B. 4. Kraftfahrzeughaftpflicht-Richtlinie

Der Bundestag hat mit Wirkung zum 1.1.2003 die 4. Kraftfahrzeughaftpflicht-Richtlinie (4. KH-Richtlinie) der Europäischen Union in nationales Recht umgesetzt. Diese Richtlinie soll zu einer Erleichterung der Abwicklung von Unfallschäden im Ausland beitragen[2] und im Interesse des Verbraucherschutzes Schwierigkeiten nach einem Verkehrsunfall im Ausland minimieren.[3] 2

Die Richtlinie sieht hierzu vier Maßnahmen vor: 3

a) Jeder Mitgliedsstaat der EU hat eine **zentrale Auskunftsstelle** einzurichten, die alle Daten und Informationen zur Verfügung stellt, die zur Regulierung von Schadenersatzansprüchen aus einem Verkehrsunfall benötigt werden. Wenn z.B. ein deutscher Geschädigter nur das ausländische Kennzeichen des Fahrzeuges des Unfallgegners kennt, sagt ihm die deutsche Auskunftsstelle, wer der konkrete Versicherer oder dessen Beauftragter für die Schadenregulierung ist.
b) Jede Versicherung hat einen zuständigen **Schadenregulierungsbeauftragten** in jedem Mitgliedsstaat der Europäischen Union zu benennen, an den sich Betroffene ohne Sprachbarriere wenden können.
c) Die Versicherungen müssen Schäden aus Verkehrsunfällen im Ausland unverzüglich, spätestens aber innerhalb einer Frist von **3 Monaten** regulieren. Gelingt das nicht, müssen sie das dem Geschädigten gegenüber mit Gründen schriftlich mitteilen.
d) Nach Ablauf der Frist reguliert eine **Entschädigungsstelle** den Schaden und rechnet mit der zuständigen ausländischen Versicherung ab.

In Deutschland ist zentrale Auskunftsstelle der bereits vorhandene **Zentralruf der Autoversicherer**: Telefon: 0180/25026; Telefax: 040/33965401, E-Mail: *anfrage@zentralruf.de*. 4

1 *Van Bühren/Lemcke/Jahnke*, Teil 13, Rn 14.
2 *Notthoff*, zfs 2003, 105 ff.
3 *Riedmeyer*, DAR 2004, 203 und zfs 2006, 132; *ders.*, AnwBl 2008, 17.

5 Die gesetzliche Entschädigungsstelle ist dann der gem. § 12 PflVG gebildete „Verein Verkehrsopfer e.V., Wilhelmstr. 43/43 G, 10117 Berlin“ (siehe § 16 Rn 1).

6 Durch die Einfügung der Erwägung 16a in die 4. KH-Richtlinie und unter Bezugnahme auf die VOEG 44/2001 wird auf die Möglichkeit hingewiesen, dass der Geschädigte an seinem Wohnsitz seinen Direktanspruch gegen den ausländischen Kraftfahrzeugversicherer geltend machen kann. Diese Regelung hat keine praktische Bedeutung mehr, nachdem der BGH und der Europäische Gerichtshof bereits vor dieser Ergänzung den Gerichtsstand am **Geschädigten-Wohnsitz** anerkannt hatten;[4] dieser Gerichtsstand besteht auch bei Unfällen in der **Schweiz**.[5]

C. 5. Kraftfahrzeughaftpflicht-Richtlinie

7 Die 5. KH-Richtlinie ist am 11.6.2005 im EU-Amtsblatt veröffentlicht worden.[6] Die Mitgliedstaaten haben die Bestimmungen dieser Richtlinie grundsätzlich bis zum 11.6.2007 in nationales Recht umzusetzen, hiervon ausgenommen sind die Erhöhungen der Mindestversicherungssummen. Mit dieser Richtlinie sollen weitere Vereinfachungen in der europaweiten Schadenregulierung sowie Verbesserungen für die Unfallopfer erreicht werden.

4 EuGH, r+s 2008, 111; BGH, VI ZR 200/05, NZV 2008, 447 = VersR 2008, 955 = r+s 2008, 322 = zfs 2008, 572.

5 BGH, VI ZR 260/10, zfs 2011, 561 = DAR 2013, 19, *Wellner*, BGH-Rechtsprechung zum Kfz-Sachschaden, § 11 Rn 1.

6 ABl. L 149 vom 11.6.2005, S. 14–21: *www.eur-lex.europa.eu/LexUriServ/LexUriServ.do?uri=CELEX:32005L0014:DE:HTML.*

§ 18 Inlandsunfälle mit Auslandsbeteiligung

Bei Verkehrsunfällen in Deutschland, an denen ein Inländer und ein Ausländer beteiligt sind, richten sich die Schadenersatzansprüche nach dem **Pflichtversicherungsgesetz**, wenn die Haftpflichtversicherung des Ausländers dem sog. **Grüne-Karte-System** angeschlossen ist. Dies ist bei den meisten europäischen Ländern der Fall. 1

Bei Unfällen im Inland richtet sich dann der Direktanspruch gegen das Deutsche Büro Grüne Karte e.V. nach deutschem Haftpflichtrecht und deutschem Versicherungsrecht.[1] 2

Das Deutsche Büro Grüne Karte e.V. beauftragt in der Regel einen inländischen Versicherer mit der Schadenregulierung. **Aber:** Passivlegitimiert bleibt für Klagen allein das Deutsche Büro Grüne Karte e.V., nicht etwa der mit der Schadenregulierung beauftragte inländische Versicherer.[2] Die Anschrift lautet: „Deutsches Büro Grüne Karte e.V., Wilhelmstr. 43/43 G, 10117 Berlin". 3

1 *Van Bühren/Lemcke/Jahnke*, Teil 13, Rn 3.

2 Siehe auch: *Hillmann/Schneider*, Das verkehrsrechtliche Mandat, Bd. 2, § 5 Rn 11 f.

§ 19 Verjährung

§ 14 StVG verweist auf die Verjährung von Ansprüchen aus diesem Gesetz auf §§ 823 ff. BGB, so dass für beide Anspruchsgrundlagen von einer **einheitlichen Verjährungsfrist von 3 Jahren** auszugehen ist. 1

Die Frist beginnt mit dem Ablauf des Jahres (Jahresschlussverjährung), in dem der Ersatzberechtigte Kenntnis von den anspruchsbegründenden Umständen und dem Schädiger erlangt hat oder ohne grobe Fahrlässigkeit (§ 199 Abs. 1 Nr. 2 BGB) erlangen konnte.[1] 2

Bei Behörden und öffentlichen Körperschaften beginnt die Verjährungsfrist erst bei Kenntnis des zuständigen Bediensteten von dem Schaden und der Person des Ersatzpflichtigen.[2] 3

1 *Hentschel/König/Dauer*, § 14 StVG Rn 1.
2 BGH, VI ZR 294/08, zfs 2009, 620.

§ 20 Ausschlussfrist

Nach § 15 StVG muss ein Unfall innerhalb von **zwei Monaten** dem Ersatzpflichtigen angezeigt werden. Diese Anzeige ist nur dann erforderlich, wenn der Ersatzpflichtige nicht „auf andere Weise von dem Unfall Kenntnis erhalten hat" (§ 15 S. 2 StVG). In der Praxis ist die Vorschrift von geringer Bedeutung, da sie nur dann eingreift, wenn der Verursacher den Schaden selbst nicht bemerkt hat. 1

Beispiel

Der Fahrgast eines Reisebusses, der durch ein Bremsmanöver verletzt wird, meldet den Schaden nicht dem Busfahrer, sondern erst vier Monate später dem Pflichthaftpflichtversicherer.

Die Ausschlussfrist von § 15 StVG beginnt mit dem Zeitpunkt, in dem der Berechtigte vom Schaden und vom Ersatzpflichtigen **Kenntnis** erhält. Insoweit gelten die gleichen Grundsätze wie zur Verjährung. 2

Es genügt eine **Anzeige** an den Haftpflichtigen, der Schaden muss nicht im Einzelnen spezifiziert und begründet werden. 3

Der Ersatzpflichtige, der sich auf die Ausschlussfrist beruft, muss **beweisen**, dass und wann der Berechtigte Kenntnis vom Schaden und von der Person des Schädigers erlangt hat; der Anspruchsteller muss dartun, dass die Ausschlussfrist eingehalten oder schuldlos versäumt wurde (§ 15 S. 2 StVG). 4

§ 21 Anhang

A. Checkliste: Unfallregulierung

1. Mandatsverhältnis 1

a) Vertretung von Fahrer und/oder Halter?
b) Vertretung bei der Geltendmachung von Schadenersatzansprüchen?
c) Vertretung im Ermittlungsverfahren/Bußgeldverfahren?
d) Liegt der ausgefüllte Unfallfragebogen vor?
e) Besteht eine Rechtsschutzversicherung?
f) Vollmacht, Strafprozessvollmacht, Entbindung von der ärztlichen Schweigepflicht?

2. Unfallhergang

a) Polizeiliche Unfallaufnahme?
b) Personenschaden?
c) Unfallzeugen?
d) Erfolgsaussichten?

3. Hinweis auf die allgemeine Schadenminderungspflicht

a) Ist zügiger Reparaturauftrag bzw. unverzügliche Ersatzbeschaffung gewährleistet?
b) Ist ein Mietwagen wirklich erforderlich?
c) Ist eine Kreditaufnahme erforderlich?

4. Die einzelnen Schadenpositionen

a) Ist ein Sachverständiger beauftragt?
b) Reparaturauftrag oder Totalschaden?
c) Mietwagen oder Nutzungsausfall?
d) Ist es sinnvoll, die Vollkaskoversicherung in Anspruch zu nehmen?
e) Kann der Glasschaden bei der Teilkaskoversicherung geltend gemacht werden?

5. Personenschaden

a) Liegt ein ärztliches Attest vor?
b) Ist mit Verdienstausfall zu rechnen?
c) Kann (fiktiver) Haushaltsführungsschaden geltend gemacht werden?

6. Geltendmachung der Ansprüche

a) Ist der gegnerische Haftpflichtversicherer bekannt?
b) Ist das amtliche Kennzeichen des Unfallgegners bekannt (Zentralruf)?
c) Welche Schadenbelege sind vorhanden?
d) Welche Schadenbelege müssen beschafft werden?

B. Unfallfragebogen

2

Fragebogen für Anspruchsteller

Dieses Formular beruht auf einer zwischen dem GDV und dem Deutschen Anwaltverein getroffenen Vereinbarung. Rechnungen und sonstige Belege sind beizufügen!

Aktenzeichen des Versicherers:

Aktenzeichen des Anspruchstellers:

1.1 Name des Anspruchstellers: Berufliche Tätigkeit:
1.2 Anschrift: Tel.:
1.3 Konto-Nr.: bei: BLZ:
Kontoinhaber:
1.4 Fahrer:

2.1 Name des Versicherungsnehmers:
2.2 Anschrift: Tel.:
2.3 Versichert bei: **2.4** Policen-Nr.:
2.5 Amtliches Kennzeichen: **2.6** Name des Fahrers:
2.7 Anschrift des Fahrers: Tel.:

3.1 Unfallort: Unfalltag: Unfallzeit:
3.2 Genaue Unfallschilderung mit Skizze (ggf. auf einem besonderen Blatt):

3.3 Andere am Unfall beteiligte Verkehrsteilnehmer (Name, Anschrift, amtliches Kennzeichen des Fahrzeugs):

3.4 Name und Anschrift der Unfallzeugen:

3.5 Welche Polizeidienststelle hat den Unfall aufgenommen?

4. BEI ANSPRÜCHEN WEGEN SACHSCHÄDEN
4.1 Was wurde beschädigt?
4.2 Wer ist Eigentümer der beschädigten Sache, evtl. Leasinggeber?
4.3 Vorsteuerabzugsberechtigt? Ja ❑ Nein ❑
4.4 Voraussichtliche Höhe der unfallbedingten Wiederherstellungskosten (Gutachten, Kostenvoranschlag, Rechnung pp.):

4.5 Die beschädigte Sache kann besichtigt werden bei: Tel.:

5. Bei beschädigten Kraftfahrzeugen
5.1 Art: Hersteller: Typ:
Fzg.Identnr.: Hubraum: kW:
Amtl. Kennz.: Erstzulassung: Km-Stand:
5.2 Durch welche Gesellschaft (Geschäftsstelle) und unter welcher Policen-Nr. war das Fahrzeug zur Zeit des Unfalls versichert?
Haftpflichtversicherung:
Vollkaskoversicherung: Selbstbeteiligung EUR: Nr.:
Teilkasko-Versicherung: Selbstbeteiligung EUR: Nr.:
Rechtsschutz-/Verkehrsservice-Versicherung: Nr.:

Vorstehende Angaben habe ich nach bestem Gewissen gemacht.

Ort/Datum Unterschrift

Fragebogen für Anspruchsteller (1563-III/06)
Bestell-Nr. 33135-00
Soldan

6. BEI ANSPRÜCHEN WEGEN PERSONENSCHÄDEN

6.1 Name des Verletzten: ______

6.2 Anschrift: ______ Tel.: ______

6.3 Geburtsdatum: ______ Familienstand: ______ Zahl und Alter der Kinder: ______

6.4 Ausgeübter Beruf: ______ selbständig: Ja ❑ Nein ❑ Monatl. Nettoeinkommen EUR: ______

6.5 Name des Arbeitgebers: ______

6.6 Anschrift: ______ Tel.: ______

6.7 Bezieht der Verletzte unabhängig von diesem Unfall eine Rente? Ja ❑ Nein ❑ Von wem: ______ monatl. EUR: ______

7.1 Art und Umfang der Verletzung: ______

7.2 Sicherheitsgurte angelegt? Ja ❑ Nein ❑

7.3 Krankenhausaufenthalt von: ______ bis (voraussichtlich): ______

7.4 Name und Anschrift des Krankenhauses: ______

7.5 Ambulant behandelnde Ärzte: ______

7.6 Ist der Verletzte hauskrank geschrieben? Ja ❑ Nein ❑ Vom: ______ bis (voraussichtlich): ______

7.7 Welcher Krankenkasse gehört der Verletzte an? ______

7.8 Lag Berufsunfall vor bzw. ereignete sich der Unfall auf dem Weg von oder zu der Arbeit? Ja ❑ Nein ❑

7.9 Welche Berufsgenossenschaft ist zuständig? ______

7.10 Ist der Verletzte gesetzlich rentenversichert? Ja ❑ Nein ❑

7.11 Bei welcher Anstalt? ______

Bezugsquelle: Hans Soldan GmbH – Dienste für Anwälte, Bocholder Straße 259, 45356 Essen; *http://www.soldan.de/shop/Allgemeiner-Buerobedarf/Rechtsanwaltsfachbedarf/Formulare/Anwalts-Formulare/3313500/Fragebogen-fuer-Anspruchsteller*.

C. Schaubilder zur Schadenberechnung bei Inanspruchnahme der Vollkaskoversicherung

3

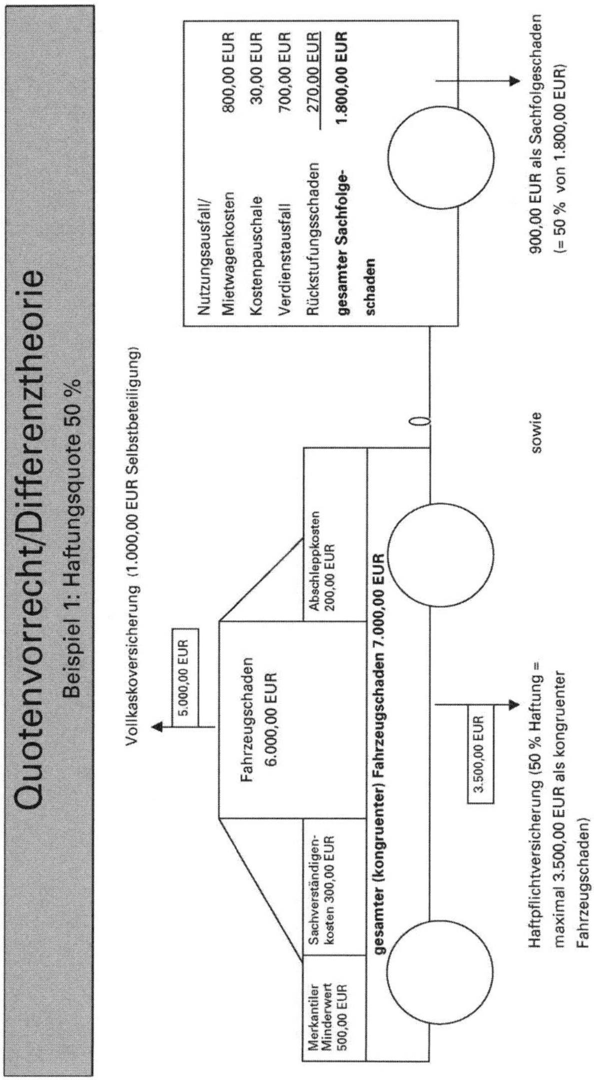

4

Quotenvorrecht/Differenztheorie

Beispiel 1: Haftungsquote 50 % -- Abrechnung *nach* Inanspruchnahme der Vollkaskoversicherung

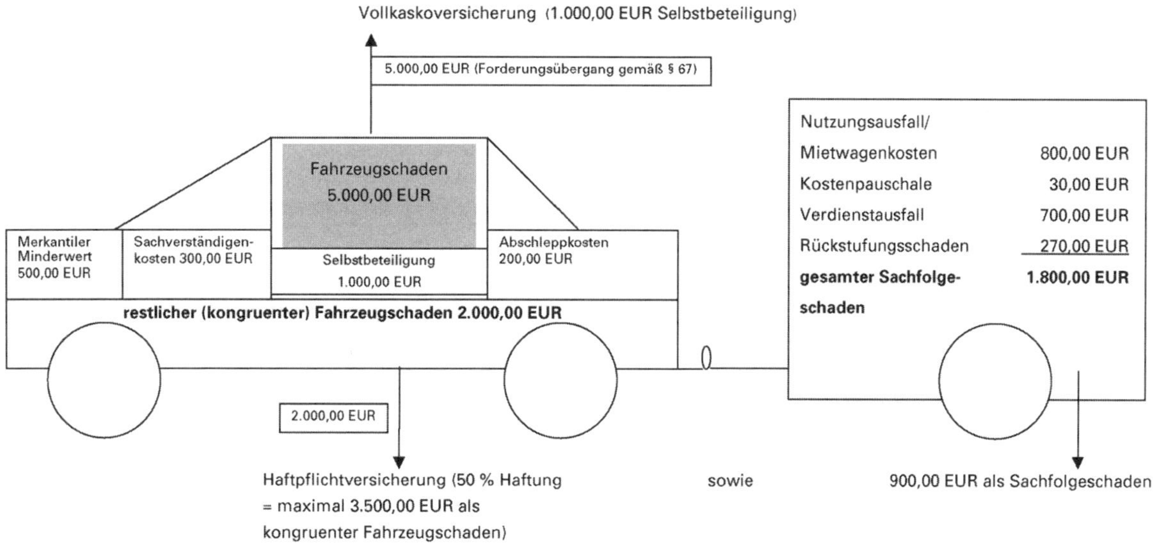

Gesamtleistung des Haftpflichtversicherers: 2.000,00 EUR + 900,00 EUR = 2.900,00 EUR

5

Quotenvorrecht/Differenztheorie

Beispiel 2: Haftungsquote 20 %

Vollkaskoversicherung (1.000,00 EUR Selbstbeteiligung)

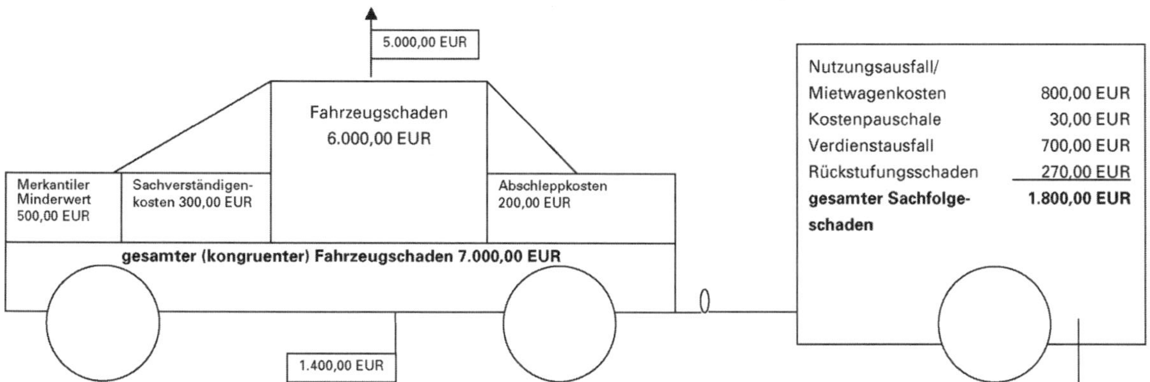

Haftpflichtversicherung (20 % Haftung = maximal 1.400,00 EUR als kongruenter Fahrzeugschaden)

sowie

360,00 EUR als Sachfolgeschaden (= 20 % von 1.800,00 EUR)

6

Quotenvorrecht/Differenztheorie

Beispiel 2: Haftungsquote 20 % -- Abrechnung *nach* Inanspruchnahme der Vollkaskoversicherung

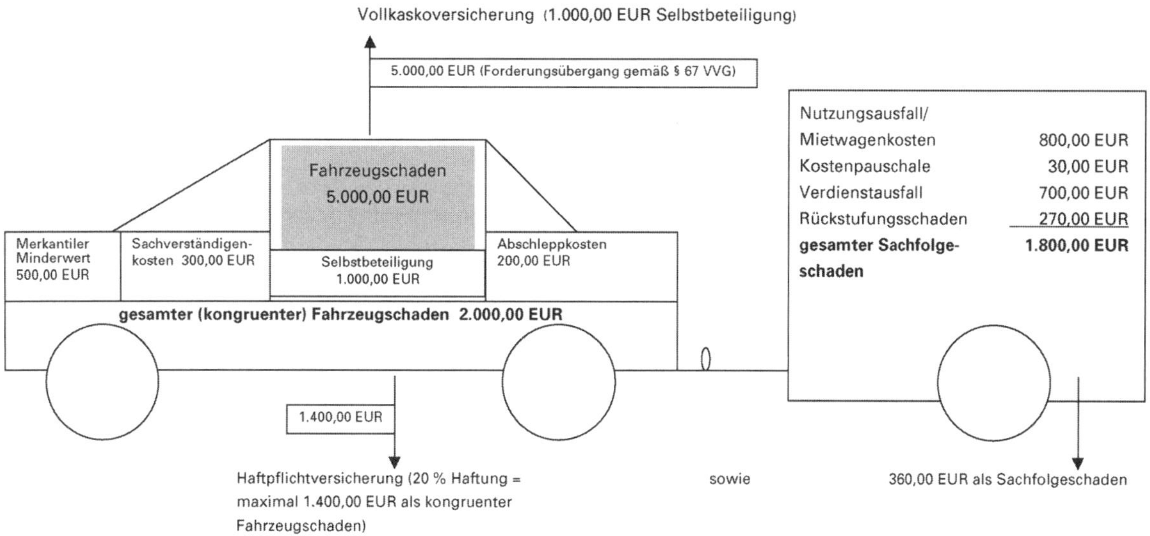

Gesamtleistung des Haftpflichtversicherers: 1.400,00 EUR + 360,00 EUR = 1.760,00 EUR

7

Differenzberechnung

Haftungsquote 50 %

Fahrzeugschaden	6.000 EUR	
Merkantiler Minderwert	500 EUR	
Sachverständigenkosten	300 EUR	
Abschleppkosten	+ 200 EUR	
	7.000 EUR	=> Anspruch gegen den Haftpflichtversicherer (maximal 3.500 EUR)
Leistung des Vollkaskoversicherten	– 5.000 EUR	
(Selbstbeteiligung 1.000 EUR)		
verbleibende Differenz (Restschaden)	**2.000 EUR**	

ERGEBNIS: Der kongruente Fahrzeugschaden wird voll ersetzt

Leistung des Vollkaskoversicherers:	5.000 EUR
Leistung des Haftpflichtversicherers:	+ 2.000 EUR
	7.000 EUR

Haftungsquote 20 %

Fahrzeugschaden	6.000 EUR	
Merkantiler Minderwert	500 EUR	
Sachverständigenkosten	300 EUR	
Abschleppkosten	+ 200 EUR	
	7.000 EUR	=> Anspruch gegen den Haftpflichtversicherer (maximal 1.400 EUR)
Leistung des Vollkaskoversicherten	– 5.000 EUR	
(Selbstbeteiligung 1.000 EUR)		
verbleibende Differenz (Restschaden)	**2.000 EUR**	

ERGEBNIS: Der kongruente Fahrzeugschaden wird nicht voll ersetzt

Leistung des Vollkaskoversicherers:	5.000 EUR
Leistung des Haftpflichtversicherers:	+ 1.400 EUR
	6.400 EUR

D. Merkblatt zur Bearbeitung von Auto-Haftpflichtschäden durch den Verein Deutsches Büro Grüne Karte und den Verein Verkehrsopferhilfe sowie über die Möglichkeiten der Hilfestellung des Deutschen Büros Grüne Karte bei Schadenfällen im Ausland

Deutsches Büro Grüne Karte e.V.	Verkehrsopferhilfe e.V. 8
Wilhelmstraße 43 / 43 G	Wilhelmstraße 43 / 43 G
10117 Berlin	10117 Berlin
Telefon: (030) 20 20 57 57	Telefon: (030) 20 20 58 58
Telefax: (030) 20 20 67 57	Telefax: (030) 20 20 57 22

MERKBLATT

zur Bearbeitung von Auto-Haftpflichtschäden
durch den Verein Deutsches Büro Grüne Karte und
und den Verein Verkehrsopferhilfe
sowie über die Möglichkeiten der Hilfestellung des Deutschen Büros Grüne Karte
bei Schadenfällen im Ausland

Im Normalfall ist der jeweilige Auto-Haftpflichtversicherer des Unfallgegners für die Schadenregulierung zuständig. Im Folgenden geben wir Hinweise für die Schadenregulierung in Sonderfällen.

I. Deutsches Büro Grüne Karte e.V.

Ansprüche aus Auto-Haftpflichtschadenfällen in Deutschland, die durch ein im Ausland zugelassenes Kraftfahrzeug verursacht wurden, können – außer gegen den Schädiger und den ausländischen Haftpflichtversicherer – auch gegen den Verein Deutsches Büro Grüne Karte geltend gemacht werden, sofern dieser nach § 2 des Gesetzes über die Haftpflichtversicherung für ausländische Kraftfahrzeuge und Kraftfahrzeuganhänger vom 24. Juli 1956 (AuslPflVersG) die Pflichten eines Haftpflichtversicherers übernommen hat. Das ist dann – aber auch nur dann – der Fall, wenn folgende Voraussetzungen erfüllt sind, die vom Anspruchsteller nachzuweisen sind:

1. Internationale Grüne Versicherungskarte
   Für das beteiligte Kraftfahrzeug war eine Grüne Karte ausgestellt. Dieser Nachweis ist zu erbringen bei Fahrzeugen aus folgenden Ländern:
   Albanien, Bosnien-Herzegowina, Iran, Israel, Marokko, Mazedonien, Moldawien, Montenegro, Russland, Tunesien, Türkei, Ukraine und Weißrussland.

2. Amtliches Kennzeichen
Auf der Basis des amtlichen Autokennzeichens besteht Deckungsschutz für Deutschland (§ 8 a PflversAusl). Dies gilt grundsätzlich für Fahrzeuge aus folgenden Ländern:
Andorra, Belgien, Bulgarien, Dänemark, Estland, Finnland, Frankreich, Griechenland, Großbritannien, Irland, Island, Italien, Kroatien, Lettland, Liechtenstein, Litauen, Luxemburg, Malta, Monaco, Niederlande, Norwegen, Österreich, Polen, Portugal, Rumänien, Schweden, Schweiz, Serbien, Slowakische Republik, Slowenien, Spanien, Tschechische Republik, Ungarn und Zypern.
3. Schadenmeldung und Schadenregulierung[1]
3.1 In der ersten Fallgruppe (s.o. 1) sind in der formlosen Schadenmeldung folgende Angaben erforderlich, ohne die eine Schadenbearbeitung nicht möglich ist:
- Vorlage der Grünen Karte
Kann das Dokument selbst nicht vorgelegt werden, möglichst vollständige Angaben aus der Grünen Karte einschließlich des Gültigkeitszeitraumes
- Namen und Anschriften der am Schadenfall unmittelbar Beteiligten,
- Unfallort,
- Unfalldatum
3.2 In der zweiten Fallgruppe (s.o. 2.) sind in der formlosen Schadenmeldung folgende Angaben erforderlich:
- amtliches Kennzeichen des Fahrzeuges des Unfallgegners,
- Namen und Anschriften der am Schadenfall unmittelbar Beteiligten,
- Unfallort,
- Unfalldatum.
- möglichst Namen des ausländischen Haftpflichtversicherers und die Versicherungsschein-Nummer,
- möglichst Marke und Typ des Fahrzeuges des Unfallgegners.
Soweit die Eintrittspflicht des Deutschen Büros Grüne Karte e.V. gegeben ist, wird ein hiesiges Versicherungsunternehmen oder ein Schadenregulierungsbüro den Schadenfall im Auftrag des Deutschen Büros Grüne Karte e.V. regulieren.
3.3 Wichtige Hinweise:
Das vom Deutschen Büro Grüne Karte e.V. mit der Regulierung beauftragte Versicherungsunternehmen oder Schadenregulierungsbüro ist im Falle eines

1 Wir bitten, der Schadenmeldung keine Originalunterlagen beizufügen. Die für die Anmeldung wichtigen Nachweisunterlagen wie z.B. die Grüne Karte des Unfallgegners u.ä. bitte nur als Kopie übersenden. Ggf. reicht die Angabe der Versicherung des Unfallgegners bei der Anmeldung aus, um die Auskunft über den zuständigen Schadenregulierer zu erhalten.

Gerichtsverfahrens nicht der richtige Beklagte. Passivlegitimiert ist das Deutsche Büro Grüne Karte e.V

Sofern es dem Geschädigten nicht möglich ist, die unter Ziff. 1 bzw. 2 genannten Angaben

zu liefern, ist der Verein Deutsches Büro Grüne Karte nicht eintrittspflichtig und

auch nicht passivlegitimiert.

Das Deutsche Büro Grüne Karte e.V. ist – allerdings ohne dazu verpflichtet zu sein – bereit, bei der Ermittlung fehlender Angaben behilflich zu sein. Die Ermittlung der notwendigen Angaben im Ausland ist teilweise schwierig und langwierig. Je mehr Angaben

vorliegen, desto größer sind die Erfolgsaussichten, die noch fehlenden Daten zu ermitteln. Solange die notwendigen Angaben fehlen, sind Schadenersatzansprüche gegen das Deutsche Büro Grüne Karte e.V. nicht durchsetzbar.

In diesem Fall bleibt lediglich die Möglichkeit, gegen den Schädiger bzw. seinen ausländischen Versicherer direkt vorzugehen.

In diesem Zusammenhang wird verwiesen auf die Ausführungen von *Schmitt* in VersR 70, 497.

II. Gemeinschaft der Grenzversicherer

Ist der Schädiger bei der Gemeinschaft der Grenzversicherer versichert (Rosa Grenzversicherungsschein), sind Schadenersatzansprüche unter Vorlage des Versicherungsscheins oder einer Kopie desselben bei der Gemeinschaft der Grenzversicherer anzumelden (Gemeinschaft der Grenzversicherer, Wilhelmstraße 43/43 G, 10117 Berlin).

Die formlose Schadenmeldung sollte folgende Angaben enthalten:

- Namen und Adressen der Beteiligten
- Unfallort
- Unfalldatum (mit Uhrzeit)

Ist die Vorlage des Rosa Grenzversicherungsscheins selbst oder in Kopie nicht möglich, so sind zumindest Nummer und Gültigkeitsdauer des Versicherungsscheins sowie das amtliche Kennzeichen des Schädigerfahrzeugs anzugeben.

III. Verkehrsopferhilfe e.V. (VOH)

Die VOH leistet Schadenersatz bei Unfällen in Deutschland, wenn

- das Schädigerfahrzeug (nur Kraftfahrzeuge oder Anhänger) nicht zu ermitteln ist oder pflichtwidrig nicht oder nicht mehr haftpflichtversichert ist oder
- der Schaden vorsätzlich und widerrechtlich durch ein Kraftfahrzeug oder Anhänger verursacht wurde (§ 152 VVG) oder
- der Kraftfahrzeug-Haftpflichtversicherer des Verursachers zahlungsunfähig ist.

Die genauen Leistungsvoraussetzungen und der -umfang ergeben sich aus § 12 Pflichtversicherungsgesetz sowie den §§ 10 und 11 der Verordnung über den Entschädigungsfonds für Schäden aus Kraftfahrzeugunfällen vom 14.12.1965 (BGBl I S. 2093), zuletzt geändert durch VO vom 17.12.1994 (BGBl I S. 3845).
Wichtig ist, dass bei Schäden durch nicht ermittelte Kraftfahrzeuge – und nur hier – für Sachschäden am Kraftfahrzeug und die daraus resultierenden Sachfolgeschäden nur dann eine Leistungspflicht des Entschädigungsfonds besteht, wenn bei demselben Unfall erhebliche Verletzungen eingetreten sind.
Von den Sachschäden ist ein Selbstbehalt von 500,00 EUR abzuziehen.
Schmerzensgeldzahlungen erfolgen nur, wenn diese wegen der besonderen Schwere der Verletzung zur Vermeidung einer groben Unbilligkeit erforderlich sind.

IV. Schadenfälle mit Fahrzeugen/Anhängern von in Deutschland stationierten ausländischen Streitkräften bzw. mit Privatfahrzeugen von Mitgliedern der ausländischen Streitkräfte, ihres zivilen Gefolges oder ihrer Angehörigen

Zu unterscheiden ist danach, ob es sich um ein Fahrzeug der Truppen (Dienstfahrzeug) oder um ein Privatfahrzeug handelt.

1. Für Schadenfälle mit Dienstfahrzeugen der Truppen sind zuständig die Schadenregulierungsstellen des Bundes (SRB), die zum Geschäftsbereich Verwaltungsaufgaben der Bundesanstalt für Immobilienaufgaben gehören.
   Schadenfälle sind innerhalb von 3 Monaten anzumelden!
2. Für Schadenfälle mit Privatfahrzeugen ist zuständig der jeweilige Auto-Haftpflichtversicherer des Fahrzeugs.
   Die Registrierung und Zulassung privater Kfz und Anhänger von Truppenangehörigen erfolgt durch die zuständigen Militärbehörden der Truppen. Bei diesen sind Auskünfte über den zuständigen Kfz-Haftpflichtversicherer des Unfallgegners zu erhalten.
   Es handelt sich um folgende Institutionen:

   Für amerikanische Kraftfahrzeuge:
   Amerikanische Zulassungsstelle
   Havellandstr. 335
   68309 Mannheim

   Für belgische Kraftfahrzeuge:
   Belgischer Verbindungsdienst
   Germanicusstrasse 5
   50968 Köln

   Für britische Kraftfahrzeuge:
   Police Advisory Branch
   York Drive 5
   41179 Mönchengladbach

Für französische Kraftfahrzeuge:
Antenne de Commandement
des Forces Françaises et de l'Elément Civil
Stationnés en Allemagne
SAJJ
Postfach 19 62
78159 Donaueschingen

Eine Besonderheit bei den Privatfahrzeugen der Truppenangehörigen besteht insofern, als diese auch bei einem Versicherer im Entsendestaat, also bei einem ausländischen Versicherer versichert sein können. Nach Art. 11 des Zusatzabkommens zum NATO-Truppenstatut ist dafür Voraussetzung, dass neben diesem ausländischen Versicherer ein in Deutschland zum Geschäftsbetrieb befugter Versicherer oder ein Verband solcher Versicherer die Pflichten eines Haftpflichtversicherers für Schadenfälle im Bundesgebiet übernommen hat. Schadenfälle können beim Deutschen Büro Grüne Karte e.V. angemeldet werden, wenn für das Fahrzeug des Unfallgegners eine Grüne Versicherungskarte des ausländischen Versicherers vorgelegt werden kann. Für Privatfahrzeuge der Truppenangehörigen aus Belgien, Großbritannien und Frankreich reicht allerdings die Angabe des amtlichen Kennzeichens aus.

V. Schadenfälle deutscher Autofahrer im Ausland

1. Allgemeines

Das Deutsche Büro Grüne Karte e.V. ist für im Ausland eingetretene Schadenfälle grundsätzlich nicht zuständig.

Die Schadenersatzansprüche sind beim Haftpflichtversicherer des Unfallgegners geltend zu machen. Falls eine Rechtsschutzversicherung besteht, wird empfohlen, sich mit dem Rechtschutzversicherer in Verbindung zu setzen, der einen deutschsprachigen Rechtsanwalt benennen kann.

Besteht keine Rechtsschutzversicherung kann der
Deutscher Anwaltverein e.V.
Littenstr. 11
10179 Berlin
Tel.: 030 / 72 61 52 – 0
Fax: 030 / 72 61 52 – 190
deutschsprachige Rechtsanwälte benennen. Zu beachten ist, dass die mit der Einschaltung eines Anwaltes verbundenen Kosten in einigen Ländern auch dann nicht vom gegnerischen Haftfpflichtversicherer erstattet werden, wenn der Unfallgegner in vollem Umfang ersatzpflichtig ist.

2. Schadenfälle innerhalb der EU-Mitgliedstaaten einschließlich der EWR-Länder sowie der Schweiz
   Aufgrund der im Rahmen der EU-Richtlinie 2000/26/EG (4. KH-Richtlinie) geschaffenen „Regulierungsstellen" besteht die Möglichkeit, den Schadenfall auch bei dem im Wohnsitzland des Geschädigten bestellten Vertreter (Schadenregulierungsbeauftragten (SB)) des zuständigen ausländischen Haftpflichtversicherers anzumelden und von diesem die Schadenbearbeitung vornehmen zu lassen. Das gilt für alle Schadenfälle, die sich nach dem 1.1.2003 ereignet haben.
   a) Auskunftsstelle § 8a) Pflichtversicherungsgesetz
      Auskunft darüber, wer in Deutschland der zuständige SB des in Betracht kommenden ausländischen Haftpflichtversicherers ist, kann die „Auskunftstelle" geben. Die Funktion der Auskunftstelle übernimmt in Deutschland die GDV-Dienstleistungs GmbH & Co. KG (Zentralruf der Autoversicherer). Telefon Nr.: 0180–25026.
      Ist der zuständige ausländische Versicherer noch nicht bekannt und muss dieser zunächst ermittelt werden, kann zu diesem Zweck ebenfalls der o.a. Zentralruf der Autoversicherer eingeschaltet werden.
      Die Ermittlung des Haftpflichtversicherers und sonstiger gegebenenfalls für die Schadendurchführung notwendiger Angaben erfolgen durch die Zusammenarbeit mit der jeweiligen nationalen Auskunftstelle des Unfalllandes. Der Zentralruf der Autoversicherer stellt in diesem Falle lediglich die ihm übermittelten Daten zur Verfügung.
   b) Entschädigungsstelle § 12a) Pflichtversicherungsgesetz
      Die Funktion der sog. „Entschädigungsstelle" in Deutschland wird wahrgenommen vom Verein Verkehrsoperhilfe e.V Wilhelmstraße 43/43 G, 10117 Berlin, Telefon: 030 / 20 20 5858.
      Die Entschädigungsstelle ist im Wesentlichen nur dann zuständig für die Schadenabwicklung des Auslandsunfalles in folgenden Situationen:
      – der zuständige ausländische Haftpflichtversicherer hat in Deutschland keinen SB bestellt,
      – der zuständige ausländische Haftpflichtversicherer und/oder dessen SB haben binnen drei Monaten ab der Geltendmachung von Entschädigungsleistungen keine mit Gründen versehene Antwort auf den Entschädigungsantrag erteilt,
      – das schädigende Kraftfahrzeug oder der zuständige Haftpflichtversicherer konnten binnen zwei Monaten nicht ermittelt werden.

Bei Vorliegen dieser Voraussetzungen kann der Antrag auf Schadenregulierung bei der Entschädigungsstelle gestellt werden. Die Entschädigungsstelle ist befugt, den Schadenfall eigenverantwortlich zu regulieren.
Die Regulierung des Schadenfalles erfolgt in der Regel nach dem Recht des Unfalllandes.
Wichtiger Hinweis
Die Entschädigungsstelle ist nicht zuständig und kann nicht tätig werden, wenn die vom ausländischen Versicherer bzw. dessen Repräsentanten durchgeführte Schadenregulierung nicht zufriedenstellend ist bzw. Differenzen in der Beurteilung der Berechtigung der Forderungen bestehen.

3. Schadenfälle in Drittstaaten (außerhalb des EU-EWR-Raumes)
   a) Das unter Ziffer 2 geschriebene Regulierungsverfahren kann auch dann zur Anwendung kommen, wenn der Schadenfall sich in einem nicht EU/EWR-Land ereignet hat. Voraussetzungen dazu sind
      – die Fahrzeuge der Unfallbeteiligten haben ihren gewöhnlichen Standort in einem EU/EWR-Land und
      – der Schadenfall ist in einem Land eingetreten, das dem Grüne Karte System angehört (Hinweise hierzu unter *www.gruene-karte.de*)

Die Informationen sind nach bestem Wissen zusammengestellt; eine Gewähr für die Richtigkeit kann nicht übernommen werden.

Stand März 2012

Quelle: *www.gruene-karte.de/uploads/media/GK_45_Merkblatt.pdf. Abgedruckt mit freundlicher Genehmigung durch den Verein Deutsches Büro Grüne Karte e.V. und den Verein Verkehrsopferhilfe e.V.*

E. Arbeitsanweisungen zur Abrechnung von Rechtsanwaltsgebühren

I. Vorbemerkung

Mehrere Versicherer bieten Abrechnungssätze ausgehend von einem Mindestsatz von 1,8 an. Dieser Satz kann sich dann je nach weiteren Kriterien auf 2,1, 2,4 und 2,7 erhöhen.[2] 9

2 Siehe hierzu: *www.verkehrsanwaelte.de/fuer-verkehrsanwaelte/arbeitshilfen/.*

II. DEVK

Abrechnung von Rechtsanwaltsgebühren in K und H bei Kraftfahrt-Haftpflichtschäden

10 Um die Regulierung zu erleichtern und Streitigkeiten sowie eventuelle Gebührenprozesse zu vermeiden, treffen wir hinsichtlich der Abrechnung der Rechtsanwaltsgebühren folgende Regelung:

1. Kraftfahrzeug-Haftpflichtschäden, bei denen die Beauftragung der Anwälte nach dem 30.06.2004 erfolgte und die noch nicht abgerechnet sind, werden wie folgt im Rahmen der außergerichtlichen Schadenregulierung abgegolten:

Sachschaden generell	1,8 Gebühren
Sachschaden und Personenschaden mit einem Gesamterledigungswert unter 10.000,– €	1,8 Gebühren
Sachschaden und Personenschaden über 10.000,– €	2,1 Gebühren
Bei mehreren Geschädigten betragen die Gebühren bei Sachschaden generell	2,4 Gebühren
Sachschaden generell	2,4 Gebühren
Sachschaden und Personenschaden mit Gesamterledigungswert unter 10.000,– €	2,4 Gebühren
Sachschaden und Personenschaden über 10.000,– €	2,7 Gebühren

   Gesamterledigungswert ist der Betrag, der auf die berechtigten Forderungen gezahlt wurde.
   Gegenüber Anwälten, die uns eine entsprechende Erklärung abgeben bzw. stets diese Gebührengestaltung einhalten, werden auch wir unsererseits entsprechend abrechnen.
2. Diese Regelung gilt auch für Kfz-Schäden in der Allgemeinen Haftpflichtversicherung. Unsererseits haben wir dieses Schreiben gegenüber der Arbeitsgemeinschaft Verkehrsrecht im Deutschen Anwaltsverein bekannt gegeben.
   Von dort aus werden die Mitglieder in der 38. KW entsprechend informiert.

III. Öffentliche Landesbrandkasse Versicherungen Oldenburg

Abrechnungsgrundsätze

11 1. Bei der vollständigen außergerichtlichen Regulierung von Haftpflichtschäden (Kraftfahrzeughaftpflicht und Allgemeine Haftpflicht) im Rahmen ihrer Eintrittspflicht

zahlen die Öffentlichen Versicherungen Oldenburg eine Geschäftsgebühr von 1,8 nach Nr. 2400 VV-RVG aus dem Entschädigungsbetrag, ohne Rücksicht darauf, ob der Fall schlicht abgerechnet, verglichen oder besprochen wurde.
2. Sind Gegenstand der Regulierung (auch) Körperschäden, erhöht sich die Gebühr ab einem Gesamterledigungswert von 10.000 EUR auf 2,1.
3. Vertritt der Rechtsanwalt mehrere durch ein Unfallereignis Geschädigte, so errechnet sich der Gegenstandswert aus der Summe der Erledigungswerte. Die Gebühr erhöht sich in diesen Fällen auf 2,4.
4. Sind Gegenstand der Regulierung in den Fällen zu Ziffer 3 (auch) Körperschäden, so erhöht sich die Gebühr ab einem Gesamterledigungswert von 10.000 EUR auf 2,7.
5. Die Abrechnungsgrundsätze finden Anwendung für alle Schadenfälle, die sich ab dem 1.10.2004 ereignet haben.

IV. VGH Versicherungen

Grundsätze über die Abrechnung von RA-Gebühren in Haftpflichtschäden

1. Bei der vollständigen außergerichtlichen Regulierung von Haftpflichtschäden (Kraftfahrthaftpflicht und Allgemeine Haftpflicht) im Rahmen ihrer Eintrittspflicht zahlt die VGH Landschaftliche Brandkasse Hannover zur Abgeltung der Gebühren nach den Nrn. 1000, 2400 VV-RVG eine Gebühr von 1,8 aus dem Entschädigungsbetrag, ohne Rücksicht darauf, ob der Fall schlicht abgerechnet, verglichen oder besprochen wurde. 12
2. Sind Gegenstand der Regulierung (auch) Körperschäden, erhöht sich die Gebühr ab einem Gesamterledigungswert von 10.000 EUR auf 2,1.
3. Vertritt der Rechtsanwalt mehrere durch ein Unfallereignis Geschädigte, so errechnet sich der Gegenstandwert aus der Summe der Erledigungswerte. Die Gebühr erhöht sich dann auf 2,4.
4. Sind Gegenstand der Regulierung in den Fällen zu Ziffer 3 (auch) Körperschäden, so erhöht sich die Gebühr ab einem Gesamterledigungswert von 10.000 EUR auf 2,7.
5. Die Abrechnungsgrundsätze finden Anwendung für alle Schadensfälle, die sich ab dem 1.7.2004 ereignet haben und zum 31.10.2004 noch nicht abgerechnet sind.

F. Muster

I. Vorbemerkung

13 Klageschriften und Klageerwiderungen sollen nach Möglichkeit – auch optisch – klar gegliedert sein. In Unfallsachen bietet sich folgende Einteilung an:

1. Ausführungen zum Haftungsgrund
2. Ausführungen zur Schadenhöhe
3. Vorprozessuale Einwendungen der Gegenseite
4. Rechtsausführungen.

Entgegen allen Regeln der Relationstechnik hat es sich bewährt, bereits in der Klageschrift auf die vorprozessualen Einwendungen der Gegenseite einzugehen:

- Die Notwendigkeit der Klageerhebung wird verständlich.
- Die Beklagten können nur noch das wiederholen, was bereits vorgetragen worden ist.
- Eine Stellungnahme zur Klageerwiderung und eine nochmalige Befassung mit der Sache ist in der Regel nicht mehr erforderlich.

Bei Klagen genügt es, lediglich den Zahlungsantrag zu stellen, auf der Beklagtenseite den Klageabweisungsantrag.

Die Anhäufung einer Vielzahl von Klageanträgen – Formularbüchern entnommen – erweist sich als wenig hilfreich und überflüssig, zumal über die Prozesskosten, die vorläufige Vollstreckbarkeit, Sicherheitsleistung usw. von Amts wegen zu entscheiden ist. Lediglich im schriftlichen Vorverfahren empfiehlt sich der Antrag auf Erlass eines Versäumnisurteils; ein Antrag auf Erlass eines Anerkenntnisurteils erscheint überflüssig, da ein solches Anerkenntnis im schriftlichen Vorverfahren praktisch nie vorkommt. Wenn dann jedoch – wider Erwarten – der Beklagte die Forderung anerkennt, kann immer noch der entsprechende Antrag gestellt werden.

Der noch in den Vorauflagen dieses Buches enthaltene Antrag zur Sicherheitsleistung durch Bankbürgschaft ist zwischenzeitlich ebenfalls überflüssig: Die Zulässigkeit der Sicherheitsleistung durch Bankbürgschaft braucht nicht mehr gesondert beantragt zu werden, da sie in § 108 Abs. 1 ZPO n.F. gesetzlich geregelt ist.

II. Muster: Klage zum Fahrzeugschaden

▼

Muster: Klage zum Fahrzeugschaden 14

An das
Landgericht Köln
50922 Köln

Klage

des Handelsvertreters Peter Biberpelz, Essener Straße 15, 51145 Köln

– Klägers –

Prozessbevollmächtigter: Rechtsanwalt Peter Müller, Köln

gegen

1. den Oberstudienrat Dieter Meyer, Brabanter Straße 11, 44139 Dortmund
2. Arabella Versicherungs-AG, Bonner Straße 6, 65011 Wiesbaden, vertreten durch den Vorstand, dieser vertreten durch den Vorsitzenden Peter Voss, ebenda; Schaden-Nr. 25 KH 02–4711007

– Beklagten –

wegen Schadenersatz aus Verkehrsunfall.

Streitwert: 11.530,00 EUR.

Anträge:

1. Die Beklagten werden als Gesamtschuldner verurteilt, an den Kläger 11.530,00 EUR nebst 5 %-Punkte über Basiszinssatz seit dem 20.3.2012 zu zahlen.
2. Im schriftlichen Vorverfahren ergeht Versäumnisurteil, wenn die Beklagten ihre Verteidigungsabsicht nicht rechtzeitig mitteilen.

Gründe:

Gegenstand der Klage sind Schadenersatzansprüche aus einem Verkehrsunfall, den der Beklagte zu 1) mit einem bei der Beklagten zu 2) versicherten Fahrzeug in Köln verursacht und verschuldet hat.

1. Am 2.2.2012 befuhr der Kläger mit seinem Pkw Ford Mondeo in Köln die Aachener Straße stadtauswärts mit einer Geschwindigkeit von 40 bis 50 km/h. Als er sich auf der mittleren Fahrspur der beampelten Kreuzung Aachener Straße/Wagnerstraße näherte, zeigte die Verkehrssignalanlage Rotlicht. Der Kläger verlangsamte zunächst seine Geschwindigkeit auf etwa 20 bis 30 km/h und beschleunigte dann wiederum auf etwa 50 km/h, als die Verkehrssignalanlage von Rot auf Rot-Gelb und dann auf Grün wechselte.

Der Kläger befand sich unmittelbar vor der Kreuzung, als er den entgegenkommenden roten Porsche des Beklagten zu 1) bemerkte. Der Beklagte zu 1) hatte mit seinem Pkw zunächst auf der linken Fahrspur vor dem Rotsignal angehalten. Nach dem Farbwechsel auf Grün versuchte er dann, in einem „Blitzstart" noch vor dem Gegenverkehr nach links in die Wagnerstraße einzubiegen. Als der Kläger dies bemerkte, führte er eine Vollbremsung durch und versuchte, dem abbiegenden Fahrzeug auszuweichen. Gleichwohl konnte er nicht verhindern, dass er mit der rechten vorderen Ecke seines Fahrzeuges gegen die rechte hinter Seite des Fahrzeuges des Beklagten zu 1) stieß.

Beweis für alles Vorstehende:

1. Beiziehung und Verwertung zu Beweiszwecken der Ermittlungsakte der Staatsanwaltschaft Köln, Aktenzeichen: 75 Js 712/12.
2. Zeugnis der Ehefrau des Klägers, Marion Biberpelz, Essener Straße 15, 51145 Köln.

2. Der Beklagte zu 1) hat sich gegenüber der Polizei dahingehend eingelassen, der Kläger sei mit überhöhter Geschwindigkeit gefahren und sei noch weit entfernt gewesen, als er – der Beklagte zu 1) – nach links abbog. Die Beklagte zu 2) hat unter Hinweis auf diese Darstellung des Beklagten zu 1) jegliche Schadenregulierung abgelehnt, so dass Klage geboten ist.

3. In rechtlicher Hinsicht ist davon auszugehen, dass der Beklagte zu 1) diesen Verkehrsunfall durch einen Verstoß gegen § 9 Abs. 1 StVO allein verursacht und verschuldet hat, während das Unfallgeschehen für den Kläger ein unabwendbares Ereignis war.

   a) Gemäß § 9 Abs. 1 StVO ist der Linksabbieger gegenüber dem entgegenkommenden Geradeausverkehr wartepflichtig. Insoweit ist von einer Vorfahrtsverletzung durch den Beklagten zu 1) auszugehen. Bei einer Vorfahrtsverletzung haftet der Wartepflichtige bereits nach den Regeln des Anscheinsbeweises für evtl. Unfallfolgen (vgl. Hentschel/König/Dauer, § 9 StVO Rn 57 m.w.N.).

   Die Beklagten müssten daher einen atypischen Geschehensablauf, insbesondere die von dem Beklagten zu 1) behauptete Geschwindigkeitsüberschreitung durch den Kläger nicht nur *behaupten*, sondern *beweisen*. Außer der Einlassung des Beklagten zu 1) selbst spricht nichts für diese Darstellung der Beklagten.

   b) Demgegenüber war das Unfallgeschehen für den Kläger ein unabwendbares Ereignis: Grundsätzlich darf ein Verkehrsteilnehmer darauf vertrauen, dass andere Verkehrsteilnehmer sich an die Verkehrsvorschriften halten. Als der Kläger bemerkte, dass der Beklagte zu 1) nach links abbog, hat er das ihm Mögliche und Zumutbare getan, um den Zusammenstoß zu verhindern. Letztlich bedarf es durch den Kläger ohnehin nicht des Nachweises der Unabwendbarkeit: Mit Rücksicht auf das erhebliche Verschulden des Beklagten zu 1) muss die Betriebsgefahr des klägerischen Fahrzeuges ohnehin unberücksichtigt bleiben.

4. Der Kläger hat nach Einholung eines Gutachtens durch den Sachverständigen Josef Meyer sein Fahrzeug reparieren lassen. Der Kläger ist vorsteuerabzugsberechtigt, so dass lediglich die jeweiligen Nettobeträge geltend gemacht werden.

   a) Die Reparaturkosten beliefen sich gemäß Rechnung des Autohauses Schmidt auf 8.200,00 EUR netto.

      Beweis: Vorlage der Rechnung des Autohauses Schmidt vom 20.3.2012, Fotokopie anbei, *Anlage K 1*

   b) Nach durchgeführter Reparatur verbleibt ein merkantiler Minderwert in Höhe von 600,00 EUR.

      Beweis: Vorlage des Gutachtens Meyer durch die Beklagte zu 2) gemäß § 421 ZPO.

   c) Die Kosten des Gutachtens Meyer beliefen sich auf netto 450,00 EUR.

      Beweis: Vorlage der Rechnung vom 20.3.2012, Fotokopie anbei, *Anlage K 2*

   d) Der Kläger hat einen Mietwagen in Anspruch genommen, dessen Kosten sich auf 2.500,00 EUR netto beliefen.

      Beweis: Vorlage der Rechnung des Mietwagenunternehmens Schwarz vom 20.3.2012, Fotokopie anbei, *Anlage K 3*

      Nach Abzug eines Betrages für Eigenersparnis von 10 % (OLG Köln zfs 1997, 53; OLG Hamm VersR 2001, 206) in Höhe von 250,00 EUR verbleibt ein Betrag in Höhe von 2.250,00 EUR.

   e) Schließlich wird eine Kostenpauschale für unfallbedingte Aufwendungen in Höhe von 30,00 EUR geltend gemacht.

   f) Die Aufwendungen des Klägers zur Schadenbeseitigung beliefen sich somit auf insgesamt 11.530,00 EUR.

   g) Der Zinsanspruch ist ebenfalls gerechtfertigt: Der Prozessbevollmächtigte des Klägers hat die Beklagte zu 2) mit Schreiben vom 6.3.2012 unter Fristsetzung bis zum 20.3.2012 zur Schadenregulierung aufgefordert. Die Beklagten befinden sich somit spätestens seit dem 20.3.2012 in Verzug (§ 286 Abs. 1 BGB).

   Die Höhe der Verzugszinsen ergibt sich aus § 288 Abs. 1 BGB.

5. Über die Gerichtskosten in Höhe von 657,00 EUR fügen wir einen Verrechnungsscheck der Prozessbevollmächtigten des Klägers bei.

(Unterschrift Rechtsanwalt)

▲

III. Muster: Klage zum Fahrzeugschaden mit 50 % Haftung

▼

15 **Muster: Klage zum Fahrzeugschaden mit 50 % Haftung**

An das
Amtsgericht
50922 Köln

Klage

der Betten-Holle GmbH, Kölner Straße 24, 51145 Köln, vertreten durch ihre Geschäftsführerin, Frau Sabine Holle, ebenda

– Klägerin –

Prozessbevollmächtigter: RAe Werner & Partner, Köln

gegen

1. Frau Hannelore Lindenberg, Gartenstraße 30, 46789 Düsseldorf

– Beklagte zu 1) –

2. Allgemeine Versicherungs-AG, Taunusanlage 18, 60325 Frankfurt, vertreten durch den Vorstand, dieser vertreten durch den Vorstandsvorsitzenden Heinrich Müller, ebenda,

Schaden-Nr. 80 KH 02–172545

– Beklagte zu 2) –

wegen Schadenersatz aus Verkehrsunfall.

Anträge:

1. Die Beklagten werden als Gesamtschuldner verurteilt, an die Klägerin 3.005,00 EUR nebst 5 %-Punkte über Basiszinssatz seit Klagezustellung zu zahlen.
2. Im schriftlichen Vorverfahren ergeht Versäumnisurteil gemäß § 331 Abs. 3 ZPO.

Gründe:

Gegenstand der Klage sind Schadenersatzansprüche aus einem Verkehrsunfall, der sich am 30.1.2012 in Köln ereignet hat.

1. Am Unfalltag befuhr die nachbenannte Zeugin Doris Theißen mit einem Pkw Golf TDI der Klägerin die Bochumer Straße in Köln, um nach links in die Grundstückseinfahrt des Hauses Nr. 6 einzubiegen. Sie betätigte den linken Blinker und ordnete sich zur Fahrbahnmitte hin ein. Wegen des Gegenverkehrs musste sie zunächst anhalten.

Als sich kein Fahrzeug mehr in Sichtweite befand, begann sie mit dem Abbiegevorgang. Während des Abbiegens setzte der Motor aus, so dass das klägerische Fahrzeug kurzfristig quer zu Fahrbahn stehen blieb. In diesem Augenblick näherte sich die Beklagte zu 1) mit ihrem bei der Beklagten zu 2) versicherten Pkw Mercedes 500. Sie bemerkte das querstehende Fahrzeug zu spät und fuhr mit voller Wucht in die rechte Seite des stehenden klägerischen Fahrzeuges.

Beweis für alles Vorstehende:

1. Beiziehung der Ermittlungsakten der Staatsanwaltschaft Köln, Aktenzeichen: 71 Js 511/12.
2. Zeugnis Frau Doris Theißen, zu laden bei der Klägerin.
3. Zeugnis Frau Hannelore Schmitz, Bergstraße 8, 53891 Bonn.

Im vorgenannten Ermittlungsverfahren ist durch Sachverständigengutachten festgestellt worden, dass die Beklagte zu 1) mit einer Geschwindigkeit zwischen 60 km/h und 80 km/h gefahren ist.

Beweis: Wie vor.

2. Die Beklagte zu 2) hat in der vorprozessualen Korrespondenz jegliche Schadenregulierung verweigert und sich darauf berufen, dass die von der Polizei sichergestellte Bremsspur nur 30 Meter betragen habe. Allein diese Bremsspur lasse eine Geschwindigkeitsüberschreitung der Beklagten zu 1) nicht erkennen. Hierbei übersieht die Beklagte zu 2) jedoch, dass Bremsweg und Bremsspur durch den Aufprall erheblich verkürzt worden sind, so dass von einer erheblichen Geschwindigkeitsüberschreitung der Beklagten zu 1) auszugehen ist.

   Beweis: Sachverständigengutachten.

3. In rechtlicher Hinsicht ist davon auszugehen, dass die Beklagte zu 1) den Verkehrsunfall vom 30.1.2012 durch einen groben Verstoß gegen § 3 StVO allein verursacht und verschuldet hat, während das Unfallgeschehen für die Zeugin Theißen ein unabwendbares Ereignis war.

   a) Gemäß § 3 Abs. 1 S. 4 StVO darf ein Fahrzeugführer nur so schnell fahren, „dass er innerhalb der übersehbaren Strecke halten kann". Wenn die Beklagte zu 1) „auf Sicht" gefahren wäre, hätte sie das auf der Fahrbahn stehende Fahrzeug der Klägerin rechtzeitig erkennen können und müssen. Es ist daher für diesen Rechtsstreit nicht entscheidend, ob und inwieweit die zulässige Höchstgeschwindigkeit von 50 km/h überschritten worden ist.

   b) Demgegenüber war das Unfallgeschehen für die Zeugin Theißen ein unabwendbares Ereignis (§ 7 Abs. 2 StVG). Das Fahrzeug der Klägerin hat bis zum Unfalltag ordnungsgemäß funktioniert, Anhaltspunkte für einen technischen Defekt oder Motorschaden waren nicht gegeben.

Beweis: Zeugnis Doris Theißen, b.b.

4. Mit Rücksicht darauf, dass die Klägerin möglicherweise den Nachweis der Unabwendbarkeit nicht führen kann, wird mit dieser Klage lediglich eine Quote von 50 % geltend gemacht.

   a) Die Reparaturkosten belaufen sich gemäß Sachverständigengutachten Meyer auf netto 5.140,00 EUR.

      Beweis: Vorlage des Originalgutachtens Meyer durch die Beklagte zu 2) gemäß § 421 ZPO.

   b) Der Sachverständige hat Gutachterkosten in Höhe von netto 450,00 EUR berechnet.

      Beweis: Vorlage der Rechnung des Sachverständigen Meyer, Fotokopie anbei, *Anlage K 1*

   c) Aus dem Gutachten ergibt sich eine Reparaturdauer von 5 Kalendertagen. Die Nutzungspauschale beträgt für das klägerische Fahrzeug nach der Tabelle Sanden/Danner/Küppersbusch 78,00 EUR. Für 5 Tage ergibt sich somit eine Forderung in Höhe von 390,00 EUR.

   d) Als allgemeine Kostenpauschale (§ 287 ZPO) wird der übliche Betrag von 30,00 EUR geltend gemacht.

   e) Der Gesamtschaden beläuft sich somit auf 6.010,00 EUR. Die Hälfte hiervon = 3.005,00 EUR wird mit dieser Klage geltend gemacht.

5. Gerichtskosten in Höhe von 291,00 EUR zahlen wir per Gebührenstempler ein.

(Unterschrift Rechtsanwalt)

▲

IV. Muster: Klageerwiderung zum Fahrzeugschaden mit 50 % Haftung

▼

Muster: Klageerwiderung zum Fahrzeugschaden mit 50 % Haftung 16

An das
Amtsgericht
50922 Köln

2.7.2012

– Sekretariat –

Aktenzeichen: 262 C 150/02

In Sachen

Betten-Holle GmbH ./. Lindenberg u.a.

bestellen wir uns zu Prozessbevollmächtigten der Beklagten.

Antrag: Die Klage wird abgewiesen.

Gründe:

Die geltend gemachten Ansprüche werden dem Grunde und der Höhe nach bestritten. Die Zeugin Theißen hat den Verkehrsunfall vom 30.1.2012 durch einen groben Verstoß gegen § 9 Abs. 5 StVO allein verursacht und verschuldet.

1. Entgegen dem insoweit als unrichtig bestrittenen Sachvortrag in der Klageschrift ist von folgendem Unfallhergang auszugehen:

   Am Unfalltag befuhr die Beklagte zu 1) mit ihrem bei der Beklagten zu 2) versicherten Pkw die Bochumer Straße mit einer Geschwindigkeit von 40 km/h bis 50 km/h. Auf der Gegenfahrbahn stand – zur Fahrbahnmitte hin eingeordnet – mit eingeschaltetem linken Blinker das klägerische Fahrzeug. Als die Beklagte zu 1) nur noch wenige Meter entfernt war, bog die Zeugin Theißen plötzlich nach links ab, ohne auf den Gegenverkehr zu achten. Die Beklagte zu 1) führte sofort eine Vollbremsung durch, konnte jedoch nicht verhindern, dass sie mit ihrem Pkw noch gegen die rechte Seite des abbiegenden Fahrzeuges der Klägerin stieß.

   Beweis für alles Vorstehende:

   Beiziehung der Ermittlungsakten der Staatsanwaltschaft Köln, Aktenzeichen: 71 Js 511/12.

2. Die Darstellung in der Klageschrift ist somit in wesentlichen Punkten unrichtig und unvollständig.

Insbesondere trifft es nicht zu, dass ein Motorschaden am klägerischen Fahrzeug die Unfallursache gewesen sein soll. Insoweit handelt es sich um eine durch nichts bewiesene Schutzbehauptung der Klägerin.

Im Ermittlungsverfahren ist zwar ein Sachverständigengutachten eingeholt worden, in dem eine *mögliche* Geschwindigkeit des Fahrzeuges der Beklagten zu 1) von 60 km/h bis 80 km/h genannt wird. Dieses Gutachten kann jedoch in diesem Rechtsstreit keine Verwendung finden, da der Sachverständige – im Strafverfahren durchaus richtig – alle Unwägbarkeiten und Unklarheiten zugunsten der Zeugin Theißen berücksichtigt hat, gegen die das Ermittlungsverfahren ausschließlich gerichtet war.

3. In rechtlicher Hinsicht ist davon auszugehen, dass die Zeugin Theißen diesen Verkehrsunfall durch einen groben Verstoß gegen § 9 Abs. 5 StVO allein verursacht und verschuldet hat, während das Unfallgeschehen für die Beklagte zu 1) ein unabwendbares Ereignis war.

   a) Gemäß § 9 Abs. 5 StVO muss ein Verkehrsteilnehmer, der in ein Grundstück einbiegen will, sich so verhalten, „dass eine Gefährdung anderer Verkehrsteilnehmer ausgeschlossen ist".

Durch diese Formulierung, die sich an mehreren Stellen in der StVO befindet, bringt der Gesetzgeber zum Ausdruck, dass der Abbieger in ein Grundstück die Verantwortung für die Gefahrlosigkeit des Abbiegens allein trägt. Kommt es im Zusammenhang mit dem Abbiegen in ein Grundstück zu einem Unfall, so haftet der Abbiegende bereits nach den Regeln des Anscheinsbeweises allein für die Unfallfolgen (vgl. Hentschel/König/Dauer, § 9 StVO Rn 52 m.w.N.).

Die Klägerin müsste daher die Möglichkeit eines atypischen Geschehensablaufs nicht nur *behaupten*, sondern *beweisen*.

Diesen Beweis kann die Klägerin nicht dadurch führen, dass sie die Fahrerin als Zeugin aufbietet, die den Unfall durch einen Fahrfehler verursacht und verschuldet hat. Ebenso wenig kann die Beifahrerin, die Zeugin Schmitz, einen Motorschaden bestätigen, da sie lediglich bemerkt haben kann, dass der Motor während des Abbiegens aussetzte.

Trotz entsprechender Hinweise in der vorprozessualen Korrespondenz war die Klägerin nicht in der Lage, eine Reparaturkostenrechnung oder eine Werkstattbescheinigung vorzulegen, aus der sich ergibt, dass tatsächlich ein Motorschaden vorgelegen hat.

   b) Für die Beklagte zu 1) war das Unfallgeschehen ein unabwendbares Ereignis: Als sie sich dem klägerischen Fahrzeug näherte, brauchte sie nicht damit zu rechnen, dass die Fahrerin dieses Fahrzeugs plötzlich und ohne Beachtung des Gegenverkehrs nach links abbiegen würde. Mit Rücksicht auf das schuldhafte Verhalten der

Zeugin Theißen muss die Betriebsgefahr des Fahrzeuges der Beklagten zu 1) ohnehin unberücksichtigt bleiben.

4. Obgleich somit die Klage bereits dem Grunde nach ungerechtfertigt ist, wird rein vorsorglich die geltend gemachte Schadenhöhe bestritten.

   a) Der Sachverständige Meyer hat in seinem Gutachten festgestellt, dass am klägerischen Fahrzeug ein wirtschaftlicher Totalschaden eingetreten ist. Der Wiederbeschaffungswert liegt bei 4.500,00 EUR, der Restwert wird mit 1.500,00 EUR beziffert.

   Beweis: Das anliegende Originalgutachten Meyer nebst Fotografien, *Anlage B 1*

   Der Fahrzeugschaden beläuft sich daher allenfalls auf 3.000,00 EUR.

   Der BGH (VersR 1992, 61) hat zwar ausgeführt, dass die Reparaturkosten auch dann zu ersetzen sind, wenn sie den Wiederbeschaffungswert um weniger als 30 % übersteigen. Voraussetzung ist jedoch, dass der Geschädigte sein Integritätsinteresse am Fahrzeug durch eine fachgerechte Reparatur nachweist (vgl. BGH a.a.O.; OLG Hamm r+s 1996, 101).

   b) Der Nutzungsausfall ist nicht schlüssig dargetan, da die Klägerin nichts dazu vorträgt, ob und wann die Reparaturarbeiten tatsächlich erfolgt sind.

   c) Die übrigen Schadenpositionen werden der Höhe nach nicht beanstandet.

(Unterschrift Rechtsanwalt)

▲

V. Muster: Klage zum Haushaltsführungsschaden

▼

17 **Muster: Klage zum Haushaltsführungsschaden**

An das
Amtsgericht Köln
50922 Köln

Klage

der Frau Emma Haushalt, Erwerbsstraße 100, 51145 Köln

– Klägerin –

Prozessbevollmächtigter: Rechtsanwalt Steinreich, Köln

gegen

1. Herrn Klaus Fahrer, Schnellstraße 50, 51145 Köln,

– Beklagter zu 1) –

2. die Kapitalia Versicherungs-AG, Renditestraße 200, 80337 München, gesetzlich vertreten durch den Vorstand, dieser vertreten durch den Vorstandsvorsitzenden Karl Reich, ebenda; Schaden-Nr. M 12345/10 KH 435

– Beklagte zu 2) –

wegen Schadensersatz aus Verkehrsunfall.

Anträge:

1. Die Beklagten werden als Gesamtschuldner verurteilt, an die Klägerin weitere 4.602,00 EUR nebst 5 % über dem Basiszins seit dem 1.6.2011 zu zahlen.
2. Im schriftlichen Verfahren ergeht ein Versäumnisurteil, wenn die Beklagten ihre Verteidigungsabsicht nicht fristgerecht anzeigen.
3. Die Kosten des Rechtsstreits tragen die Beklagten als Gesamtschuldner.

Begründung:

Die Parteien streiten – nach bereits erfolgter Teilregulierung – ausschließlich noch um den Haushaltsführungsschaden, den die Klägerin infolge eines Verkehrsunfalls am 4.2.2009 in Köln erlitten hat.

1. Der Beklagte zu 1) war als Fahrer des Pkw Mercedes A Klasse mit dem amtlichen Kennzeichen K-ß-01, das zum damaligen Zeitpunkt bei der Beklagten zu 2) haftpflichtversichert war, an dem Unfall beteiligt. Die Klägerin befuhr mit ihrem Pkw Opel Astra

mit dem amtlichen Kennzeichen K-ß-02 die L33 aus Richtung K kommend in Richtung D. Der Beklagte zu 1) befuhr dieselbe Straße in Gegenrichtung. Als er in Höhe des Parks X ein vor ihm fahrendes Fahrzeug überholen wollte, kam es zu einem Frontalzusammenstoß mit dem von der Klägerin geführten Pkw.

Unstreitig wurde der Verkehrsunfall allein schuldhaft durch den Beklagten zu 1) verursacht, so dass die Eintrittspflicht der Beklagten dem Grunde nach zwischen den Parteien nicht im Streit steht.

Die Klägerin erlitt durch den Unfall links eine komplette geschlossene distale Unterschenkelfraktur mit Beteiligung der tibialen Gelenkflächen. Sie wurde vom 4.2.2009 bis zum 24.2.2009 stationär in der Unfallklinik K, danach durch den praktischen Arzt H behandelt.

Beweis:
1. Vorlage des Entlassungsberichts der Unfallklinik K vom 24.2.2009 (Anlage K1)
2. Vorlage des Berichts des praktischen Arztes Dr. H vom 1.8.2009 (Anlage K2)
3. Zeugnis des Herrn Dr. H, Schneidestraße 5, 51145 Köln
4. Medizinisches Sachverständigengutachten

Die Beklagte zu 2) zahlte vorprozessual ein Schmerzensgeld in Höhe von 20.000 EUR an die Klägerin. Darüber hinaus zahlte die Beklagte zu 2) als Ersatz fiktiver Haushaltskosten einen Betrag in Höhe von 5.000 EUR. Weitere Zahlungen wurden mit Schreiben vom 1.6.2011 endgültig abgelehnt.

2. Mit der Klage begehrt die Klägerin die Zahlung eines weiteren Betrages als Ersatz in Höhe des Haushaltsführungsschadens in Höhe von 4.602,00 EUR.

Die Klägerin lebt mit ihrem Ehemann und ihren 2 kleinen Kindern (3 und 5 Jahre alt) in einer 100 qm großen 4-Zimmer-Erdgeschosswohnung. Während die Klägerin keiner Berufstätigkeit nachgeht, ist der Ehemann der Klägerin vollzeitbeschäftigt. Der komplette Haushalt wurde stets von der Klägerin geleistet.

Beweis: Zeugnis des Ehemannes der Klägerin, Peter Haushalt, Erwerbsstraße 100, 51145 Köln.

Aufgrund des Unfalls konnte die Klägerin sich nur sehr eingeschränkt – zunächst ausschließlich an Krücken – fortbewegen. Sie war nicht in der Lage, Haushaltstätigkeiten, für die sie ihre unteren Extremitäten benötigte, zu verrichten. Denn in dem Fall benötigte sie die Arme, um sich aufzustützen und war insgesamt nicht leistungsfähig. Im Rahmen der Besorgung des Haushalts war die Klägerin mithin zu den wesentlichen Aufgaben nicht in der Lage; sie konnte insbesondere nicht putzen, nicht kochen, keine Fenster putzen, nicht einkaufen und nicht aufräumen. Den Keller, in dem die Waschmaschine steht, konnte die Klägerin in den ersten Monaten quasi nicht erreichen, erst recht nicht, wenn sie gleichzeitig einen Wäschekorb tragen musste. Die Versorgung der kleinen Kinder, die im normalen Alltag geprägt ist durch Hilfe beim Anziehen, Waschen, mit Essen versorgen und der engen Beaufsichtigung, war von der Klägerin anfänglich gar nicht, später eingeschränkt zu leisten. Schließlich war es der Klägerin nicht möglich, den zur Wohnung gehörenden 300 qm großen Garten zu pflegen.

Beweis: 1. Wie vor.
2. Sachverständigengutachten

Im Einzelnen:

Vom 4.2.2009 bis zum 24.2.2009 war die Klägerin zu 100 % infolge ihres Krankenhausaufenthalts an der Haushaltsführung gehindert.

In der Zeit vom 25.2.2009 bis 31.5.2009 war die Klägerin zwar zu Hause, konnte sich aber nur mit Krücken bewegen, weder heben noch tragen oder stehende Tätigkeiten verrichten. Es war der Klägerin unmöglich, die Wohnung sauber zu halten oder einkaufen zu gehen. Auch konnte sie sich nicht eigenverantwortlich um die zwei kleinen Kinder kümmern. Diese beim Spielen zu beaufsichtigen, ihnen Mahlzeiten zu kochen oder sie zu waschen bzw. baden war ihr nicht selbstständig möglich. Gartenarbeit war ausgeschlossen. Während dieses Zeitraums ist deshalb von einer 80 %-igen Minderung der haushaltsspezifischen Erwerbsfähigkeit auszugehen.

Vom 1.6.2009 bis 31.3.2011 lag bei der Klägerin immer noch eine Behinderung in der Haushaltsführung und der Betreuung der beiden kleinen Kinder vor. Das verletzte Bein war weiterhin erheblich geschwächt und knickte leicht um. Tragearbeiten waren der Klägerin nicht möglich. Der Haushalt konnte nur mit Pausen versorgt werden, so dass eine 20 %-ige Minderung anzunehmen ist.

Beweis: Wie vor.

3. Die Klägerin hat den Ausfall ihrer Tätigkeit im Haushalt während ihrer verletzungsbedingten Beeinträchtigung zum Teil durch überobligatorische Anstrengungen und im Übrigen durch unentgeltliche Hilfeleistungen ihrer Schwester aufgefangen. Eine Ersatzkraft stellte die Klägerin nicht ein.

a) Dementsprechend ist der Schaden normativ zu berechnen. Grundlage hierfür ist der Nettolohn einer erforderlichen und geeigneten Hilfskraft. Der tatsächliche Zeitbedarf für die Fortsetzung der Haushaltsführung im bisherigen Umfang kann insoweit unter Zuhilfenahme der von Pardey veröffentlichten Tabellen hinsichtlich des wöchentlichen Arbeitszeitaufwandes der Hausfrau geschätzt werden. Der dort abgedruckten Tabelle 8 ist zu entnehmen, dass eine Hausfrau für einen 4-Personen-Haushalt durchschnittlich einen

Arbeitszeitaufwand von 46,8 Stunden pro Woche benötigt (vgl. Pardey, Der Haushaltsführungsschaden – Schadenersatz bei Beeinträchtigung oder Ausfall unentgeltlicher Arbeit in Privathaushalten, 8. Auflage 2013). Die von der Klägerin bereits beschriebenen Beeinträchtigungen bestätigen diese standardisierte Annahme.

Da die zu Hause weggefallene Eigenversorgung der Klägerin im Verhältnis zu den Haushaltsleistungen, die sie für den Ehemann und die zwei Kinder erbringt, eher geringfügig ist, sind sämtliche Hausarbeiten auch in gleichem Umfang während des stationären Aufenthalts der Klägerin angefallen.

b) Für die Bezifferung des Schadens kann nach höchstrichterlicher Rechtsprechung auf die Entlohnung nach BAT bzw. ab 1.10.2005 nach TvöD zurückgegriffen werden (BGH vom 3.2.2009 – VI ZR 183/08). Unter Zugrundelegung des Tarifvertrags öffentlicher Dienst 2 (TVöD 2) ist für einen verheirateten Arbeitnehmer mit zwei Kindern in der 1. Lohnstufe bei Steuerklasse III. ein regulärer Nettomonatslohn von circa 1.248,00 EUR anzusetzen. Hochgerechnet auf 46,8 Wochenstunden ergibt dies einen Nettomonatslohn von 1.386,00 EUR.

Für den Zeitraum vom 4.2.2009 bis 24.2.2009, in dem aufgrund des Krankenhausaufenthalts der Klägerin eine 100 %-ige Einschränkung vorlag, ergibt sich mithin ein Betrag in Höhe von geschätzten 924,00 EUR.

In der Zeit vom 25.2.2009 bis 31.5.2009 war die Klägerin zwar zu Hause, konnte sich – wie bereits erwähnt – jedoch nur mit Krücken bewegen, weder heben noch tragen noch stehende Tätigkeiten verrichten. Die Einsatzfähigkeit der Klägerin war zu 80 % gemindert. Auf der Grundlage des TvöD 2 ergibt dies einen Haushaltsführungsschaden in Höhe von 3.549,00 EUR.

Für die Zeit vom 1.6.2009 bis 31.3.2011 lag noch eine Beeinträchtigung in der Vornahme der Haushaltstätigkeiten von 20 % vor. Hier ergibt sich mithin ein Haushaltsführungsschaden in Höhe von 5.129,00 EUR.

Insgesamt steht der Klägerin somit Ersatz ihres Haushaltsführungsschadens für die Zeit vom 4.2.2009 bis 31.3.2011 in Höhe von 9.602 EUR zu.

Unter Abzug der außergerichtlichen Zahlung der Beklagten ergibt sich die Klageforderung.

4. In rechtlicher Hinsicht ist davon auszugehen, dass sich der Anspruch auf Ersatz des verletzungsbedingten Wegfalls für sich selbst (sog. vermehrte Bedürfnisse) und andere (Erwerbsausfall) erbrachter Haushaltsarbeiten aus § 843 Abs. 1, 1. und 2. Alt. BGB ergibt. Hinsichtlich des Umfangs des Haushaltsführungsschadens kommt es daher nicht auf das Maß der Unterhaltspflicht an (so ausdrücklich BGH VersR 1996, 1565). Entscheidend ist allein, welche Arbeiten die verletzte Person tatsächlich im Haushalt geleistet hätte, wenn der Schadensfall nicht eingetreten wäre (vgl. so auch Küppersbusch/*Höher*, Ersatzansprüche bei Personenschäden, 11. Auflage 2013, Rn 186).

Der geltend gemachte Zinssatz ergibt sich aus den §§ 247, 288 BGB. Verzug ist aufgrund der endgültigen Ablehnung der Beklagten gemäß § 286 Abs. 1, Abs. 2 Nr. 3 BGB am 1.6.2011 eingetreten.

(Unterschrift Rechtsanwalt)

▲

VI. Muster: Klageerwiderung zum Haushaltsführungsschaden

▼

Muster: Klageerwiderung zum Haushaltsführungsschaden 18

An das
Amtsgericht Köln
50922 Köln

Aktenzeichen: 265 C 34/11

In Sachen

Haushalt ./. Fahrer und Kapital Versicherungs-AG

bestellen wir uns zu Prozessbevollmächtigten der Beklagten

und **beantragen**:

1. Die Klage wird abgewiesen.
2. Die Kosten des Rechtsstreits trägt die Klägerin.

Begründung:

Der geltend gemachte Antrag wird lediglich der Höhe nach bestritten. Die Beklagte zu 2) hat den Haushaltsführungsschaden der Klägerin bereits hinreichend reguliert. Weitergehende Ansprüche der Klägerin bestehen nicht.

1. Zunächst wird bestritten, dass der Ehemann der Klägerin vor dem streitgegenständlichen Verkehrsunfall tatsächlich keine Arbeiten im ehelichen Haushalt durchgeführt hat. Auch wenn die Klägerin anders als ihr Ehemann nicht erwerbstätig war, ist davon auszugehen, dass sie zumindest bei den schwereren Arbeiten sowie der Gartenarbeit von ihm unterstützt wurde. Der Haushaltsführungsschaden der Klägerin ist daher bereits aus diesem Grund zu minimieren.

Außerdem muss wegen der attestierten Verletzungen und des komplikationslosen Heilungsverlaufs bestritten werden, dass die Klägerin entsprechend ihren Ausführungen in der Klageschrift in ihrer Haushaltsführung eingeschränkt war.

Beweis: Sachverständigengutachten

2. Die haushaltsspezifische Minderung der Erwerbsfähigkeit muss konkret festgestellt werden. Die diesbezüglichen Ausführungen der Klägerin überzeugen nicht.

Im Wesentlichen war die Klägerin durch das Erfordernis der Krücken eingeschränkt. Während dieser Zeit kann allenfalls von einer 50 %-igen Einschränkung der haushaltspezifischen Erwerbsminderung ausgegangen werden, weil die Klägerin ausschließlich bei stehenden Tätigkeiten beeinträchtigt war. Im Sitzen oder bei der Möglichkeit, sich irgendwo anzulehnen, konnten die Arme und Hände von der Klägerin eingesetzt und zum Halten oder Greifen von Dingen verwendet werden. In diesem Fall konnten nach Auffassung der Beklagten sämtliche Handlungen schmerzfrei vorgenommen werden. Durch problemlose Umorganisationen hätte die Klägerin mithin bügeln, kochen, aufräumen, den Kindern beim Essen helfen etc. können.

Beweis: Wie vor

Des Weiteren ist davon auszugehen, dass die Klägerin nach dem Wegfall des Erfordernisses der Krücken in der Lage war, ihren Haushalt wie vor dem Unfall zu führen. Allenfalls könnte in einem begrenzten Zeitraum bis zur vollständigen Belastbarkeit an eine 10 %-ige Einschränkung ihrer haushaltspezifischen Erwerbsminderung gedacht werden. Eine rechnerische gesamtprozentuale Behinderung bis zu 10 % kann jedoch wegen der Kompensationsmöglichkeiten außer Betracht bleiben (vgl. OLG Düsseldorf DAR 1988, 24 f.; OLG Oldenburg VersR 1993, 1491; OLG München DAR 1993, 353). Sogar bei einer 20 %-igen MdE entfällt regelmäßig eine messbare und schadensrechtlich relevante Einbuße in der Haushaltsführungstätigkeit (KG SP 2004, 299; LG Aachen NZV 2003, 137). Hier ist nämlich davon auszugehen, dass unter Einsatz technischer Hilfsmittel und Möglichkeiten eine eventuell verbliebene Einschränkung in der Haushaltsführung kompensiert werden kann.

Beweis: Wie vor

Des Weiteren muss die Klägerin aus dem Gesichtspunkt der Schadenminderungspflicht den Haushalt durch organisatorische Maßnahmen umstrukturieren und die häusliche Arbeitsverteilung neu vornehmen (KG zfs 2005, 182; OLG Celle zfs 2005, 434). Der Ehemann hätte jedenfalls die Arbeiten der Klägerin übernehmen können, bei denen die Klägerin gegebenenfalls noch Beeinträchtigungen nach Wegfall der Krücken verspürt hat.

3. Zutreffend ist, dass die fiktiven Haushaltshilfekosten unter Hinzuziehung der Tabelle Pardey ermittelt werden können. Es sind jedoch immer die konkreten Umstände zu berücksichtigen. Die Klägerin konnte wie auch vor dem Unfall auf technische Hilfsgeräte im Haushalt wie Wäschetrockner und Geschirrspülmaschine zugreifen. Insoweit ist nach Pardey, Tabelle 1a, ein Abschlag vorzunehmen, weil diese Hilfen bei der Ermittlung des allgemeinen Arbeitszeitbedarfes von Hausfrauen nicht unterstellt worden sind.

(Unterschrift Rechtsanwalt)

▲

VII. Muster: Klage zum Unterhaltsschaden

▼

Muster: Klage zum Unterhaltsschaden 19

An das
Landgericht
50922 Köln

Klage

1. der Hausfrau Monika Schmitz,

2. des Schülers Georg Schmitz,

beide wohnhaft Urbacher Weg 137, 51145 Köln,

– Kläger –

Prozessbevollmächtigte: RAe Hammerkamp & Partner, Köln

gegen

1. die Allgemeine Beamtenversicherung AG, Marienplatz 61, 50935 Köln, gesetzlich vertreten durch den Vorstand, dieser vertreten durch den Vorstandsvorsitzenden Emil Meyer, ebenda,

Schaden-Nr. 12 KH 14–2001

– Beklagte zu 1) –

2. den Oberstudienrat Günther Becher, Fürst-Pückler Str. 333, 50933 Köln

– Beklagter zu 2) –

wegen Schadenersatz aus Verkehrsunfall.

Anträge:

I.

1. Die Beklagten werden als Gesamtschuldner verurteilt, an die Klägerin zu 1) 7.000,00 EUR nebst 5 % Zinsen über Basiszinssatz seit Rechtshängigkeit zu zahlen.

2. Die Beklagten werden als Gesamtschuldner verurteilt, an die Klägerin zu 1) ein angemessenes Schmerzensgeld, mindestens jedoch 2.500,00 EUR, nebst 5 % Zinsen über Basiszinssatz seit Rechtshängigkeit zu zahlen.

3. Die Beklagten werden als Gesamtschuldner verurteilt, an die Klägerin zu 1) eine monatliche Geldrente, deren Höhe in das Ermessen des Gerichts gestellt wird, mindestens je-

doch 842,00 EUR, beginnend am 1.10.2004, jeweils vierteljährlich im voraus zum 01.01., 01.04., 01.07. und 01.10. eines jeden Jahres, bis zum 30.9.2026 zu zahlen.

4. Die Beklagten werden als Gesamtschuldner verurteilt, an die Klägerin zu 1) die rückständige monatliche Geldrente für den Zeitraum vom 16.5.2003 bis 30.9.2004, deren Höhe in das Ermessen des Gerichts gestellt wird, mindestens jedoch 842,00 EUR, nebst 5 % Zinsen über Basiszinssatz seit dem jeweiligen 02. der Monate zu zahlen.

5. Es wird festgestellt, dass die Beklagten als Gesamtschuldner verpflichtet sind, der Klägerin zu 1) sämtlichen weiteren, über die Anträge zu Ziffer 3. und 4. hinausgehenden Unterhaltsschaden aus dem Verkehrsunfall vom 15.5.2003 in Köln zu ersetzen.

II.

1. Die Beklagten werden als Gesamtschuldner verurteilt, an den Kläger zu 2) eine monatliche Geldrente, deren Höhe in das Ermessen des Gerichts gestellt wird, mindestens jedoch 978,00 EUR, beginnend am 1.10.2004, jeweils vierteljährlich im voraus zum 01.01., 01.04., 01.07. und 01.10. eines jeden Jahres, bis zum 13.12.2023 zu zahlen.

2. Die Beklagten werden als Gesamtschuldner verurteilt, an den Kläger zu 2) die rückständige Geldrente für den Zeitraum vom 16.5.2003 bis 30.9.2004, deren Höhe in das Ermessen des Gerichts gestellt wird, mindestens jedoch 978,00 EUR, nebst 5 % Zinsen über Basiszinssatz seit dem jeweiligen 02. der Monate zu zahlen.

3. Es wird festgestellt, dass die Beklagten als Gesamtschuldner verpflichtet sind, dem Kläger zu 2) sämtlichen weiteren, über die Anträge zu Ziffer 3. und 4. hinausgehenden Unterhaltsschaden aus dem Verkehrsunfall vom 15.5.2003 in Köln zu ersetzen.

III.

Im schriftlichen Vorverfahren ergeht Versäumnisurteil, wenn die Beklagten ihre Verteidigungsabsicht nicht fristgerecht mitteilen.

Gründe:

Gegenstand der Klage sind Schadensersatzansprüche aus einem Verkehrsunfall vom 15.5.2003 in Köln, bei dem Herr Michael Schmitz, Ehemann der Klägerin zu 1) und Vater des Klägers zu 2), getötete wurde. Mit der vorliegenden Klage machen die Kläger Unterhaltsansprüche nach § 844 Abs. 2 BGB sowie die Klägerin zu 1) als Alleinerbin des Michael Schmitz weitere Schadenersatzansprüche wegen angefallener Beerdigungskosten sowie Schmerzensgeldansprüche geltend.

1. In der Nacht vom 12. auf den 13.5.2003, 2.00 Uhr, befuhr der Ehemann bzw. Vater der Kläger mit seinem Pkw die vorfahrtsberechtigte Hauptstraße in Köln, als plötzlich kurz vor ihm der Beklagte zu 2) mit seinem bei der Beklagten zu 1) versicherten Pkw als Linksabbieger ohne Blinkzeichen aus dem Rösberger Weg auf die Haupt-

straße einbog. Trotz sofort eingeleiteter Vollbremsung kam es zum Zusammenstoß der Fahrzeuge.

Beweis: 1 Beiziehung und Verwertung der Akten des Amtsgerichts Köln, Aktenzeichen: 120 Ds 138 Js 235/03

2. Einholung eines Sachverständigengutachtens.

Der Ehemann und Vater der Kläger erlitt bei dem Unfall unter anderem schwerste innere Verletzungen, Brüche beider Beine sowie einen Schädelbasisbruch. An den Folgen des Unfalles verstarb er noch am gleichen Tag im Krankenhaus Heilig Geist in Köln.

Beweis: 1. Arztbericht des Dr. med. Müller vom 30.5.2003 in Fotokopie, *Anlage K 1*

2. Einholung eines Sachverständigengutachtens.

Die Beklagten lehnen jede Haftung ab. Sie berufen sich auf eine angeblich erhebliche Geschwindigkeitsüberschreitung sowie verspätete Bremseinleitung durch den Verstorbenen. Bei Einhaltung der zulässigen Geschwindigkeit von 50 km/h und ebenso sofortiger Bremsreaktion wäre der Unfall vermeidbar gewesen. Darüber hinaus sei der Unfall nicht im Kreuzungsbereich, sondern nach vollständigem Abschluss des Abbiegevorganges des Beklagten zu 2) erfolgt. Dies ist unzutreffend.

2. Infolge des Todes ihres Ehemanns musste die Klägerin zu 1) als Alleinerbin des Verstorbenen Kosten anlässlich der Beerdigung in einer Gesamthöhe von 7.000,00 EUR aufbringen (wird ausgeführt und unter Beweis gestellt).

3. Die Klägerin macht des Weiteren aus übergegangenem Recht als Alleinerbin einen Schmerzensgeldanspruch ihres am 15.5.2003 verstorbenen Ehemanns geltend. Dieser erwachte vor seinem Tod nochmals für fünf Stunden aus dem Koma und litt bei Bewusstsein an erheblichen Schmerzen bis zu seinem Versterben, so dass hierfür ein Schmerzensgeldbetrag in Höhe von 2.500,00 EUR angemessen erscheint.

Beweis: Einholung eines Sachverständigengutachtens.

4. Aufgrund des von dem Beklagten zu 2) allein verschuldeten Unfalles stehen den Klägern darüber hinaus erhebliche Schadensersatzansprüche in Form einer Geldrente wegen Tötung eines Unterhaltspflichtigen gemäß § 844 Abs. 2 BGB zu.

Die Kläger waren gegenüber dem verstorbenen Herrn Schmitz unterhaltsberechtigt und wären dies auch weiterhin, wenn dieser noch leben würde. Der Ehemann bzw. Vater der Kläger sicherte neben dem Zuverdienst der Klägerin zu 1) mit seinem Einkommen den Familienunterhalt, war bei bester Gesundheit und hätte nach derzeitigen Erwartungen mindestens das 70. Lebensjahr erreicht.

Zur Höhe der Rentenansprüche der Kläger ist Folgendes vorzutragen:

a) Der am 1.10.1956 geborene und nunmehr vorzeitig verstorbene Ehemann bzw. Vater der Kläger arbeitete in Vollzeit als kaufmännischer leitender Angestellter und erzielte vor seinem Ableben ein monatliches durchschnittliches Nettoeinkommen in Höhe von 3.500,00 EUR. Daneben half er bei der Führung des Familienhaushaltes mit, wobei er 25 % der Haushaltführung entsprechend der Absprache zwischen den Eheleuten Schmitz übernommen hat.

Beweis:
1. Vorlage des letzten 12 Gehaltsabrechnungen des Herrn Schmitz in Fotokopie, *Anlagenkonvolut K 2*
2. Zeugnis der Eheleute Waltraud und Werner Schmitz, Brüsseler Str. 1313, 50935 Köln (hinsichtlich des Haushaltsführungsschadens).

Alleinerbin des Verstorbenen ist die Klägerin zu 1)

Beweis: Vorlage des Erbscheins vom 13.7.2003, *Anlage K 3*

b) Die Klägerin zu 1) selbst arbeitet 20 Std./Woche in Teilzeit und verfügt hierdurch über ein monatliches Nettoeinkommen in Höhe von 875,00 EUR.

Beweis: Vorlage der letzten 12 Gehaltsbescheinigungen in Fotokopie, *Anlagenkonvolut K 4*

Darüber hinaus erhält die Klägerin zu 1) infolge des Todes ihres Ehemanns eine monatliche Witwenrente der LVA Rheinland in Höhe von 1.000,00 EUR.

Beweis: Bescheid der LVA vom 23.7.2003, *Anlage K 5*

c) Im Haushalt der Familie Schmitz sind folgende fixe Kosten der Haushaltsführung angefallen:

Mietaufwand inkl. Mietnebenkosten	1.500,00 EUR
Aufwand für Einrichtungsgegenstände, Hausrat	200,00 EUR
Versicherungsaufwand monatlich	100,00 EUR
Aufwand für Information und Kommunikation	50,00 EUR
Aufwand für Kfz	150,00 EUR
Fixkosten insgesamt pro Monat	2.000,00 EUR

Beweis: Mietvertrag, Kontoauszüge, Versicherungsscheine etc. in Fotokopie, *Anlagenkonvolut K 6*

Der Anteil der Klägerin zu 1) an den Fixkosten beträgt 60 % und der des Klägers zu 2) 40 % (vgl. insoweit auch Aufteilung in Pardey, Berechnung von Personenschäden, 2. Auflage 2001, Rn 1200).

d) Den Haushalt führte die Klägerin überwiegend und entsprechend der familieninternen Absprache aufgrund ihrer geringeren beruflichen Auslastung zu 75 %.

Beide Kläger leben auch zum derzeitigen Zeitpunkt noch in der Familienwohnung. Bei dem Haushalt der Klägerin handelte es sich um einen gehobenen 3-Personen-Haushalt. Die Familie Schmitz bewohnt eine 150 qm große Mietwohnung.

Beweis: Bereits vorgelegter Mietvertrag, *Anlage K 6*

Da der Haushaltsführungsschaden normativ zu berechnen ist, kann als Anhaltspunkt für die gebotene Schadenschätzung gemäß § 287 ZPO der Nettolohn einer erforderlichen und geeigneten Hilfskraft herangezogen werden. Der tatsächliche Zeitbedarf für die Fortsetzung der Haushaltsführung im rechtlich geschuldeten Umfang kann insoweit in Anlehnung an die von Schulz-Borck/Hofmann entwickelten Tabellen hinsichtlich des wöchentlichen Arbeitszeitaufwandes der Hausfrau geschätzt werden. Da das Leitbild der typischen Hausfrauenehe überholt ist, können die dortigen Ausführungen grundsätzlich auch zur Berechnung des Ausfalls eines Hausmannes bzw. Ehemannes bei Mithilfe im Haushalt herangezogen werden. Der dort abgedruckten Tabelle 1 ist zu entnehmen, dass eine Hausfrau für einen reduzierten 3-Personen-Haushalt gehobenen Standards durchschnittlich einen Arbeitszeitaufwand von 52,9 Std./Woche und für einen 3-Personen-Haushalt von 61,9 Std./Woche hat (vgl. Schulz-Borck/Hofmann, Schadenersatz bei Ausfall von Hausfrauen und Müttern im Haushalt, 6. Auflage 2000).

Von den im Haushalt anfallenden Arbeiten hatte der Ehemann der Klägerin zu 1) entsprechend der getroffenen Absprache wöchentlich Arbeiten im Umfang von 15 Stunden (ca. 25 % der gesamten Haushaltsführung) erbracht, die nunmehr nicht mehr erbracht werden können und daher von der Klägerin zu 1) übernommen werden mussten. Unter Zugrundelegung der Kosten für eine Ersatzkraft nach BAT X ergibt sich aus den Vergütungstabellen von Schulz-Borck/Hofmann damit eine entgangene Haushaltsführungsbeteiligung des Verstorbenen im Wert von gerundet 520,00 EUR.

Der Kläger zu 2) hat keine regelmäßigen Arbeiten im Haushalt erbracht und sollte aufgrund der Vorbereitungszeit für das Abitur hierzu entsprechend der familieninternen Absprache nicht verpflichtet sein.

Hinsichtlich der Quote wegen entgangener Haushaltführung wurde entsprechend den Fixkosten von 60 % für die Klägerin zu 1) und 40 % für den Kläger zu 2) ausgegangen (so auch Küppersbusch, Personenschaden, 7. Auflage 2000, Rn 248).

e) Der am 14.12.1985 geborene Kläger zu 2) ist derzeit noch Schüler, verfügt nicht über eigenes Einkommen und wohnt bei der Klägerin zu 1). Er wird im Sommer 2003 voraussichtlich sein Abitur machen und möchte anschließend ein Jura-Studium beginnen. Seit dem Tod seines Vaters erhält er zumindest bis zur Volljährigkeit Halbwaisenrente in Höhe von 250,00 EUR pro Monat.

f) Der Klägerin zu 1) ist daher ein erheblicher Unterhaltsschaden entstanden. Sie stellt die Höhe des Schadensersatzes in das Ermessen des Gerichts, hält aber insgesamt als monatlichen Rentenmindestbetrag 842,00 EUR für angemessen.

Sie hatte gegen Ihren Ehemann sowohl einen Anspruch auf Bar- als auch auf Naturalunterhalt. Die Eheleute Schmitz hatten die Haushaltsarbeiten im gegenseitigen Einvernehmen untereinander im Verhältnis von 75 % für die Klägerin zu 1) zu 25 % für den verstorbenen Ehemann verteilt. Daher waren beide Ehegatte vor dem Versterben des Herrn Schmitz auch unterhaltsrechtlich verpflichtet, in entsprechendem Verhältnis Naturalunterhalt in Form von Haushaltsführung zu erbringen. Hinsichtlich des Barunterhaltes bestand ein Anspruch beider Ehepartner sowie des Klägers zu 2) an der Beteiligung an den jeweiligen Nettoeinkommen.

Der Unterhaltsschaden der Klägerin zu 1) errechnet sich wie folgt (Berechnung in Anlehnung an Berechnungsbeispiele in Küppersbusch, Rn 296 ff.; BGH VersR 1984, 79; BGH Vers 1984, 963):

Mutmaßliches Nettoeinkommen des Mannes		3.500,00 EUR
abzgl. Anteil des Ehemannes an den festen Kosten der Haushaltsführung:		
2.000,00 EUR (fixe Kosten) x 3.500,00 EUR (Einkommen des Mannes): 4.375,00 EUR (Familieneinkommen) =		– 1.600,00 EUR
für Familienunterhalt zur Verfügung stehendes Einkommen des Ehemannes		1.900,00 EUR
40 % Unterhaltsanteil der Kl. zu 1) von 1.900,00 EUR		760,00 EUR
60 % Fixkostenanteil der Kl. zu 1) von 1.600,00 EUR		960,00 EUR
entgangener Barunterhalt		**1.720,00 EUR**
zzgl. 60 % der entgangenen Haushaltsführung von 520,00 EUR		312,00 EUR
abzgl. Vorteilsausgleich		
Einkommen der Kl. zu 1)	875,00 EUR	
abzgl. Fixkostenanteil Kl. zu 1)	400,00 EUR	

Zwischensumme	475,00 EUR	
abzgl. 40 % von 475,00 EUR Unterhaltsanteil Ehemann		– 190,00 EUR
abzgl. Witwenrente der LVA Rheinland		– 1.000,00 EUR
Schadensersatz Kl. zu 1)		**842,00 EUR**

g) Dem Kläger zu 2) ist ebenfalls ein Unterhaltsschaden entstanden, den er in das Ermessen des Gerichts stellt. Er hält insgesamt als monatlichen Rentenmindestbetrag 978,00 EUR für angemessen, wobei die bezogene monatliche Halbwaisenrente in Höhe von 250,00 EUR berücksichtigt wurde:

20 % Unterhaltsanteil des Kl. zu 2) von 1.900,00 EUR	380,00 EUR
40 % Fixkostenanteil des Kl. zu 2) von 1.600,00 EUR	640,00 EUR
entgangener Barunterhalt	**1.020,00 EUR**
zzgl. 40 % der entgangenen Haushaltsführung von 520,00 EUR	208,00 EUR
abzgl. Vorteilsausgleich Halbwaisenrente	250,00 EUR
Schadensersatz des Kl. zu 2)	**978,00 EUR**

4. Da noch nicht absehbar ist, wie sich die Einkommens- bzw. Ausbildungssituation für die Kläger weiter entwickeln wird, beide Kläger jedoch zukünftig weiterhin Anspruch auf Schadenersatz wegen Unterhaltsentziehung haben werden, besteht ein jeweiliges Feststellungsinteresse der Kläger hinsichtlich der Anträge unter I. 5. und II. 3.
5. Der geltend gemachte Zinsanspruch ergibt sich aus den §§ 291, 288 Abs. 1 S. 2 BGB analog.

(Unterschrift Rechtsanwalt)

▲

VIII. Muster: Klageerwiderung zum Unterhaltsschaden

▼

20 **Muster: Klageerwiderung zum Unterhaltsschaden**

An das
Landgericht Köln
50922 Köln

Aktenzeichen: 25 O 249/05

In Sachen

Schmitz ./. Allgemeine Beamtenversicherung AG und Becher

bestellen wir uns zu Prozessbevollmächtigten der Beklagten.

Antrag: Die Klage wird abgewiesen.

Gründe:

Die geltend gemachten Ansprüche werden sowohl dem Grunde als auch der Höhe nach bestritten.

1. Eine Haftung der Beklagten für den streitgegenständlichen Verkehrsunfall ist nicht gegeben. Der zu dem tragischen Tod des Ehemannes bzw. Vaters der Kläger führende Verkehrsunfall ist weder vom Beklagten zu 2) verschuldet worden noch hat sich die Betriebsgefahr des bei der Beklagten zu 1) versicherten Fahrzeuges realisiert.

Entgegen dem Vortrag in der Klageschrift hat sich der Verkehrsunfall nicht im Kreuzungsbereich Hauptstr./Rösberger Str. ereignet, sondern ohne Einfluss des tatsächlich vorausgegangenen Abbiegevorganges erst hinter dem Kreuzungsbereich auf der Hauptstr. Es handelte sich daher um einen Auffahrunfall, der dadurch zustande kam, dass sich der Ehemann bzw. Vater der Kläger der späteren Unfallstelle mit 90 km/h und damit fast 100 %-iger Geschwindigkeitsüberschreitung näherte und erheblich verspätetet eine Bremsung einleitete. Bei Einleitung des Abbiegevorganges konnte der Beklagte zu 2) das Fahrzeug des Verstorbenen noch gar nicht wahrnehmen. Er musste mit einem infolge erheblich überhöhter Geschwindigkeit plötzlich herannahenden Fahrzeug nicht rechnen. Das Spurenbild ist dokumentiert worden und lässt Rückschlüsse auf die Ausgangsgeschwindigkeit des von dem Ehemann bzw. Vater der Kläger geführten Fahrzeuges, dessen verspätete Bremsreaktion und den hinter dem Kreuzungsbereich liegenden Unfallort zu.

Beweis: Sachverständigengutachten.

2. Obschon die Ansprüche bereits dem Grunde nach zurückzuweisen sind, tragen wir vorsorglich auch zur Höhe wie folgt vor:

a) Die Beerdigungskosten sollen nicht bestritten werden.

b) Das geltend gemachte Schmerzensgeld ist in Anbetracht der lediglich kurzen Zeit des Bewusstseins des Verstorbenen und damit relativ kurzen Leidensphase übersetzt. Keinesfalls sollen die unstreitig schwersten und zum Tode führenden Verletzungen des Ehemannes bzw. Vaters der Kläger und die hierdurch wahrgenommenen Schmerzen abgewertet werden.

c) Die geltend gemachten Schadensersatzansprüche wegen entgangenen Unterhalts der Kläger sind übersetzt.

Die bei der Berechnung des Unterhaltsschadens zugrunde gelegten Einkommen und Renten werden nicht bestritten.

Bestritten wird allerdings die Höhe der fixen Kosten, soweit es sich um die Kosten für Hausrat sowie Information und Kommunikation handelt. Hier sind lediglich die anfallenden Grundgebühren für Telefon, Radio und Fernsehen anzusetzen. Darüber hinaus ist durch Schätzung gemäß § 287 ZPO ein Abschlag bei den Mietnebenkosten vorzunehmen, da aufgrund des Versterbens des Ehemanns und Vaters der Kläger diese Kosten im Verbrauch um eine Person reduziert werden. Sowohl bei Strom als auch Wasser ist mit einem Rückgang der Verbrauchskosten zu rechnen (so auch BGH VersR 1986, 39; BGH VersR 1986, 264 = NJW 1986, 715).

Des Weiteren ist vorweg ein Abzug für Vermögensbildung in Höhe von mindestens 250,00 EUR vorzunehmen. Die Vermögensbildung ist unterhaltsrechtlich nicht geschuldet (BGH NJW 1992, 1044, 1046). Bei Einkommen der hier vorliegenden Größenordnung und Verwendung ohne Vermögensbildung bestünde ansonsten eine verschwenderische Lebensführung, die unterhalts- und schadensrechtlich unberücksichtigt zu bleiben hat. Bei hohen Einkommen besteht grundsätzlich eine Vermutung, dass Rücklagen zur Vermögensbildung getätigt worden wären. Schadensrechtlich ist die Grenze der Erforderlichkeit des Unterhaltsaufwands zu beachten (BGH VersR 1984, 961 = NJW 1985, 49). Bei Abzug von beispielsweise 250,00 EUR für Vermögensbildung verbliebe immer noch ein mehr als angemessener Verbrauch für den Familienunterhalt von 4.125,00 EUR! Die Kläger mögen sich insoweit zu den in der Vergangenheit getätigten Sparrücklagen äußern.

Bei der Berechnung des Barunterhaltsschadens des Klägers zu 2) ist die Sättigungsgrenze zu beachten und damit eine Korrektur vorzunehmen. Vorliegend liegt das Familieneinkommen in einer Größenordnung über den allgemeinen Unterhaltsbedarf hinaus. Daher bestimmt sich der Ersatzanspruch des Klägers zu 2) nicht nach dem Prozentsatz am Gesamteinkommen, sondern danach, welche Beträge des Einkommens der Unterhaltspflichtige hätte aufwenden müssen, um dem Kind denjenigen Lebensunterhalt zu verschaffen, der nach der Lebensstellung angemessen ist. Mangels anderer Anhaltspunkte und ohne Nachweis konkreter Bedarfsposten kann die Sättigungsgrenze für den Lebensbedarf nach der Höhe der Düsseldorfer Tabelle aus dem höchsten ausgewiesenen Nettoeinkommen entnommen werden (so auch Pardey, Berechnung von Personenschäden, 2. Auflage 2001, Rn 1149 ff.).

Es wird bestritten, dass der Ehemann bzw. Vater der Kläger tatsächlich 15 Stunden wöchentlich Haushaltsarbeiten neben seiner Vollzeitbeschäftigung erledigt hat.

Darüber hinaus wäre aber auch der Vorteil zu berücksichtigen, der aufgrund der Stundenreduzierung bei der gesamten Haushaltsführung infolge nunmehrigen Vorliegens eines reduzierten 3-Personen-Haushaltes vorliegt. Es kann also nicht einfach der Schaden unter Zugrundelegung des Wegfalls von angeblich 15 Stunden Haushaltsarbeit berechnet werden, sondern die Verringerung des gesamten Haushaltsführungsbedarfes von neun Stunden (bei Übernahme der Berechnungsdaten der Kläger) ist als Vorteil zu berücksichtigen, so dass lediglich die Differenz von sechs Stunden als Ausfall zu berücksichtigen wäre.

(Unterschrift Rechtsanwalt)

▲

Stichwortverzeichnis

Fette Zahlen = §§, magere Zahlen = Randnummern